知っておきたい金融論

——バブル後日本の金融の大きな変化——

安孫子 勇一 著

晃 洋 書 房

はじめに

実感でみる金融面での変化

　私が学生だった1980年前後には，銀行など日本の金融機関は輝いていました．収益力や給料が高いだけではなく，社会的な地位も高いとされていたのです．学生の就職先として大手の銀行などは圧倒的に人気が高く，金融機関に就職した人は同級生から大いに羨ましがられていたものです．それが，約25年経った今では，バブルの発生と崩壊という大きな環境変化に直面し，少なからぬ銀行が多額の不良債権を抱え，低収益に喘いだことも記憶に新しいことです．海外の格付け機関の評価は一部の銀行を除いて低くなり，社会的にもかつてほどの地位にはありません．こうした反省もあって，金融面での制度が大きく変わり，それに伴って銀行や企業の行動パターンも驚くほど変わっています．たとえば，銀行などのリスク管理について，私たちが知っておくべき知識がびっくりするほど増えています．賢い預金者や借り手になるためには，自助努力でこうした知識を身につけることが求められるようになったのです．

　他方，金融市場には，かつては何かと制約があり，家計や個人には余り縁がないと思われていました．しかしながら，金融市場はこのところ随分と整備され，私たちにとってもいつの間にか身近なものとなっています．かつての証券市場などではインサイダー取引が横行していて素人が手を出しにくい面もありましたが，今では対応策も整備されてきています．今や，賢い投資者・資金運用者になるためにも，金融市場の基本的な特徴や仕組みを理解しておくことが不可欠な時代になっているのです．

　各種の金融市場で成立している金利には，日本銀行の金融政策が大きな影響を与えています．さまざまな金融市場での取引は，個別バラバラに行われているのではなく，市場参加者の「期待」などを通じて，少なからずお互いに影響しあっています．日本の金融政策は，不良債権などを抱えて銀行や企業が苦しい経営を続ける中，大きく変わってきました．まず，2001年3月〜2006年3月までの「量的緩和政策」によって，短期金融市場で成立する金利はほぼ0％を続けていました．また，公定歩合（日本銀行が民間の銀行に貸出すときの最低金利＜バブル期頃までは重要な政策金利でした＞）も2001年9月から0.1％という史上最低

の水準まで低下しています．こうした低金利は世界史上でもほとんど経験がなく，実験的な金融政策が採られているといっても過言ではありません．

本書の目的と構成

本書の目的は，皆さんが社会人になったときに役立つ金融の基礎知識を身につけてもらうことにあります．できるだけ，わかりやすくかつ制度やデータに基づいて説明していきたいと考えています．その際，私自身の日本銀行における約20年間の勤務経験で得られた金融実務に関する知識や，金融論・経済学の知識を幅広く盛り込むこととします．私自身の経験から，皆さんには，2つの注意点を事前にお話ししておきます．

第1に，金融制度などの実務知識と経済学は，社会人にあっては両方とも大切です．人々は，伝統的な経済学者が想定するほど単純な世界にいるのではなく，現実の制度的な枠組みの中で動いています．このため，経済の現実をみると，単純な経済理論だけでは理解できない行動もたくさんみられます．しかしながら，長い目でみて経済メカニズムが働くことによって，制度に大きな影響を与えている側面も見逃せません．一方だけしかみていないときには，世の中を正しく理解することはできないのです．たとえば，1986～90年頃にみられたバブル経済の発生と崩壊という経済現象も，経済学の世界では十分に予想されていたことなのですが，当時の人々（とくに実務家と呼ばれる人々）には受け入れられなかったのです．実際，私自身も当時の日本経済を経済学の知識からみてバブルだと考え，色々な機会に警告しました．しかしながら，全く相手にされず，とても残念な思いをしました．他方，経済学の専門家の中には，金融制度や実務の知識に全く興味を持たない人も少なくありません．このため，専門家と自称する人達から，全く現実離れした政策提言が行われることすらあるのです．これらの苦い経験からみて，皆さんには両者のバランスの取れた見方をすることを，強くお奨めします．

第2に，世の中は常に変化していることを忘れてはなりません．変化の速い現代にあっては，金融に関する断片的な知識を覚えたことだけで満足していては困ります．折角身につけた知識が，社会人になったときには時代遅れになって役に立たないこともよくあるのです．この本を読まれる皆さんは，金融面での色々な経済活動の背後で働いている経済メカニズムや，各種制度の趣旨などを大局的に理解するように努めて下さい．そうした知識をもとに，日々の経済

ニュースに興味を持ち，自分の頭でよく考える習慣を身につけましょう．皆さんが日々の訓練を積むことによって，金融面でも理解力や応用力がついてきます．その結果，時代に追いつくことができるのです．

こうした考えから，本書では，経済メカニズムを強く意識しながら，金融制度面の要点についてもお話ししていきます．細かい専門用語はできるだけ削ぎ落とし，社会で本当に役立つ重要なポイントを選んで説明していくことにします．ご参考までにデータをたくさん掲載していますが，あくまでも皆さんの理解を助けることが目的です．数字の記憶にこだわらないでください．本書全体の構成は，以下のとおりです．

まず1章では，日本の金融の大きな仕組み・役割と，最近の新しい動きを見ていきます．まず，資金循環統計を用いて，日本全体でみると，どういう属性を持つ人（誰）が誰からお金を借りて使っているのかを説明します．日本ではよく「間接金融中心」といわれますが，そのことはこの統計から判断できることなのです．また，金融には，市場取引と相対（あいたい）取引という別の切り口からの分類方法もあります．このうち，日本では相対取引が中心であるといわれています．もっとも，近年では金融市場が驚くほど整備されていて，私たちにとっても身近なものになってきています．それぞれの役目を担う金融機関は，日本では「業態」を形成しています．かつては役割分担がはっきりしていたのですが，金融市場の発達などから差異が小さくなり，相互乗り入れの動きが強まっています．それらの概要についても，この章で紹介します．

2～3章では，日本の主な金融市場について解説します．まず2章では，伝統的な短期金融市場，長期金融市場，株式市場，外国為替市場などを取り上げます．これらの市場について基本的な機能をきちんと理解するとともに，最近みられる新しい動きについてもお話しします．次いで3章では，近年大きく成長しているデリバティブズ（金融派生商品）の概要や，ABS（資産担保付証券）などの新しい金融手法についても解説します．将来皆さんが直面する金融取引の中にも，こうした新しい金融手法がさりげなく組み入れられることが多くなっていますので，基本をしっかりと押さえる必要があるのです．

4～6章では，相対取引を取り上げます．日本における不良債権問題などを理解するには，歴史的な背景を知ることが近道だと思うからです．そこで4章では，バブルの発生・崩壊の特徴と，今から思えば当時の日本の金融機関のどういう行動がなぜいけなかったのかについて説明します．次いで5章では，そ

うした失敗への反省から，今日何が行われるようになったのか，その波及効果はどのようなものなのか，等についても説明して行きます．ここでは特に「早期是正措置」を取り上げ，銀行などの行動パターンが大きく変化したことをお話しします．この変化は，決してヒトゴトではありません．皆さんの社会人としての生活（仕事上のみならず，家庭生活も含む）に大きな影響を与えるようになっているのです．また，預金保険制度をはじめとする「セーフティ・ネット」も整備されてきています．その概要についても，説明します．6章では，近年の相対取引などでみられる新しい動きについてお話しします．

　7〜8章では，さまざまな市場金利に影響を与えている金融政策についてお話しします．まず7章では，金融政策を理解するための前提として，貨幣の機能と役割について説明します．次いで，金融政策が市場金利に影響を与えるメカニズムを，準備預金制度に基づいて説明します．また8章では，1999年2月〜2000年8月の「ゼロ金利政策」や，2001年3月〜2006年3月の「量的緩和政策」について説明します．ただ，信用創造のメカニズムが機能しにくくなっている中で，新しい金融政策の波及経路は限られていて，肝心のマネーサプライの伸びは低い状態が続いています．現在，インフレ・ターゲティング論などさまざまな政策手法が提案されており，論争が続いています．皆さんは，いわば実験的な金融政策の目撃者なのです．実験的な金融政策の良い影響，悪い影響をよく見定めて，後世の人達に伝えていく必要があると思います．

　9章では，21世紀に生きる読者のために，この本全体から得られる注意点をまとめてお話しします．成功体験に安住しないこと，自己責任の意志を持つこと，信頼を確立することの大切さをお話しします．

　本書を読み通してくれた皆さんは，社会人として知っておかねばならない金融面の近年の変化を大づかみに理解できることでしょう．また，学生が今後の進路や就職先を考える際のヒントにしてもらうこともできるでしょう．私の話に興味を持ち，もっと詳しく知りたいと思う人には，テーマごとに参考文献をお知らせします．機会を作って，是非とも読んでみてください．こうした自助努力を行えば，金融の流れをしっかり理解し，応用力を身につけることができるでしょう．

　本書を読まれた皆さんに，金融論の理解を深めていただくとともに，リスク管理の大切さや経済理論の重要性を認識していただく上で，少しでもお役に立

てれば，筆者としては大変嬉しいところです．皆さんが社会人として賢い判断ができる人になられることを，心より祈念しています．

　なお，この本を書くにあたっては，私が勤務した日本銀行の諸先輩や同僚をはじめ，郵政研究所，大阪大学，近畿大学の関係者との議論が参考になりました．このほか，私が属する日本金融学会，日本ファイナンス学会，日本経済学会，MEW，神戸大学金融研究会の先生方や，私が卒業した東京大学経済学部とイェール大学大学院の恩師（浜田宏一先生など）・同級生の影響も受けています．関係者の皆様に厚く御礼申し上げます．なお，本書の見解は私自身のものであり，私が属した機関とは関係ありません．また誤りがあれば，全て私の責任です．

　　2006年4月

近畿大学経済学部教授
安孫子 勇一

　執筆後約5年の間に，日本の金融制度や経済情勢は，米国発の世界金融危機などもあって大きく変わりました．しかし，本書で解説している主要なメッセージの重要性は変わっていません．そこで，制度変更などを反映した改訂を行いました．また，今回の改訂では，前版執筆後に宮下典夫氏（みずほ信託銀行）などから頂いた多数の有益なコメントも反映しました．貴重なコメントを下さった皆様に，この場で厚く御礼申し上げます．

　　2011年3月追記

近畿大学経済学部教授
安孫子 勇一

目 次

はじめに

1章 日本の金融の大まかなしくみと役割 …… *1*
1. 金融とは（*1*）
2. 日本の貸し手と借り手（*3*）
3. 貸出の重要性と時系列でみた動き（*11*）
4. 日本の金融機関の概要（*14*）
5. 市場取引と相対取引（*19*）

Box 1　個人金融資産の行方（*22*）

2章 日本の金融市場 1 …… *24*
──伝統的な金融市場──
1. 金融市場の類型（*24*）
2. 短期金融市場（*27*）
3. 長期金融市場（*34*）
4. 株式市場（*41*）
5. 外国為替市場（*51*）

3章 日本の金融市場 2 …… *59*
──新しいタイプの金融市場や監督・規制──
1. 新市場その1：金融派生商品（*59*）
2. 新市場その2：資産担保証券など（*69*）
3. 金融機関や金融市場に対する監督・規制の体系（*73*）

Box 2　金融の相対取引と就職活動の似ている点（*82*）

4章 日本の相対取引 1 …… *85*
──バブルの発生と崩壊──
1. 高度成長期の金融業：護送船団方式（*85*）
2. 2つのコクサイ化と金融自由化に向けた動き（*94*）

    3　バブルの発生（*104*）
    4　バブルの崩壊（*116*）
Box 3　バブルと成長期待との見分け方（*125*）

5 章　日本の相対取引 2　……… *129*
　　　——バブル後の問題と対応策——
    1　金融機関の不良債権拡大（*129*）
    2　1997年秋からの金融危機と公的資金の投入（*140*）
    3　早期是正措置の導入（*150*）
    4　金融機関のリスク管理の重要性と今後の課題（*161*）

6 章　日本の相対取引 3　……… *173*
　　　——新しい可能性——
    1　金融ビッグバンなどの制度改革：新しい可能性1（*173*）
    2　金融面での新しい動き：新しい可能性2（*182*）

7 章　貨幣と金融政策の基礎　……… *193*
    1　貨幣の需要と供給を巡る議論（*193*）
    2　準備預金制度（*202*）
    3　金　融　政　策（*212*）

8 章　量的緩和政策と金融政策論議　……… *219*
    1　量的緩和政策（*219*）
    2　今後の金融政策（*239*）

Box 4　経済政策についてもよく考えよう（*242*）

9 章　21世紀を生きる皆さんへ　……… *244*
    1　経済学を学ぶ重要性（*244*）
    2　成功体験への安住の危険：バブルの教訓1（*245*）
    3　自己責任原則の重要性：バブルの教訓2（*247*）
    4　信頼を確立することの重要性：バブルの教訓3（*249*）

Box 5　論文を書くことは社会人への訓練（*250*）

1章

日本の金融の大まかな仕組みと役割

1 金融とは

(1) 金融とはお金の融通

「金融は難しい」と思う人がいるかも知れませんが，いろいろな方法でお金を融通することだと考えれば分かりやすいでしょう．世の中には，将来収益の上がる設備投資や原料購入などをしたいと思っていながら今はお金のない人（資金不足主体）と，今はお金に余裕のある人（資金余剰主体）がいます．このとき，資金余剰主体が資金不足主体にお金を融通すれば，お互いにとって有利になります．資金不足主体は，融通してもらったお金を使って将来お金を稼ぎ，資金余剰主体に将来お金を返すことができます．今と将来に分けて，図式的に示すと，**図表1－1**のようになります．金融とは「今と将来との間でお金を交換すること」と考えることもできます．

図表1－1　金融の基本

<今>	お金		<将来>	お金の支払い	
資金余剰主体	⇒	資金不足主体	資金余剰主体	←	資金不足主体

予定通り将来，資金不足主体が資金余剰主体にお金を返せれば問題ないのですが，ときには当初の約束どおりお金を返すことができなくなる場合があります．資金余剰主体などお金を融通した経済主体にとっては大変困ることです．いわゆる「不良債権」というのは，そのような問題が発生したお金のことです．現実の世界では，できるだけ不良債権が発生しないように，資金不足主体について審査を行ったり，担保や保証をつけたりするなど，いろいろな工夫が行われています．

(2) 直接金融と間接金融

　お金を融通するにあたっては，大きく分けて2種類の方法があります．第1に，資金余剰主体が資金不足主体に直接的にお金を融通する「**直接金融**」という方法があります．法人企業が社債や株式を新規に発行して，個人投資家などから資金を調達するのが代表的な事例です．ここで，こうした社債や株式は「本源的証券」と呼ばれます．資金余剰主体は，本源的証券と交換でお金を渡していることになります．

　また，最近はやってきた個人向け国債も，直接金融の一種といえます．間に証券会社などを通すことも多いのですが，証券会社などはあくまでも仲介をしているだけです．本源的証券を保有し，不良債権などになるリスクを負うのは，資金余剰主体だという特徴があります．このため，資金余剰主体が証券会社に損失補填を求めると，違法ということになります．

　第2に，資金余剰主体が銀行や生命保険などの金融機関を通じて間接的にお金を融通する「**間接金融**」という方法もあります．具体的には，資金余剰主体はまず預金（銀行の場合）や保険料（生命保険の場合＜ただし，掛け捨ての場合は違います＞）などのかたちで金融機関にお金を融通します．ここで，預金や保険料は間接証券と呼ばれます．そうした金融機関が資金不足主体に貸出などのかたちでお金を融通するものです．ここで，貸出などは本源的証券と呼ばれます．日本では，現在，政府が国債や地方債を発行して資金を調達していますが，銀行などの金融機関が国債を買うことがほとんどで，これらも間接金融といえます．

　預金などでは，資金余剰主体に元本保証をしている場合が多く，不良債権などになるリスクは，最初の段階では本源的証券を持つ金融機関が負うことになります．金融機関が現在あるいは過去の利益などを使って不良債権問題に対応することができなくなったとき，資金余剰主体が大いに困ることになります．こうした問題に備えて，現在では預金保険制度や公的資金投入などのセーフティ・ネットが整備されています．

　これに対し，投資信託の場合には，元本割れとなるリスクのあるタイプが大半です．同じ間接金融といっても，金融商品によっていろいろなタイプがありますので，よく注意する必要があります．

図表1-2　直接金融と間接金融

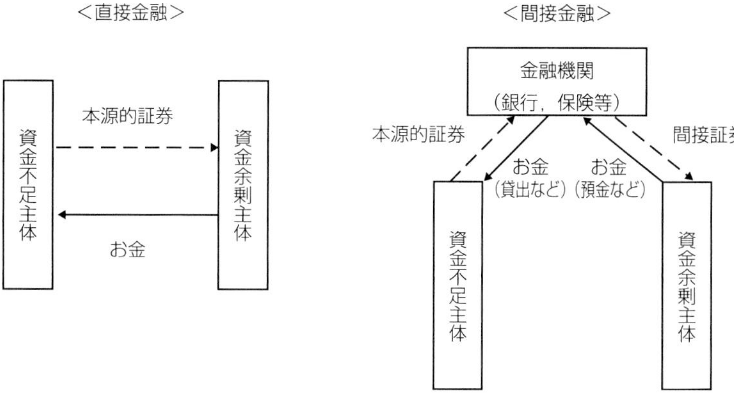

＜直接金融＞　　　　　　　　　　＜間接金融＞

2　日本の貸し手と借り手

(1)　資金循環の概要

　日本全体でみると，誰が資金余剰主体に，誰が資金不足主体になっているのでしょうか．これらを示す統計として，日本銀行が作成・公表している「**資金循環**」と呼ばれる統計が大変便利です．この統計は，四半期（1～3月などの3カ月）ごとに作成されているマクロ統計です．経済主体をまず家計，非金融法人企業，金融機関，一般政府，対家計民間非営利団体，海外という6つに分類し，それぞれの経済主体が保有する金融資産，負債の残高（ストックと呼ばれます）と期中増減（フローと呼ばれます）を記録したものです．

　各経済主体が保有する金融資産・負債の種類別にかなり細かい中身をみることもできます．例えば，預金がいくら，国債がいくら，といったかたちです．また，6つの経済主体のいくつかについては，さらに細かく分類した経済主体の中身をみることもできます．例えば，一般政府は，中央政府，地方公共団体，社会保障基金に分けることができます．金融機関についても，預金取扱金融機関，保険・年金基金，その他金融仲介機関などに分けられます（さらに細かい分類もあります）．

　資金循環のストック統計については，1つの大きな特徴があります．経済全体でみますと誰かの金融資産は誰かの金融負債ですから，海外も含めた6つの

経済主体を合計すると，金融資産の合計額と金融負債の合計額は原則として一致する，ということです．もちろん，それぞれの経済主体の金融資産と金融負債が一致するという保証はありません（具体的な数字は後でみていきます）．また，例外的に誰の負債でもない資産がわずかながらあります．しかしながら，日本全体のストック合計値については，ごく一部の例外的な資産を除いて必ず成立する特徴ですので，是非覚えておいて下さい．したがって，仮に「全ての経済主体が金融資産を増やし，あわせて金融負債を減らすべきだ」という意見があっても，原理的に実現不可能なのです．そうした誤った意見に踊らされてはいけません．

　資金循環のフロー統計（四半期，年，年度などの期間の統計）でも，似た特徴があります．経済主体別に，特定の期間中の「資金過不足」を計算することができるのです（大まかにいえば，「金融資産の増減－金融負債の増減」を意味します）が，その資金過不足を全ての経済主体で合計すると，必ずゼロになるのです．誰かが資金不足（マイナスの数字）であるということは，誰かが資金余剰（プラスの数字）になっている，ということなのです．したがって，「全ての経済主体が資金余剰になるべきだ」と考えても，原理的に成立しないのです．

　なお，この資金循環統計は，日本経済全体を捉える国民経済計算体系（SNA）の重要な構成要素の1つとなっています．日本銀行の作成した資金循環統計を内閣府が一部組み替えた上で，GDP統計，国際収支，投入産出表，国富などと並ぶ重要なデータとして用いられています．

(2) 2004年度末および2004年度の日本の資金循環の概要

　日本銀行が公表した2004年度末（2005年3月末）および2004年度（2004年4月～2005年3月）の資金循環の計数をみてみましょう．皆さんもインターネットで日本銀行のホームページ（http://www.boj.or.jp/）をみると，簡単にいろいろなデータを入手することができます．

　執筆後に計数が改訂されることもありますので，下記の数字と異なることがあり得ることをお断りしつつ，具体的な数字をあげて説明します．

　i）日本のストック統計の概要

　まずストック統計を6つの経済主体別にみてみましょう．**金融機関**は金融資産を2974兆円，金融負債を2956兆円持っています．預金者などから集めたお金を，まるまる金融資産として保有しているかたちとなっています．金融機関の

金融資産と金融負債の差額はさほど大きくありません．

　非金融法人企業は金融資産を754兆円，金融負債を1246兆円持っています．金融負債が金融資産を大きく上回っていますので，日本経済全体でみますと大口の借り手だということがわかります．

　一般政府も金融資産の495兆円に対し，金融負債は892兆円あります．やはり日本経済の中の大口借り手であることがわかります．よく金融負債の累積が問題とされますが，一般政府は意外と多額の金融資産も保有しているのです．

　これに対し，**家計**（個人企業を含みます）は金融資産の1422兆円に対し，金融負債は389兆円です．金融資産が金融負債を差し引いて1034兆円も多いということですから，日本経済全体でみると，家計が最大の資金供給者であることがわかります．なお，家計の金融負債も少なくないのですが，約半分が住宅ローンで，個人企業向けの信用供与（貸出や企業間信用）や消費者ローンなどが続いています．

　対家計民間非営利団体（学校法人，宗教法人，社会福祉法人などです）も金融資産46兆円に対し，金融負債は22兆円となっています．差し引きでみて資金供給者なのですが，家計に比べるとかなり小さな存在にとどまっています．

　最後に**海外**をみると，金融資産の249兆円に対し，金融負債は435兆円に達しています．海外部門の金融負債が金融資産よりもかなり大きいということは，海外が差し引きでは日本からお金を借りていることを示しています．

　念のために6つの経済主体の金融資産の合計と金融負債の合計してみてください．中央政府と中央銀行（日本では日本銀行）が持つ特定の対外準備資産（金やSDRと呼ばれるもの）2兆円を除けば，等しくなっていることがわかります．

ⅱ）主な経済主体の金融資産・負債の特徴

　家計の金融資産の種類別内訳がよく話題にされます．家計の金融資産1422兆円のうち，現金・預金が776兆円（うち現金42兆円），保険準備金が233兆円，年金準備金が149兆円，株式・出資金が123兆円，株式以外の証券が77兆円となっています．このうち，前節でお話しした「直接金融」に該当するのは，株式・出資金の123兆円と，株式以外の証券の一部くらいです．日本では，家計が最大の資金余剰主体になっている訳ですから，その家計からの資金の大部分が「間接金融」を通じて融通されているのです．「日本が間接金融中心の国である」といわれる根拠は，この統計にあるともいえます．これに対し，米国では直接金融のウェイトがかなり高くなっています．

次に，非金融法人企業の金融負債1246兆円の内訳をみると，**貸出**（企業からみると借入）が416兆円，株式・出資証券が450兆円，株式以外の証券が115兆円，企業間・貿易信用が175兆円となっています．株式・出資証券が一番多いようにみえますが，銀行・生命保険会社や親密企業との株式持合いなどが広く行われています（金融資産としての株式の保有額は金融機関が113兆円，非金融法人企業が86兆円です）ので，二重計上の割合が高いと思われます．したがって，貸出が実質的には最大の資金調達手段といえます．企業間・貿易信用については，非金融法人企業が225兆円を金融資産として保有していますので，こちらも両建ての割合が高くなっています．

さらに，一般政府の金融負債892兆円の内訳をみると，国債・財投債が516兆円，政府短期証券が96兆円，**貸出**（一般政府からみると借入）が186兆円となっています．国債・財投債や政府短期証券については，後で詳しく説明します．なお，国債・財投債（公的金融機関分を含めると合計642兆円）を資産として保有している経済主体をみると，金融機関が528兆円と大半を占め（シェア82％），残りは一般政府が57兆円（同9％，社会保障基金がほとんど保有しています），家計21兆円（同3％），海外28兆円（同4％），非金融法人企業1兆円などとなっています．近年では，海外の格付け機関による日本の国債の格下げが話題となることが多いのですが，その影響を考える上でも，この統計は重要です．そうした格付け機関の格付に敏感に反応するとみられる海外の国債保有比率が低いことは，格下げの影響が限定的であることを示唆しています．

最後に，海外の金融負債435兆円の内訳をみると，対外債権等が343兆円，**貸出**（海外からみると借入）が70兆円などとなっています．逆に，対外債権等を資産として保有している経済主体は，金融機関が167兆円と約半分を占めており（シェア47％），残りは一般政府が100兆円（同28％），非金融法人企業が71兆円（同20％），家計が7兆円（同4％）などとなっています．

このように，全体でみると，貸出というかたちで負債を負っている経済主体が多いことがわかります．貸出の全体像については，本章の第3節で時系列も含めて詳しくみることとします．

　ⅲ）日本のフロー統計の概要

次に，2004年度の経済主体別の資金過不足をみてみましょう．

主な資金余剰主体としては，まず**非金融法人企業**があげられます．年度中の資金余剰の幅は＋14.9兆円です．ストックの統計でみると，この部門はお金を

借りているのですが，年度の資金過不足でみると資金余剰と，正反対になっています．これは，日本の企業がバブル崩壊後のバランスシート調整（過剰な設備投資などを解消していくこと）のために借入金を返済するなど，金融負債を減らしていることを意味しています．後でお話ししますが，この主体が資金余剰になったのは1998年度からですので，7年連続の資金余剰となっています．

次に，**家計**が資金余剰主体として挙げられます．資金余剰の幅は＋10.2兆円です．ストック統計でみてもフロー統計でみても，資金に余裕があることがわかります．家計は将来に備えて金融資産を蓄えていると考えられます．このように家計は伝統的に資金余剰主体なのですが，このところ資金余剰の幅が低下傾向にあります．詳しくは，後で説明します．

また，**対家計民間非営利団体**も資金余剰主体なのですが，資金余剰の幅は＋0.7兆円くらいです．

2004年度に，たまたま最大の資金余剰主体となっているのは**金融機関**です．資金余剰の幅は＋20.2兆円と，前年の2倍以上の大きな余剰となりました．しかしながら，いつも資金余剰とは限りません．変動が大きいのがこの経済主体の特徴となっています．

これに対し，最大の資金不足主体になっているが，**一般政府**です．資金不足幅は－28.2兆円です．特に**中央政府**（いわゆる国）の資金不足幅が大きく，－25.1兆円と大部分を占めています．中央政府の財政赤字が大きいことを反映しています．残りの地方公共団体は資金不足主体，社会保障基金は資金余剰主体なのですが，中央政府の不足幅に比べると小さなものにとどまっています．

また，海外部門も資金不足主体で，資金不足幅は－17.8兆円です．日本の経常収支が黒字（財やサービスの輸出などがそれらの輸入などに比べて多く，日本で活動している人達の金融資産が増えていることを意味します）であることを反映したものです．

念のため，6つの経済主体の資金過不足を足してみてください．ちょうどゼロになることがわかると思います．経済全体でみれば，資金の過不足はなくなるのです．

1章2(2)ⅰ）と1章2(2)ⅲ）で説明した数字を，経済主体別に一覧表にすると，**図表1-3**のとおりです．

図表1-3　2004年度の資金循環の経済主体別の姿

(単位：兆円)

	ストック統計			フロー統計
	2005年3月31日			2004年度
	金融資産(A)	金融負債(B)	差し引き(A-B)	資金過不足
金融機関	2,974.0	2,955.8	18.3	20.2
非金融法人企業	754.1	1,246.2	-492.1	14.9
家　　計	1,422.2	388.5	1,033.7	10.2
対家計民間非営利団体	46.2	21.7	24.5	0.7
一般政府	495.2	891.7	-396.5	-28.2
中央政府	195.2	701.5	-506.4	-25.1
地方自治体	58.4	170.8	-112.4	-3.3
社会保障基金	241.6	19.4	222.2	0.2
海　　外	249.2	435.1	-185.8	-17.8
合　　計	5,941.0	5,939.0	2.0	0.0

(資料) 日本銀行のホームページから取得したデータ (2005年9月公表) より著者が作成.
ストック統計の差し引き2.0兆円は, 中央政府と中央銀行が保有する金・SDRの額に相当.

(3) 長い目でみた資金過不足の趨勢

次に, 長期的にみた経済主体別資金過不足の動きをみてみましょう. 2004年度はたまたま金融機関の資金余剰幅が非常に大きかったのですが, 長い目でみると, 日本の資金過不足の主な経済主体は, 非金融法人企業, 家計, 中央政府, 海外の4つになります. そこで, 上記4つの経済主体の資金過不足の額が名目GDPに占める比率を示したものが, **図表1-4**です. 経済の規模が大きくなると絶対額では比較しにくいため, 名目GDPと比較する手法がよく使われます.

この図をみると, 1979年度と1980年度の間で折れ線グラフが切れています. これは, 資金循環統計の集計方法が大きく変わったためです. より具体的には, 経済主体の定義が変わりました. 昔は非金融法人企業という考え方がなく, 似た経済主体を「法人企業」と言っていたのですが, 現在とは細かな点で定義がかなり異なりますので, 同じ時期をみるとかなり違った数字となります. 同じく, 家計という概念はなく, 似た「個人」という分類がありましたが, やはり

かなり定義が違っています．なお，最近までは，現行の集計方式に基づいた計数は1990年度以降しか存在しなかったのですが，日本銀行が年度ベースで1980年度分までの10年分を遡って公表してくれましたので，バブル期(1987年頃～1990年頃)の経済主体別の動きが良くわかるようになりました．

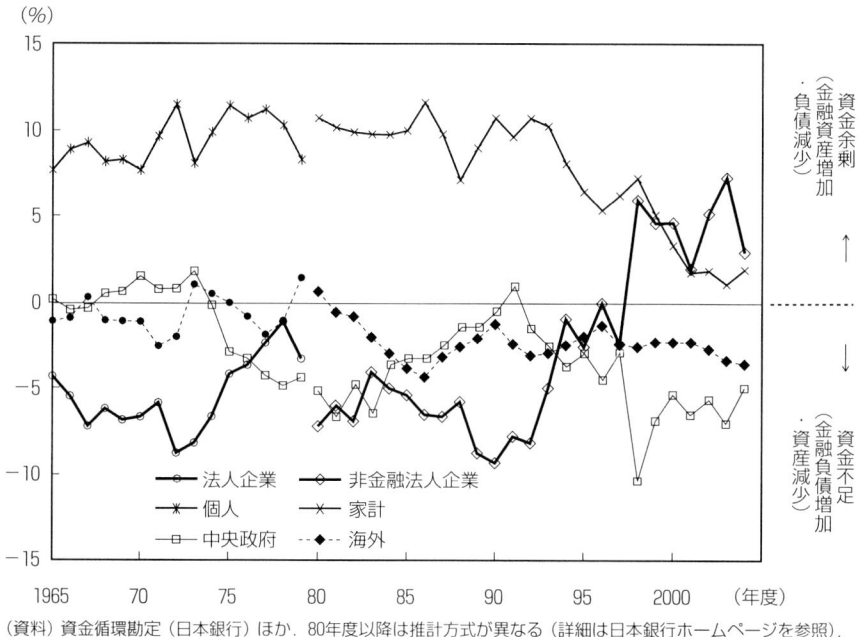

図表1-4　主な経済主体の資金過不足推移（GDP比％）

(資料) 資金循環勘定（日本銀行）ほか．80年度以降は推計方式が異なる（詳細は日本銀行ホームページを参照）．

　1970年代はじめまでの高度成長期と呼ばれた時代には，資金不足主体が企業，資金余剰主体が個人という姿が定着していました．それぞれの資金過不足幅はGDPの5～10％程度を占めていました．これに対し，中央政府や海外の資金過不足は小幅なものとなっていました．

　その後，1973年のオイルショックなどで経済成長率が大きく低下すると，法人企業の資金不足幅が急激に縮小します．この間，個人または家計の資金余剰幅はGDPの10％程度を続けていました．経済全体の資金過不足は必ずゼロになるのですが，このとき資金不足幅を拡大したのが中央政府だったのです．1970年代の初期には若干の資金余剰であった中央政府が，1980年代はじめには

マイナス5％を超える資金不足主体になったのです．

1980年代中盤から1991年にかけては，中央政府の資金不足幅が縮小し，1991年度には若干の資金余剰になります．バブル期に税収が増えたことや，財政再建が進みつつあったことが窺われます．家計はこの時期も引き続きGDPのプラス10％前後の大幅な資金余剰主体となっていました．この時期，資金不足主体として大きな位置を占めたのが非金融法人企業です．ただ，このとき過剰に設備投資を行った結果，バブル崩壊後に過大な借金を抱えた企業がたくさんでました．なお，バブルが始まる直前の海外部門の資金不足幅がマイナス5％近くにまで拡大したときに，米国を中心とする諸外国との深刻な貿易摩擦が発生したことも見逃せません．日本が経済小国だった時代に経常収支の黒字を出すことと，経済大国になって黒字を出すことでは，世界経済における位置づけが大きく違っていたのです．

バブル経済が崩壊してからは，資金過不足の経済主体別構成が大きく変わります．まず，GDPのプラス10％前後の資金余剰主体であった家計の資金余剰幅が大きく低下します．このところ高齢者が増えていることが，退職後の収入の減少に伴う貯蓄の取り崩しを行う動きにつながっているようです．今後さらに高齢化が進めば，資金不足に転化する可能性もないとはいえません．

また，伝統的に資金不足主体であった非金融法人企業が1998年度から資金余剰に変わっています．不良債権問題が深刻になり銀行などが債権放棄を行うと，企業にとっては金融負債が減りますし，企業が自主的に借金返済を進めても金融負債が減ります．いずれも，「バランスシート調整」を行うときの典型的な手法ですが，非金融法人企業からみると，フローの資金余剰の原因となるのです．

もう1つの大きな変化は，中央政府の資金不足幅が1998年度にマイナス10％を超えるなど大幅に拡大したことです．さすがにその後は資金不足幅が少し縮小しましたが，それでも2004年度にマイナス5％の規模があります．

(4) 財政赤字が果たした役割と今後の推移

もし，1990年代終盤に中央政府が財政赤字を拡大しなければ，何が起こったか考えてみましょう．まず，日本経済全体では資金過不足がゼロにならなければならないことを思い出してください．その場合には，家計の資金余剰幅が大きく低下あるいは資金不足に転化していた可能性があります．景気が大幅に悪

化して，失業率が実際のデータよりもずっと大幅に悪化していたかも知れないのです．あるいは，国内で景気が悪くなって生産物の買い手がみつからず，海外に輸出されたかも知れません．そのケースでは，海外部門の資金不足幅が大きくなることを意味しています．このとき，日本の対外貿易摩擦が1985年頃と同様，再び大きな問題となったかも知れません．財政赤字は，こうした問題が起きるのを押し止めてくれたと考えることができます．「財政赤字拡大は，景気拡大策として十分機能しなかった」とよく批判されますが，日本経済全体の資金循環の観点からみますと，"非金融法人企業のバランスシート調整を支援し，家計の資金余剰幅の縮小ペースを緩和した"と考えることができるのです．

　財政赤字の将来について予想することはなかなか難しいのですが，「企業のバランスシート調整が進み資金余剰幅が低下する」「高齢化の進展による家計の資金余剰幅の低下が進む」などというシナリオを描けば，中央政府の財政赤字を縮小する環境が整うと思います．もし財政赤字がこのまま続くとすれば，外国から資金を借りなければならない事態もないとはいえません．しかしながら，外国が将来返す見込みのないお金を貸してくれるということは考えにくいので，財政赤字の縮小が進むことも大いに考えられます．

　いずれにしても，経済全体では資金過不足がほぼゼロになるという重要な制約条件を忘れてはいけません．中央政府も企業も金融負債を減らし，家計が金融資産を増やすことを主張する論者もいますが，よほど海外部門への金融資産を増やさない限り，資金循環の観点からは実現し得ないものです．もちろん，そのときには貿易摩擦の深刻化を覚悟しなければなりません．皆さんは，経済主体全体のバランスをよく考えたうえで政策論議を行うように心がけましょう．

3　貸出の重要性と時系列でみた動き

　1章2(2)ⅱ)でみたとおり，日本では貸出というかたちで金融を行うことが一般的に行われています．そこで，貸出に絞ってその動きをみることにしましょう．資金循環統計によれば，2005年3月末の日本全体の貸出残高は1519兆円となっています．このうち1365兆円（シェア90％）が金融機関の貸出（資産側）です．

　金融負債を負っている借り手サイドをみると，金融機関が504兆円，非金融

法人企業が416兆円，家計（個人企業を含む）が325兆円，一般政府が186兆円，海外が70兆円，対家計民間非営利団体が19兆円となっています．ここで，金融機関が多額の借入を行っているのは，金融機関の中にリース会社などのノンバンク（預金という形態でお金を集めることが制度上できない金融機関）と呼ばれる企業が含まれていて，貸出の元手を銀行等から借り入れていることによるものです．

このように，貸出は日本の金融の世界で非常に重要な役割を果たしています．

(1) 民間金融機関と公的金融機関

金融機関の貸出1365兆円を公的なものと民間に分けて詳しくみると，民間金融機関貸出が711兆円，公的金融機関貸出が462兆円となっています（このほか，銀行同士の貸し借りなど別の分類もあります）．

ここで公的金融機関とは，日本政策投資銀行，国際協力銀行，かつての住宅金融公庫，国民生活金融公庫，中小企業金融公庫などの政府系金融機関を指しています．国の信用力などを背景に，郵便貯金と簡易保険，公的年金など社会保険のかたちで集めたお金を，政府系金融機関に回して最終的な貸し出しなどを行う「財政投融資制度」の一環として位置づけられるものです．

財政投融資制度は，かつては大蔵省資金運用部というところが一元的に管理していて，"第2の予算"と呼ばれることもありました．ただ，市場や国会によるチェックを十分受けていないという批判もありました．2001年4月から資金運用部による全額預託という制度が廃止され，国の信用力で発行する「財投債」と，政府系金融機関などの財投機関が発行する「財投機関債」などで資金を調達する方式に変わりました．もっとも，郵便貯金や簡易保険，公的年金などが大口の財投債・財投機関債の買い手ですので，実態は余り変わっていないという指摘もあります．

(2) 時系列でみた貸出の推移

これら貸出の推移を時系列でみたのが図表1-5です．毎年3月末の数字に基づいて折れ線グラフを描いています．日本全体でみると，貸出のピークは1998年の1621兆円で，その後は減少傾向を辿っています．バブル経済の時期に増え過ぎた貸出を圧縮しているようにもみえます．貸出は引き続き重要な金融手段ではありますが，1999年ころから減少傾向にあったことを知っておくとよいでしょう．

このうち，民間金融機関貸出は1993年の938兆円がピークでその後，減少傾向を辿っています．バブル経済のときに3倍に拡大したものが，ピーク時に比べると2割あまり減ったことになります．不良債権問題の反省によって，新規貸出を厳格化したり，既存の不良債権を処理したりしたことが寄与したものです．

これに対し，公的金融機関貸出は2001年の554兆円まで増え続け，その後減少に転じました．民間金融機関貸出が減少に転じた1990年代に大きく拡大したのが特徴です．1990年との比較では，2005年でも7割増と非常に高い水準です（これに対し，同じ期間の民間の貸出はマイナス16％です）．日本の貸出全体に占める公的金融機関の比率をみても約3分の1になります（1990年には22％でした）．この公的金融機関の貸出シェアは資本主義の国としては大き過ぎる，という有力な批判があります．このため，小泉内閣のもとでは，公的金融機関のあり方を見直そうとする動きがみられます．特に住宅金融公庫（2007年4月から住宅金融支援機構に改組）については大きく変化しています．

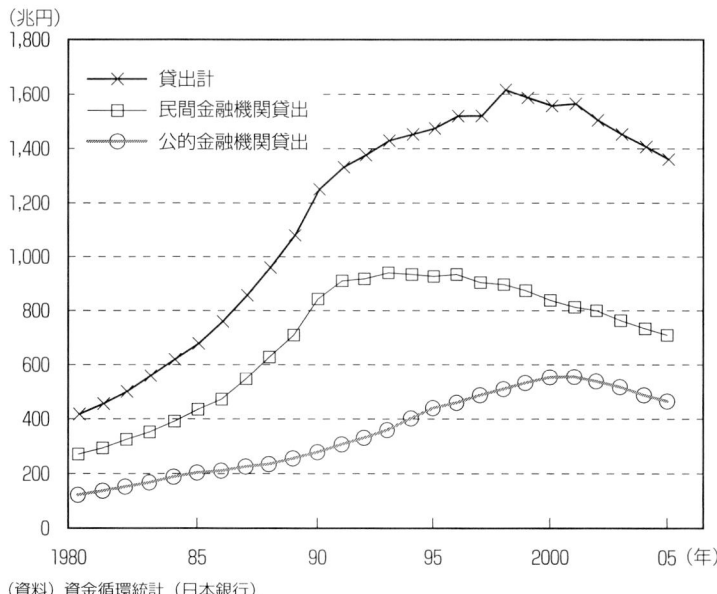

図表1-5　金融機関の貸出残高推移（3月末の値）

（資料）資金循環統計（日本銀行）．

4　日本の金融機関の概要

　この節では，日本の金融機関の種類，とくに「業態」と呼ばれるものについてお話しします．業態とは，金融機関のタイプを表したもので，10年位前までは厳しい業務分野規制が行われていました．業態ごとに異なる金融機能を求めるような制度が作られていたのです．ただ，日本の金融市場の成熟や新しい金融商品の登場などによって，経済メカニズムが働くようになり，過去の規制を維持することが難しい時代を迎えています．このため，現在では業態間の規制を緩和する動きがみられます．また，かつては禁止されていた金融持株会社を通じて業態を超えた金融グループを形成する動きもみられます．

(1)　銀行の業態

　銀行は，預金などのかたちで資金を調達し，貸出などのかたちで資金を運用する金融機関です．他方，(旧)証券取引法第65条などにより，原則として証券業務はできないことになっています（これを**銀証の分離**といいます）．このほか，銀行は預金取引を通じて決済業務を扱っていることも大きな特徴です．決済業務の関連でいえば，全ての銀行が日本銀行と当座預金取引を行っています．
　一口に銀行といっても，3つのタイプの銀行に分けられます．

- ① **普通銀行**：銀行法に基づくもので，短期の預金・貸出を中心とする金融機関です．
- ② **長期信用銀行**：長期信用銀行法に基づくもので，金融債で資金を集め長期の固定金利貸出を中心としていました．
- ③ **信託銀行**：金融機関の信託業務の兼営等に関する法律（いわゆる兼営法）と銀行法に基づくもので，貸付信託等で資金を集め長期の変動金利貸出を中心としています．

　このうち，①の普通銀行は，都市部に本拠地を持ち全国的に活動する**都市銀行**（都銀と略称されます）と，地元に密着している**地方銀行**（地銀と略称されます．全国地方銀行協会に加盟しています）に分かれます．1989年度頃に相互銀行が相次いで普通銀行に転換した後にできた「第二地方銀行協会加盟行」というタイプの銀行（第二地銀，地銀2などと略称されます）もあります．これらのほか，近年

では，新規参入した銀行や，②の長期信用銀行から普通銀行に転換した銀行もあります．

　普通銀行は，1990年代の前半まで，長期の資金調達手段を持たず，最も長い預金でも2年ものでした（現在では10年ものの預金も扱っています）．このため，元々は運転資金など短期の貸出を中心とする銀行とみなされ，借り手は大手の企業が中心とされていました．しかしながら，日本経済が発展を続ける中で，大手企業の短期貸出だけでなく中堅・中小企業向けの貸出や，長期の貸出も行うようになってきました．

　②の長期信用銀行は，普通銀行とは違って，金融債（5年ものと2年ものの固定金利の債券，1年もの割引債）を発行して資金調達を行うことができる金融機関です（「**長短の分離**」と呼ばれています）．ここで**固定金利**とは，満期までの金利が予め決まっていて，期間中には変わらないことを意味しています．このため，資金運用面でも長期の固定金利貸出が中心です．もともとは，日本興業銀行，日本長期信用銀行，日本債券信用銀行の3行がありましたが，日本興業銀行が都市銀行と合併し，日本長期信用銀行が経営破綻して新生銀行となった後で2004年に普通銀行に転換しました．日本債券信用銀行の後身（一度経営破綻を経験しました）のあおぞら銀行も2006年に普通銀行へ転換しました．これらの長期信用銀行は，戦後日本経済が発展していく過程では，設備資金の融資をはじめ大変重要な役割を果たしてきましたが，大手企業による長期資金の需要が低下していく中，都銀などの長期貸出の増加もあって，独自の役割分担が薄れた面は否めないところです．

　③の信託銀行は，貸付信託を含む金銭信託，年金信託，遺言信託などの信託業務を兼営する銀行です．普通銀行では，こうした信託業務を原則としてできないこととなっていました（「**銀信の分離**」と呼ばれていました）．現在では，信託業務の一部を普通銀行が取り扱うことも可能となっていますが，専門性が高い業務については，既存の信託銀行にノウハウの蓄積があるとされています．かつては，ビッグ（5年ものと2年ものの変動金利）などと呼ばれた貸付信託が大きな位置を占め，長期の変動金利貸出を行っていました．ここで**変動金利**とは，満期までの一定間隔ごとなどに，市場金利などに連動して適用金利が変動することを意味します．したがって，銀行との個別交渉で金利を自由に変えられる訳ではなく，予め定められた基準に基づいて金利が変更されることを理解しておきましょう．

かつては,「長短の分離」や「銀信の分離」の規制が厳しく行われていましたが,日本経済が発展する過程で,いつまでもこうした規制を維持することが難しくなり,金融自由化が進んできました.その結果,現在では「長短の分離」は大きく崩れ,「銀信の分離」もかつてよりも小さくなりました.その結果,信託業務の一部を行う地銀などもたくさん出てきています.

(2) 中小企業向け金融機関の業態

上記の銀行がもともとは大手企業・中堅企業向けの金融業務を中心としていたのに対し,中小企業向けの金融機関も存在していました.主なものとしては,以下の3つの業態の金融機関があります.

④ 相互銀行:相互銀行法に基づくもので,無尽と呼ばれる庶民金融から発展しました.現在は普通銀行への転換などでなくなりました.
⑤ 信用金庫:信用金庫法に基づく会員制の組織です.系統組織に信金中央金庫があります.
⑥ 信用組合:信用組合法に基づく会員制の組織です.系統組織に全国信用組合連合会があります.

このうち,④の相互銀行は,戦前からあった庶民金融の無尽(会員が持ち寄った小口の資金を取りまとめて貸出す組織)から発展した業態です.「掛け金」という独自商品もありましたが,預金・貸出など,銀行とほぼ同じ業務も行っていました.日本経済が発展していく過程で普通銀行との差がどんどん小さくなり,1989年度頃に相次いで普通銀行に転換した結果,今では1行もありません.

⑤の信用金庫は,株式会社ではなく,会員制の協同組織金融機関です.会員向けの金融業務を中心に行っています.決済業務も提供していて,全てではありませんが,日本銀行と当座預金取引を行っている信用金庫もたくさんあります(こうした信用金庫では日本銀行の考査を受けています).コンピュータの共同システムに参加している信用金庫も少なくないのが特徴です.

⑥の信用組合も,会員制の協同組織金融機関です.もっとも,規模が小さいこともあって日本銀行と当座預金取引を行っていません(このため,日本銀行の考査も受けていません).日本銀行券などは,系統の全国信用組合連合会(日本銀行取引先です)を経由して調達しています.また,地域系,業域系,職域系,民族系などのタイプに分かれていることや,役職員の兼業ができる点も信用金庫

とは異なっています．

このほか，労働金庫という金融機関もあり，労働組合員などの関係者との金融取引を行っています．また，農林漁業系の金融機関があり，(1) 農業協同組合→都道府県レベルの信用農業協同組合連合会（県信連とも呼ばれます）→農林中央金庫，(2) 漁業協同組合→都道府県レベルの信用漁業協同組合連合会（信漁連とも呼ばれます）→農林中央金庫，という2系列の組織を持っています．このうち，(1)の系列は JA バンクと総称されています．

(3) 証券業

証券会社は，(旧) 証券取引法（現在は金融取引法）に基づく金融機関で，預金業務は行っていません．1998年までは免許業種でしたが，現在では登録制となっています．証券業務は(1) ブローカー業務（流通市場で売り手と買い手を仲介します），(2) ディーリング業務（流通市場で自らの勘定で売買します），(3) セリング業務（発行市場で売り手と買い手を仲介します），(4) アンダーライター業務（発行市場で新規発行された証券を一旦引受け，買い手を捜して販売します）などがあります．ここで，流通市場とは既に発行されている証券を売買する市場のことです．これに対し，発行市場とは新たに発行される証券の市場のことです（詳しくは第2章で説明します）．

こうした証券業務は，(旧) 証券取引法第65条などで，原則として銀行には禁止されています（銀証の分離と呼ばれています）．この分離は，1933年に米国で成立したグラス・スティーガル法（大恐慌のときの株価暴落に伴い，株式業務を行っていた銀行が多数破綻したことを反省してできたもの）の影響を受けたものです．もっとも，国債の大量発行が行われるようになると，国債関連の業務が銀行に解禁されるようになるなど，原則から外れたことも少しは行われています．

なお，投資顧問など，証券業の周辺業務を行う会社もあります．

(4) 保険業

保険会社は，保険業法に基づく金融機関です．多数の保険加入者から保険金を集め，その資金を保険事故などが発生した場合に支払っています．大数の法則に基づいて保険料を決めており，保険加入者のリスク回避を実現する機能を持っています．以下の2つの業態があります．

⑦ 生命保険会社：死亡保険，生存保険，生死混合保険を扱います．
⑧ 損害保険会社：火災保険，自動車保険，地震保険などを扱います．

　このうち，⑦の生命保険には，1年契約などの掛け捨てのタイプもありますが，満期までの期間が数十年という非常に期間の長い商品も多数提供しています．こうした長期の商品については，長期の貸出や債券投資のかたちで運用されています．このため，生命保険会社は，長期の貸し手や機関投資家として非常に重要な役割を果たしています．なお，長期の保険商品の採算は，保険契約当時の予定利率が非常に重要な役割を果たしていますが，過去に契約した保険で適用された高い利率が満期まで続くことから，経営が破綻した生命保険会社もみられます．
　他方，⑧の損害保険は，概して契約期間が短いため，生命保険会社とは経営環境が大きく異なっています．もっとも，リスク評価の上手・下手が経営に大きな影響を与えるため，リスク評価に失敗して経営破綻した損害保険会社もみられました．

(5)　その他の金融機関
　これらのほか，1章3ⅰ)でお話しした公的金融機関が貸出を行っています．これらの機関は預金機能を持っておらず，1章3ⅰ)で説明したとおり，郵便貯金や社会保険で調達した資金を大蔵省の資金運用部から借りるかたちをとっていました．2001年4月からは財投債または財投機関債を発行して市場から新たに資金を調達するようになっています．もっとも，こうした債券の主たる買い手は郵便貯金，簡易保険や社会保険ですので，かつての枠組みからさほど変わっていないようにもみえます．
　また，貸出機能を持つ一方で，預金機能を持たない「ノンバンク」と呼ばれる金融機関もあります．リース会社，クレジットカード会社，消費者金融会社などです．ノンバンクには預金機能がないため，銀行などから資金を借り入れて，自らの顧客に広い意味での貸出を行っています．このうち，リース会社は資金ではなくて機械などの物を貸していること，またクレジットカード会社は顧客からの最終支払いがあるまでの間に立替払いしていることには，注意する必要があります．

このように，日本では色々な業態の金融機関がそれぞれの特徴を持ちながら活動しています．皆さんが社会人になったときには，各業態の機能と役割をよく知ってお付き合いすることが大切です．

5　市場取引と相対(あいたい)取引

　金融取引には，1章1(2)で説明した直接金融・間接金融という分け方のほかに，もう1つの有力な分類法があります．金融市場を通して資金の融通を行う**市場取引**と，借り手と貸し手の個別交渉によって資金を融通する**相対**(あいたい)**取引**です．公募社債や株式の公募発行は市場取引の典型的な事例ですし，一般の貸出は相対取引の代表的な事例です．このように，「直接金融は市場取引が多く，間接金融は相対取引が多い」という特徴があります．もっとも，間接金融の投資信託や金融債は市場取引の金融商品ですし，直接金融の私募債は相対取引の金融商品という事例もありますので，必ずしも1対1の対応があるわけではありません．

　これらのうち，日本では相対取引の割合が高いという特徴があります．メインバンク制度と呼ばれる特定の銀行と企業が密接な関係を持っていることも，相対取引の典型的な事例です．

　このように相対取引が存在するのは，金融取引の特徴と密接に関連しています．資金を調達する人の資金使途や経営状況について，資金を運用する人が正確に知ることがなかなか難しいということです．経済学でいう「情報の非対称性」の問題が大きく影響しています．そこで，この問題について，やや詳しくみていくことにしましょう．

(1)　市場取引が成立するための条件

　ミクロ経済学を学んで，市場メカニズムに素晴らしい機能があることを知った皆さんは，"全ての金融取引が市場取引になれば良いではないか"と思われるかもしれません．しかしながら，市場取引を可能とするためには，色々な条件が整っていなければなりません．逆にいえば，こうした条件が整っていない場合には，相対取引を行わざるを得なくなるのです．

　そこで，まず，市場取引が成立するための条件をみていきましょう．以下の①〜④が満たされていることが必要です．

① なんらかの金融市場が存在すること
② 多くの市場参加者がいること
③ 会計制度，情報開示制度，法制度やインサイダー規制などの市場インフラが整備されていること
④ 市場価格や金利などに関する規制が少ないこと

　まず，①の条件が成立していないと，市場取引は成立しません．金融市場には，正式の取引所で取引を行うタイプだけでなく，OTC 取引（over the counter：店頭取引）と呼ばれるインフォーマルな市場も含みます．金融取引のニーズがあっても，そもそも市場が存在しないことには，市場取引が成立しないのです．

　次に，②の条件が成立しないと，市場機能はうまく働きません．例えば売り手や買い手が 1 人しかいない**独占**や，それらの数の少ない**寡占**の場合には，数の少ない側にかなり有利な価格が成立することが知られています．そこまで極端でなくても，多様なニーズや予想を持った市場参加者がいないことには，価格が一方方向に振れやすくなったり，極端な場合には市場の売買がほとんど成立しなくなったりします．

　また，③の条件が成立しないことには，情報の非対称性の問題が大きくて，市場取引が成立しない恐れがあります．「情報の経済学」が指摘するように，粉飾決算やインサイダー取引が横行しているような社会では，情報を持たない人が情報を持つ人に比べて圧倒的に不利になります．情報を持つ人によって食い物にされることが十分に予想されるときには，情報を持たない人は市場取引に参加しなくなります．あるいは，法解釈が不安定で，裁判所の判断が大きく振れるような社会では，損をする可能性の高い側は市場取引に参加しなくなります．経済学の祖であるアダム・スミスは，市場機能のことを指して「神の見えざる手」と呼びましたが，それはあくまでも売り手と買い手の間に情報が平等にある場合に働くものなのです．できるだけ売り手と買い手の情報を平等にするためには，会計制度や情報開示制度，法制度を整備するとともに，インサイダー取引規制を強化する必要があります．不公正な取引を排除することが，市場に対する信頼感を高め，市場機能の発揮を助けることになります．

　さらに，④の条件も大切です．市場価格や金利などに対する規制の強い社会では，そうした規制を回避しようとする動きが強まります．規制された市場取引を回避するために，規制の少ない外国にある類似の市場を使ったり，ほぼ同

じ経済効果が期待できる新しい取引手法を開発したりします．この点は，一見すると③の条件と相反するように思われるかも知れませんが，市場インフラを規制などによって整備することと，価格機能を規制などによって制約することとは全く違う話です．多くの市場参加者を集め，多様なニーズに基づく市場価格形成を図るためには③は不可欠なものであり，④はもともと不要な価格規制を取り除こうとするものです．したがって，③と④は両立するものなのです．

　これらの条件のうち，日本ではこのところ①と④の条件はかなり整備されて来ています．①については，デリバティブズ（金融派生商品：後述します）と呼ばれる新しい金融取引の市場が創設されたり，資産担保証券などの新しい金融商品を取引する場が設けられたりしています．④についても，1980年代からの金融自由化や1990年代半ば以降の金融ビッグバン（いずれも後述）の過程で，価格や金利に関する各種の規制がどんどん取り払われてきました．

　しかしながら，②と③についてはなかなか整備が進んでいません．例えば，②に関しては，市場参加者の見方が一方に振れがちであることが指摘されています．このため，市場の厚みに乏しく，価格がつかないこともあるのです．日本の市場参加者は，集団で行動することを良いこととしてきた農耕民族の伝統から抜け切れていないのかも知れません．また，③に関しては，会計制度についてこそ近年整備が進んできたものの，情報開示や法制度，さらにはインサイダー取引規制については，なお不安なしとはしません．情報開示面では，粉飾決算を含む虚偽記載の事例が相次いで問題化していますし，法制度面でも判例が分かれる事例や判決が出るまでに長時間を要するケースも少なくありません．また，インサイダー取引規制についても，取り締まりにあたる証券取引等監視委員会の要員が拡充されつつあるとはいえ，米国で同様の機能を果たしているSECの要員と比べると大きく見劣りしています．

(2) 相対取引のメリット

　こうした市場を成立させるための条件がなくても，相対取引を行うことは可能です．貸し手は，借り手の事情に応じてかなり柔軟に対応できることが，相対取引のメリットとして挙げられます．情報開示面や会計情報面で不安があっても，担保や保証人を確保すれば，貸出を実行することも可能になります．あるいは，対外公表されていない資料の提出を求めることも可能になります．

　企業会計や情報開示を充実させるためには，相当の事務コストがかかります．

上場企業など大手・中堅の企業の場合には対応できるかも知れませんが，中小企業や零細企業にとっては重過ぎる負担になることもあります．こうした企業の場合には，相対取引を行うことに大きなメリットがあるのです．

参考文献

まず，資金循環について詳しく知りたい人は，以下①～③の本や論文などが役に立つでしょう．

① 日本銀行調査統計局経済統計課『入門資金循環——統計の利用法と日本の金融構造』東洋経済新報社，2001年．
② 日本銀行調査統計局「資金循環統計の解説」2005年（http://www.boj.or.jp/type/exp/stat/data/exsj01.pdf）．
③ 日本銀行調査統計局「資金循環統計からみた80年代以降のわが国の金融構造」2005年（日本銀行調査季報2005年4月，ホームページでも見られます）．

次に，金融機関の業態について詳しく知りたい人は，以下④の本が役に立つでしょう．

④ 鹿野嘉昭『日本の金融制度』東洋経済新報社，2001年．

Box 1　個人金融資産の行方

日本では，2005年から人口減少が始まるなど，少子高齢化が予想を超える勢いで進んでいます．また，ベビーブーム期の1947～49年に生まれた「団塊の世代」（人数が非常に多い世代）の人達が近年退職期を迎えました．他方，企業では，人件費や社会保険料を節約するために，正社員の雇用を抑制して，アウトソーシングや非正社員を拡大しようとしています．若い人は昔ほど簡単に正社員になれず，著しく所得の低いフリーターやニートになる人も少なくありません．こうした人達は，結婚しにくく，少子化を加速させるかもしれません．日本の人口や労働力の構成に，非常に大きな変化が生じているのです．

こうした変化は，個人金融資産にも大きな影響を与えると予想されています．①退職した人々が退職前の生活水準を維持しようとして現役時代に蓄えた金融資産を取り崩す（ライフサイクル仮説と呼ばれます）とか，②フリーターやニートには貯蓄する余裕がなく，職能が身につかないため転職によるキャリア・アップも難しい，という見方があります．

上記①が正しければ，金融資産が一次的な効果で減少します．他方，退職者が所得の割に高い消費を行うことが日本の景気を引き上げ，金融資産を二次的に拡大す

る要因にもなります．全体の金融資産は，一次と二次の効果の大小関係によって決まります．

　上記②が正しい場合には，若い世代の金融資産が減ることになります．生活苦のために，借金をする人が増えるかも知れません．消費者金融では，保証人や連帯保証人をつけることが多く，借りた本人が返せなくなれば，連帯保証人や保証人に迷惑をかけます．こうした事例が増えれば，個人の金融資産全体にも大きなマイナスの影響を与えるでしょう．

　このように，今後の個人金融資産の動向は，日本経済にも大きな影響を与えるといわれています．皆さんの生活にも直結しますので，注目してみていきましょう．

　なお，家計も，まず自分の収支についてきちんと把握し，計画的に消費と貯蓄を行うことが大切です．このためには，長期にわたる人生の生活設計を行うとともに，家計簿やそれに替わるもの（給与振込みの銀行口座など）を活用することが大切です．これらを考えるには，金融広報中央委員会のホームページ（http://www.shiruporuto.jp/）が有益です．

おまけ：フリーターやニートの危険性

　親御さんが元気で働いているうちは，フリーターでも食べていけるでしょう．親御さんと同居し，小遣いを貰うこともできます．しかし，退職などで親御さんの経済力が衰えたときには，どうなるでしょうか．いつまでも脛をかじるわけにはいきませんが，社会に通用するスキルが身につきにくいため，昇給や中途採用は難しいといわれています．フリーターの高齢化が懸念されるのです．

　しかも，フリーターやニートは，健康保険や失業保険，年金などの社会保険料を払っていない人が大半ですので，社会保険の給付もあてにできません．皆さんは先々のことを考え，フリーターなどにならないように注意しましょう．また，社会で認知される技能を身につけるのには，3年くらいはかかるものです．正社員になれた人は，まともな仕事である限り，職場が嫌になっても安易に退職せず，3年以上は頑張って，自分の得意分野を身につけることをお奨めします．

2章

日本の金融市場1
―― 伝統的な金融市場 ――

　この章では，まず伝統的な金融市場に焦点をあてます．日本にある金融市場のうち，皆さんの生活と色々な意味で密接に関連している重要な市場をみて行くことにします．

1　金融市場の類型

　これから金融市場をみていくにあたり，金融市場の類型を理解しておきましょう．そもそも「金融市場」とは，各種の金融取引が行われる市場のことです．金融資産の需要者と供給者の出会いの場であるということもできるでしょう．様々な金融取引がありますから，取引のパターンも多様です．
　例えば，1章5(1)でも簡単に説明した「取引所取引」と「OTC取引」(over the counter) に分けることができます．

(1)　取引所取引

　このうち，取引所取引とは，特定の取引所に市場参加者が集まってきて取引が行われる金融取引のことです．青果市場や魚市場のようなものだと考えればわかりやすいでしょう．取引は決められた場所と時間帯で行われ，決められた取引パターンで取引する必要があります．たとえば，取引所は，先物の限月，決済方法，値決めの方法など細かなルールを決めていて，市場参加者はそのルールに従わなければなりません．取引の自由度が低いという意味では，「テーラーメイドの取引」といってもよいでしょう．
　このように取引形態に制約がある反面，市場参加者が多いため流動性が高く，大きな取引を行いやすいというメリットもあります．たとえば，手持ちの資産を売ってその資産の残高をゼロにしたい（市場の用語では，「ポジションを手仕舞い

する」といいます）と思ったとき，買い手が見つかりやすく，ゼロにしやすいのです．

また，各種の金融取引の際の価格の指標になることが多いのも特徴です．多くの市場参加者が，取引所で成立している価格について，共通の知識を持つことができるのです．皆さんも，「株価が上がった」とか「下がった」というニュースを聞くことが多いでしょうが，その「株価」とは，通常，東京証券取引所における価格指標を指しているのです．取引所で成立した価格は，テレビやラジオだけでなく，各種の経済金融情報端末を通じて，多くの市場参加者にその時々の価格として伝えられるのです．

詳しくは，本章の後の節で触れますが，株式市場，株式先物市場などが代表的な取引所取引です．このほか，金融先物，商品先物なども市場で取引されています．

(2) OTC 取引

これに対し，OTC 取引とは，ある金融機関のカウンター越しにその金融機関と顧客（金融機関のこともあります）とが取引を行うような金融取引のことです．お店でお客さんがモノを買うことに似ていますね．日本語で「店頭取引」と翻訳されることもあります．

OTC 取引では，取引所取引とは異なり，時間や場所はさほど限定されません．決済の方法なども含めて自由度が高く，いわば「オーダーメイドの取引」ともいえるでしょう．

後で詳しく説明しますが，外国為替市場，コール市場，手形市場，CD 市場，CP 市場，国債流通市場などはこの OTC 取引にあたります．OTC 取引で扱われる金融商品は多様で，市場型の金融取引に向いた規格化された金融商品のこともありますが，流動性が乏しくなりがちな相対型の金融取引の場合もあります．

なお，OTC 取引では，売買にあたって，間にディーラー（自らの勘定で売ったり買ったりする業者）やブローカー（売買の仲介をするだけ＜自らの勘定を持ちません＞の業者）が入ることが多いのも特徴です．こうした業者は，電話などで連絡をしています．最近では，通信機能のついたコンピュータの画面を通じて金融商品を売買する「スクリーン・トレーディング」も多くなっています．

(3) インターバンク市場 vs オープン市場という分類

上記の取引所取引・OTC取引という分類のほかに，「インターバンク市場」と「オープン市場」という分類もあります．

このうち，インターバンク市場とは，市場参加者が銀行などの金融機関に限られる金融市場のことです．具体的には，後から説明するコール市場や手形市場などが代表的な事例です．

これに対し，オープン市場とは，金融機関のほか，一般事業法人や官公庁共済組合なども含む非金融部門が参加している金融市場のことです．具体的には，後から説明するTB市場，FB市場，CD市場，CP市場などがこちらに入ります．なお，TB市場とFB市場は2009年に統合され，T-bill市場になりました．

(4) 市場の厚みと市場間の連関

金融市場をみるときには，まず市場の厚みがどれだけあるかが重要です．といいますのも，金融取引は，いつでも活発に行われている訳ではなく，時期や金融商品の種類によって，繁忙期と閑散期のあることが多いからです．繁忙期には市場に厚みがあって，いざというときに市場取引を行いやすいでしょう．しかしながら，閑散期には市場の厚みが乏しく，金融取引の相手をみつけることが難しくなります．このように市場が薄い場合には，いざというときに換金できないリスクがあることを考える必要があります．1章5(1)でもお話ししたとおり，日本では制度や市場参加者の意識の問題などから市場が薄くなる傾向もありますので，注意が必要です．

また，"金融市場がバラバラに存在していて，他の市場とは無関係に価格が成立している"訳ではない点も理解しておくと良いでしょう．金融市場で決まる価格は，他の市場の動きをみながら，強い相関関係を持っていることが多いのです．リスクなしで利益を得ることを，経済学では「**裁定取引**」(アービトラージ) と呼んでいます．一番わかりやすい例は，東京証券取引所と大阪証券取引所にともに上場している企業のケースでしょう．もし，東京証券取引所で成立している株価が大阪証券取引所で成立している株価よりも高ければ，大阪証券取引所から安い値段で買って，東京証券取引所で高い値段で売れば，リスクなしに利益を得ることができます．こうした裁定取引が行われると，高かった東京証券取引所での株価が下がり，安かった大阪証券取引所の株価が上がります．その結果，両者の価格差は小さくなるのです．このような裁定取引が活発に行

われれば，類似の商品を扱っている市場の間での価格差が小さくなり，ほぼ同じ株価が成立するのです．

このほか，将来の価格を予想して，売買を行う市場参加者もいるでしょう．こうした市場参加者は，将来値上がりすると考える金融商品を買い，将来値下がりすると予想する金融商品を売るという取引を行います．経済学では「**投機**」と呼ばれる取引です．投機を行う人々は，同一の市場内だけでなく，複数の市場間でも投機を行います．もっとも，投機の場合は，裁定取引のように「リスクなし」という訳にはいきません．価格が思ったとおりに変動するという保証はありませんので，こうした取引の場合，損をするリスクがつきものなのです．こうしたリスクを背負いながら複数の市場間で投機を行う市場参加者がいるために，金融市場の間では相互作用が働きやすくなるのです．こうした相互作用についても，きちんと理解しておくとよいでしょう．以下の市場の話をするにあたって，こうした相互作用についても，必要に応じてお話ししていきます．

2 短期金融市場

満期までの期間の短い金融商品を取引している市場が短期金融市場です．一般的に満期まで1年以下の取引が「短期」と呼ばれていますが，実は，期間や市場参加者の異なる色々な形態の金融商品があります．

短期金融市場で決まった金利は，皆さんの定期預金の金利や，借入金利に強い影響を与えています．たとえば，6カ月ものの市場金利は，6カ月定期の金利や，6カ月の借入金利に影響しているのです．もし，定期預金の金利が同じ期間の市場金利よりも十分高ければ，銀行は定期預金というかたちで資金を調達するよりも，金融市場から資金を調達したほうが有利になります．そこで，定期預金の金利を下げることになります．また，貸出金利が同じ期間の市場金利よりも低ければ，銀行は貸出をやめて市場で運用した方が有利だということになるため，貸出金利を引き上げることになります．このように，金融市場で成立する取引は，少なくとも金利面からも，相対取引に大きな影響を与えているのです．

そこで，以下では主な短期金融市場を説明していくことにしましょう．

(1) コール市場

　銀行等が日々の資金調節のためにお金の貸し借りをしている短期の金融市場がコール市場です．この市場は，インターバンク市場の典型例です．ここでは，非常に短期の取引が行われています．オーバーナイト物（O/Nと書くこともあります）と呼ばれる当日借りて翌営業日に返済する取引や，トムネ（T/Nと書くこともあります）と呼ばれる翌営業日に借りてその翌営業日に返済する取引などが行われています．また，2001年からは，「日中コール」と呼ばれる当日返しの超短期の資金取引（例えば午前中に借りて午後に返す取引）も盛んに行われるようになっています．

　また，コール市場にも2つのタイプがあることを知っておくとよいでしょう．国債や手形などの担保のついた「有担保コール市場」と，こうした担保のついていない「無担保コール市場」の2つです．仮に借り手の銀行などが破綻しても，有担保コールであれば担保がついているために貸倒を出さずに済みます．それに対し，無担保コール市場の場合には，担保がついていないため，いざというときには貸倒が発生する場合があります．5章でお話ししますが，1997年に無担保コール市場で貸倒れが発生して，コール市場に大きな影響を与えたことがあります．無担保コール市場は事務手続きが簡素な反面，貸倒のリスクを抱えていることに気をつける必要があります．1998年以降，有担保コール市場の規模が拡大する一方，無担保コール市場の規模が縮小した結果，有担保コール市場の方が大きいという現象がみられました．

　また，コール市場では，各銀行が日本銀行に開設している当座預金口座が非常に大きな役割を果たしています．皆さんが銀行に預金口座を開設して送金・入金などの資金決済に役立てているのと同様に，銀行は日本銀行に当座預金口座を開設して，銀行間の資金決済などで大いに活用しているのです．日本銀行の当座預金口座は，第1に，コール市場などでの資金決済の手段として用いられています．具体的には，コール市場での貸し手の銀行の当座預金口座では貸した額だけ取り崩され，他方，借り手の銀行の当座預金口座では借りた額だけ増やす作業が行われているのです．

　第2に，金融政策の実行手段としても，日本銀行の当座預金口座は重要な役割を果たしています．2001年3月〜2006年3月の量的緩和政策の時期を除いて，日本銀行は金融市場調節の主たる目標として，無担保コール市場のオーバーナイト物の金利に注目しています．先進国の金利決定にあたっては，このよう

に，コール市場の金利に影響を与えるよう，中央銀行（日本銀行のように自国の金融政策を実施する銀行）が金融市場調節を行って当座預金残高の操作を行っているのです．もっとも，デフレ経済が懸念された日本では，2001年3月〜2006年3月の間，"準備預金制度で必要とされる日本銀行の当座預金残高を大幅に上回るような金融調節を行う"という実験的な金融政策が取られました（この量的緩和政策の詳細は8章で説明します）．量的緩和政策の下では，多くの銀行が法律で必要とされる以上の日本銀行当座預金残高を抱えていたため，コール市場でお金を借りたいという銀行が少ない一方，余裕のある当座預金分を貸して運用したいという銀行が多くなり，コール市場ではほぼゼロに近い金利となっていました．いずれにしても，コール市場で成立した市場金利は，期間の少し長い他の短期金融市場の金利に強い影響を与え，さらには長期の金利にもいくらか影響を与えています．中央銀行は，こうした金利波及のメカニズムを考えながら，金融政策を行っているのです．当座預金口座やコール市場が，金融政策にとっても重要な役割を果たしていることを知っておくとよいでしょう．

次に，コール市場で活躍している経済主体についてみていくことにしましょう．まず，短資会社と呼ばれる会社が，コール市場におけるブローカー（仲介を行う経済主体）あるいはディーラー（自己勘定を通して取引する経済主体）として重要な役割を果たしています．お金の余った銀行がお金の足りない銀行を独自に探し出すのが難しいときには，短資会社の持っている情報が役に立ちます．お金の流れは，短資会社がディーラーとして機能するときには，「貸し手の当座預金口座⇒短資会社の当座預金口座⇒借り手の当座預金口座」と流れます．他方，短資会社がブローカーとして機能するときには，「貸し手の当座預金口座⇒借り手の当座預金口座」と流れることになるのです．ただ，バブル経済が崩壊してコール市場の金利がゼロに近づいてくると，短資会社の仲介手数料が次第に小さくなってきましたので，短資会社の統合が行われています．また，短資会社を通さずに，銀行同士が直接取引を行うことも広く行われるようになっています．

このほか，お金の出し手と取り手も重要です．量的緩和政策の下ではお金の取り手は限られているのですが，2001年3月以前には，預金などの資金調達額が貸出などの資金運用額を下回るタイプの銀行が取り手となっていました．都市銀行，外国銀行，長期信用銀行などといったタイプの銀行です．これに対し，お金の出し手には，資金調達額が運用額を上回る銀行がなっていました．たと

えば信託銀行，地方銀行，第二地方銀行，信用金庫，農林系金融機関などです．出し手・取り手は時代とともに変わるものですが，上記の一般的な傾向を知っておくと良いでしょう．

(2) 手形市場

コール市場よりもいくらか長い1週間〜3カ月程度のインターバンクの市場として，手形市場が1971年に設立されました．優良な民間債務を担保とする取引を行う市場として，有担保コール市場の機能を分化させるかたちで設立されたものです．

ⅰ) 手形オペとプロパー取引

手形市場は，日本銀行が当座預金残高を増減するための手形オペが行われていますほか，プロパー取引と呼ばれる民間銀行間での取引があります．かつてはプロパー取引も盛んに行われていましたが，現在では当座貸越の普及などによって商業手形を使う機会が減少していることもあって，プロパー取引はほとんど行われないようになりました．事実上は手形オペのための市場となっています．

そこで，簡単に手形オペについて説明しましょう．

ⅱ) 日本銀行当座預金の増減要因と中央銀行の3つの機能

日本銀行の当座預金残高が増えたり減ったりする要因としては，① 現金の要因，② 国庫金の要因，③ 金融調節の要因，④ 銀行間の資金受払いの要因，の4つがあります．①は，日本銀行が果たしている「中央銀行の3つの機能」のうちの「発券銀行」としての機能と，②は3つの機能のうちの「政府の銀行」としての機能と，③および④は3つの機能のうちの「銀行の銀行」としての機能と密接に関わっています．

日本のお金（いわゆる現金）は，紙幣（お札とも呼ばれます）と硬貨に分けられます．このうち，紙幣をよくみると「日本銀行券」と書いてあります．これは，日本銀行が負債として発行しているものです．日本銀行は，紙幣を発行することのできる国内では唯一の金融機関なのです．この機能を「発券銀行」の機能といいます．日本銀行では，偽札が流通しないように，お金の鑑査なども行っています．このように日本銀行が発行している紙幣が皆さんの手元に，どのようにして届けられるのか説明しましょう．まず，日本銀行と取引をしている銀行（全て）と信用金庫（大部分）は，日本銀行に当座預金口座を保有しています．

皆さんが銀行から普通預金口座等を取り崩して紙幣を引き出す（あるいは紙幣を預けて普通預金口座等を積み増す）のと同様，日本銀行と取引している銀行などは，日本銀行の当座預金を取り崩して紙幣を引き出す（あるいは紙幣を預けて日本銀行の当座預金口座を積み増す）ことを行っています．銀行などはこうして手に入れた紙幣を皆さんの普通預金口座等を経由してお手元に届けているのです．従って，銀行が紙幣をたくさん引き出すとき（正月前やゴールデンウィーク前などに特に多く引き出します）には日本銀行当座預金の残高が減少しやすく，逆に紙幣を大量に入金してきたときには日本銀行当座預金の残高が増加しやすくなるのです．1つの銀行だけでもそうですから，日本銀行と当座預金取引している全ての金融機関の合計額をみると，現金の取引が膨大な金額となることもあります．

②の国庫金は，日本銀行が国の預金口座を持っていることと密接に関係しています．政府自身はお金の受入，支払いの実務を日本銀行に任せているのです．皆さんが税金を払ったり国債を購入したりしたときには，皆さんが取引をしている民間銀行の日本銀行当座預金口座からお金を引き落とし，政府の預金口座にお金を入金します．逆に，政府が皆さんにお金を支払うとき（予算の執行＜政府の購入や労賃など＞や国債の利払い・償還など）には，皆さんが取引をしている民間銀行の日本銀行当座預金口座にお金を入金して，政府の預金口座の残高を減らすのです．民間銀行の窓口をよくみると，「日本銀行歳入代理店」とか「日本銀行国債代理店」と書いてあることがあります．それは，その銀行が税金の支払いの窓口になれる銀行であることや，国債の売買・利払いの窓口になれる銀行であることを意味しているのです．税金の徴収，歳出，国債の発行・償還や利払い等では巨額の資金が動くことがあります．そのときも，日本銀行当座預金残高は大きく変化するのです．1つの銀行だけでもそうですから，日本銀行と当座預金取引している全ての金融機関の合計額をみると，やはり膨大な金額となります．

③の金融調節は後回しにして，④の銀行間の資金受払いについて簡単にお話ししましょう．**本章2(1)で説明したように**，コール市場での貸し借りが行われたときには，日本銀行当座預金の残高が貸し手と借り手の間で反対方向に動きます．また，銀行間で資金決済が行われるときにも，同様に大きな資金が動きます．ただ，④の取引の場合は，全ての銀行を合計すると，必ずゼロになるという特徴があります．払った銀行もあれば受け取った銀行もあるのですから，全体を足せばゼロになるという訳です．④については，"日本銀行と当座預金

取引している全ての金融機関の合計額を変動させる要因にはならない"ことに注意する必要があります．

　上記①，②の要因は，日本銀行と当座預金取引している全ての金融機関の合計額を大きく変動させます．また，①と②の要因はバラバラの理由で動いていますので，放っておくと日本銀行当座預金の残高が乱高下することになります．この結果，法律で義務付けられた準備預金額を積むことができない銀行が出るなど，大きな混乱が生じるおそれがあります．こうした変動を均すために，日本銀行では①と②の要因による当座預金残高の変動を予測しながら，③の金融調節を行っています．日本銀行が民間の金融機関との間で，お金の貸し借りなどを行っているのです．いくつかの方法があるのですが，公開の場で資金のやり取りをすることを公開市場操作（マーケット・オペレーション）と呼びます．日本銀行が各種の金融資産を売ることを売りオペと呼んでいて，民間銀行が持つ日本銀行当座預金残高の合計を減少させる効果を持ちます．逆に，各種の金融資産を買うことを買いオペと呼んでいて，民間銀行が持つ日本銀行当座預金残高の合計を増加させる効果を持ちます．売買の対象とする金融資産については日本銀行が決めているのですが，最近では，そうした金融資産の種類が増えてきています（手形，国債，FB，CPなど）．

ⅲ）手形オペの効果

　上記の手形オペというのは，手形市場で日本銀行が民間銀行から手形を売ったり買ったりすることを指します．手形市場で売りオペを行った日には，民間銀行が持つ日本銀行当座預金残高の合計が減る一方，その手形の満期が来た日には，その合計が増加することになります．逆に，手形市場で買いオペを行った日には，民間銀行が持つ日本銀行当座預金残高の合計が増加する一方，その手形の満期が来た日には，その合計が減少することになるのです．

(3)　その他の短期金融市場

　本章2(1)のコール市場と**本章2**(2)の手形市場はインターバンク市場の典型例ですが，そのほかにも，色々なタイプの短期金融市場が存在しています．以下でお話しするのは，いずれもオープン市場に分類されるものです．

　まず，**TB市場**があります．TBとは，「割引短期国庫債券」と呼ばれる国債の一種です．短期（3カ月，6カ月，1年）の借換債で，利払いがありません．利息がない分だけ，発行時に安い価格で売るという金融商品です．1986年2月

から発行が開始され，近年急速に規模を拡大しています．

次に，**FB市場**もあります．FBとは，正式には「政府短期証券」ですが，"国債ではない"という位置づけになっていました（政府が短期の資金繰りのために発行する原則として満期13週間の債券）．かつては，新米を政府が買い上げるための資金（食糧証券とか糧券と呼ばれていました），外国為替市場で市場介入するための資金（外国為替資金証券とか為券と呼ばれていました：詳細は本章5参照），政府が短期の資金繰りのために使う資金（大蔵省証券とか蔵券と呼ばれていました）の3種類ありましたが，1999年度から一本化されています．1886年の導入以来，日本銀行がほぼ全額を引き受けていましたが，1999年度から価格競争入札が行われるようになり，2000年度からは完全公募制に移行しました．2000年代前半に日本の外貨準備が増加したことを受けて，FBの残高もこの時期に急拡大しました．FBは2009年にTBと統合され，国庫短期証券（T-bill）となりました．

また，**公社債現先市場**という伝統的な市場もあります．公社債とは国債や社債のことを総称したものです．また，現先とは，一定の期間後の売り戻し条件付の買いや，買い戻し条件付の売りのことを指します．従って，公社債現先市場とは，公社債を売り戻し条件付で買ったり，買い戻し条件付で売ったりする市場のことです．戦後早くから，金利等に関する規制を回避するために発生した日本最初のオープン市場だといわれています．一時的に売った公社債を買い戻すということは，売りから買いまでの期間の資金を調達したことと同じです．逆に，一時的に買った公社債を売り戻すということは，買いから売りまでの期間に資金を運用したことと同じになります．規制があれば，それをかい潜ろうとして新たな取引を創造するという民間の逞しい知恵といえるかも知れません．

近年では，**債権貸借**（レポ）**市場**という新しい市場も大きくなっています．各種の債権の消費貸借取引のことで，現金担保がつくことが多くなっています．現金担保がつくということは，債権を貸した側が資金を調達したことと同じ経済効果を持ちます．なお，上記の現先市場では一旦売ったり買ったりするかたちをとりますが，債権貸借市場では所有権が移転する訳ではなく，貸し借りに過ぎない点が大きく異なっています．1996年4月に導入されてから急速に規模が拡大しました．オーバーナイト物のように期間の短いものが多いといわれています．

さらに，**CD市場**もあります．CDとは，譲渡性預金と呼ばれる譲渡可能な

預金のことです．通常の預金は譲渡できませんが，CDは譲渡が可能なため，債券と類似した特性をもっています．英語で（negotiable）certificates of depositと呼ばれるため，CDとかNCDと呼ばれています．日本では1979年5月に初めて発行されました．当時は，預金の金利は公定歩合に連動して決められていましたが，最初の自由金利預金としてCDが導入されたものです．貨幣量の指標として注目されている経済統計の中に，マネーサプライ（M2＋CD）というものがありましたが，この最後のCDというのがこの譲渡性預金のことです．当初は5億円以上の大口の預金が対象でしたが，次第に規制が緩められ，現在では自由な金融商品となっています．

また，**CP市場**もあります．CPとはコマーシャル・ペーパーのことで，企業が発行する短期の社債の一種です．1987年に創設されたときには，発行するための厳しい要件がありましたが，現在では廃止されています．当初は無担保の約束手形とされていましたが，近年では，ABCP（資産担保コマーシャル・ペーパー）と呼ばれる一種の担保を付したコマーシャル・ペーパーも登場しています．

3　長期金融市場

長期の金融市場といっても色々あるのですが，日本の代表的な長期市場は国債市場です．現在では，日本の国債発行残高は，名目GDP1年分の額を大きく上回るほどの巨額なものとなっていますので，現在では長期金融市場の主役は国債となっています．

(1)　国債の種類

一口で国債（国庫短期証券を除く）といっても，**図表2-1**のとおり，色々な種類が発行されています．近年でも，物価連動債が発行されたり，個人向け国債が発行されたりするなど，国債の種類の多様化が進められています．

国債を大別すると，利付債と割引債に分類されます．利付債とは，満期時の

図表2-1　国債の種類

利付債	固定利付債　2年，4年，5年，6年，10年，20年，30年：半年毎に利子
	変動利付債　15年，個人向け10年債：半年毎の利払いの金利を見直し
	物価連動債　10年：表面利率は固定，元金がインフレ率に連動
割引債	3年，5年：利払いなし＋満期に額面で償還（発行時に金利相当分を割引く）

償還に加え，一定期間毎に金利が支払われるタイプの債券です．日本では年に2回，金利が支払われています．これに対し，割引債とは，満期に償還されるまでの間，利払いが全く行われないタイプの債券です．そのデメリットを埋め合わすために，額面に比べて金利相当分だけ安い価格で債券を発行しています．もっとも，近年では短期を除いて，割引債の発行は盛んとはいえません．

次に，利付債の内訳ですが，①金利や利払い額（＝金利×元本）が満期まで変わらない固定利付債，②金利や利払い額がその時々の市場金利などに連動して見直される変動利付債，③金利は一定ながら，元本額がインフレ率に連動して変動する物価連動債，の3つのタイプがあります．日本では①の割合が圧倒的に大きいのですが，②や③も近年では注目されています．①の固定利付債は運用者にとって，金利が低下する局面では，元の金利を満期まで確保できるため有利な反面，金利が上昇する局面では，低い金利を満期まで我慢しなければならないため不利となります．調達者にとっては，全く逆の利害が成立します．②の変動利付債は運用者にとって，金利が低下する局面では，低い金利を受入れなければならないため不利ですが，金利が上昇する局面では，高い金利を享受できるため有利です．もちろん，調達者にとっては，全く逆の利害が成立します．

上記①や②の債券は満期まで元本額が変わらないのに対し，③の物価連動債は，期間中のインフレ率に応じて，元本額が変わるのが大きな特徴です．予期しないインフレが起きたとき，①の固定利付債を持っていれば，満期時にはインフレ率を調整してみると損失が出る可能性が高まります．たとえば，10年間に物価が2倍になれば，元本のインフレ調整後の価値は2分の1になってしまうのです．②の変動利付債を持っていれば，市場金利の変動によってある程度インフレ率上昇に伴う損失を抑えることが期待できますが，市場金利の上昇がインフレよりも遅くなるかも知れませんし，金利見直しまでの半年間の損失は避けられないため，完全に損失を回避することは難しいでしょう．これに対し，物価連動債の場合は，元本額がインフレ率と連動しますので，インフレのリスクを完全に回避することができます．将来，インフレが予想されるときには，運用者にとっては大変有利な債券といえるでしょう．もちろん，資金調達者にとっては，全く逆のことがいえます．固定利付債を発行している債務者はインフレが起きれば大きな利益を得られる一方，物価連動債を発行している債務者はインフレが起きても債券からの利益は得られません．日本で最大の債務者で

ある政府がインフレを望まないようにするためには，③物価連動債や②の変動利付債のウェイトを高めると良い，といえるかも知れません．

どういう種類の国債をいくらぐらい発行するか，ということは，財務省理財局が決めています．国債の満期構成，発行高，付利方式などを考える**国債管理政策**は，国債残高が膨らんだ今日，金利の見通しとも絡んで，大変重要な役割を果たすようになっています．世間ではこの政策の重要性が必ずしも十分認識されていませんが，今後はよく議論されることが望まれます．

(2) 国債の発行市場

国債や株式のように，持ち主が転々と変わるような金融商品については，発行市場と流通市場を分けて考える必要があります．

このうち，発行市場とは，新たに証券を発行して，資金調達者が資金運用者から資金を受け取る市場のことです．国債の場合ですと，政府が国債購入者から資金を受け取ります．日本では，日本銀行が「政府の銀行」としての機能を果たすために，国債発行の事務を取り扱っています．もちろん，国債購入資金などのやりとりは，**本章2(2)ⅱ)** で説明したとおり，日本銀行の中にある民間銀行等の当座預金口座と政府の預金口座を用いて行われています．国債発行の方式は，かつては「シンジケート団引受」と呼ばれる方式が中心だったのですが，現在ではそのウェイトは低下し，価格競争入札が主力になっています．市場機能が働きやすい環境整備が行われているのです．

価格競争入札では，事前に決められた表面利率をもとに，国債元本をいくらで買うかという入札が行われます．表面利率は，後述の流通市場の市場金利を参考にして決められますが，それを決めてから入札するまでの間に時間がかかるため，入札当日には表面利率と市場金利が異なることがあります．そこで，元本価格で調整を行っているのです．

国債の種類によって入札の頻度は異なりますが，発行量の多い10年物固定利付債の場合は，毎月のように発行されています．入札時の表面利率は，毎月のように見直されています．近年，国債金利が特に大きく動いた2003年夏～秋の表面利率の動きをみてみましょう．同年6月債の表面利率は10年物としては史上最低の0.5％でした．その後，流通市場で国債金利が急上昇したことを受け，7月債は0.9％，8月債は1.0％，9月債は1.6％と表面利率が上昇しました．僅か3カ月の間に，表面利率は3倍以上にもなったのです．さすがにこんなに

大きく変動することは稀ですが，毎月のように表面利率が変動することについては，覚えておくと良いでしょう．

　入札の際には，国債をいくらで買うかについて，入札に参加する銀行や証券会社が札を入れます．慣例として，100円で償還される国債の元本を〇円△銭で買う，というかたちで入札します．国は，予め決められた発行予定額に達するまで，高い順に国債元本を売っていくことになります．

　国債の価格が丁度100円の状態を**パー**と呼びます．あらかじめ決まっている表面利率と入札時の市場金利が同じ場合に，この現象が起こります．100円よりも高いときを**オーバーパー**，100円よりも安いときを**アンダーパー**と呼びます．オーバーパーは市場金利が表面利率よりも低くなったときに，アンダーパーは逆に市場金利が表面利率よりも高くなったときに起こります．

　こうして発行された国債の利回りについては，色々な計算方法がありますが，日本では，単利という考え方に基づいた**式2-1**の計算式を用いて，「最終利回り」を計算することが多くなっています．

式2-1　国債の最終利回り

$$\text{最終利回り (税引前, 単利)} = \frac{\text{表面利率・\%} + |(100円 - \text{購入価格・円})/\text{償還期間・年}|}{\text{購入価格・円}}$$

この式では，たとえば表面利率1.5％の10年物国債を100円50銭のオーバーパーで購入したときには，$|1.5 + (100 - 100.5)/10|/100.5 = 1.443\%$ の最終利回りを得られることになります．一見難しそうですが，考えてみると簡単です．100円50銭支払って得られた元本から毎年1円50銭の金利が得られますが，10年後には100円しか貰えませんので，1年当たり5銭だけ損をしていることになります．1年あたりに得られる金利から，1年あたりの損を差し引いて，1円45銭が1年あたりの利益となります．100円50銭かけて入手した元本から得られる1年あたりの利益が1円45銭ですから，最終利回りは先ほどの1.443％となる訳です．

　逆に，99円50銭のアンダーパーで購入したときには，1年あたりの利益が同様の計算で1円55銭となるため，最終利回りは1.558％となるのです．

　この最終利回りという考え方は，いったん支払われた利息が利息を生まないことを前提に計算されています．こうした考え方が「単利」と呼ばれる考え方です．これに対し，利息が利息を生むという「複利」の考え方もあります．経

済学的には複利の考え方の方が自然なのですが，日本では，直感的にわかりやすいこともあって，この「最終利回り」の考え方が広く使われています．

なお，昔は印刷された紙の国債（現物とも呼ばれます）があり，額面金額と利札が印刷されていました．利札とは，いついくらの金利を払うかを書いたもので，利払いのたびに利札を切り取っていました．たとえば10年債の場合ですと，年に2回の利払いがあるため，20回分の利札があったのです．ただ，国債が大量に発行され，頻繁に取引されるようになると，印刷物を受け渡しすることが大変になりましたので，日本銀行の振替決済システムが一般に使われるようになり，2003年1月からはペーパーレス化されています．振替決済システムでは，現物は発行されず，持ち主や金額などを日本銀行のコンピュータの中の帳簿に記録しています．売買が行われると，コンピュータの中の持ち主名を書き換えるのです．このように，市場取引を円滑に行うための工夫が色々と行われています．

(3) 国債の流通市場

いったん発行された国債のことを既発債と呼びます．発行市場とは異なり，既発債の売買のときには証券の持ち主が変わるだけで，発行者に対して資金が流れることはありません．この点には注意する必要があります．

また，**本章**2(2)で，国債の表面利率は市場実勢にあわせて変更される，ということをお話ししました．このため，国債の流通市場では，満期までの期間や表面利率，1回あたりの発行高が区々の多様な国債が並存しています．満期や表面利率が同じものを「銘柄」と呼んでいますが，銘柄によっては取引が活発ではないものもあります．かつては，「指標銘柄」と呼ばれる特定の銘柄に市場の売買が集中する現象がみられましたが，近年ではそうした集中がみられなくなりました．

国債の流通市場では，市場金利の変動に伴って，国債の価格が上昇したり下落したりしていると報道されることがよくあります．これは，日本では固定利付債の発行が多いことと密接に関係しています．固定利付債は，**本章**3(1)でも説明したとおり，満期まで表面利率が変わることはありません．そうすると，価格が変動することによって市場金利の変化を調整することになるのです．

国債流通市場の金利が上昇すれば，国債の価格は下がります．逆に金利が低下すれば，価格は上昇します．価格と金利が逆に動くという関係は一見難しい

かも知れませんが，次のような事例を考えればわかりやすいでしょう．まず，表面利率1.5%の国債が当初は元本100円で売られていたとします．その後，金利が上昇して，表面利率1.6%の国債が発行されるようになり，それが元本100円で売られるようになったとします．そのとき，表面利率が1.5%の国債の元本は100円では売れません．毎期の利払いの多い国債が100円で買える訳ですから，不利な表面利率1.5%の国債は値段を安くしないと売れなくなるのです．満期まで10年残っている場合には，表面利率1.5%の国債は約99円まで値下がりすることになります．償還額の100円よりも安く買うことによって1年あたり約10銭の得が発生し，表面利率の面での不利を相殺することが可能となるからです．

これに対し，変動利付債の場合は，価格の変動はずっと小さくなります．利払いのタイミングによって価格が若干動くことはあるかもしれませんが，市場金利の変動を主として表面利率の変動によって吸収するのです．従って，金利と価格が逆に動くのは固定利付債の特徴だと覚えておくとよいでしょう．

次に，横軸に多様な銘柄を満期までの期間の短い順に並べ，縦軸に利回りを示した**イールドカーブ**を描くことがよくあります．図表2-2のとおり，満期が長い銘柄ほど利回りが高いときを順イールド，逆に利回りが低いときを逆イールドと呼びます．

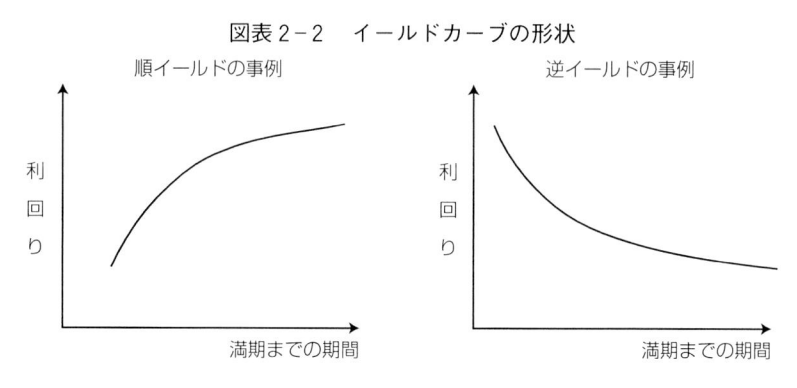

図表2-2　イールドカーブの形状

一般的には順イールドのことが多いのですが，現在の金利が将来下がるだろうとの予想が強い時期には，逆イールドとなることがあります．また，順イールドのとき，金利先高感が強まるとイールドカーブの傾きが大きくなります．

それでは，長期の金利はどのようなメカニズムで決まるのでしょうか．金利

の期間構造に関する研究が行われていて，いくつかの仮説が提示されています．まず，**純粋期待理論**によれば，たとえば5年物の金利は，5年物で運用する場合と，1年物で続けて5回計5年運用するのとどちらが得かを考えて決定される，と考えます．1年物の金利は現在の金利しかわかりませんので，1年後の1年物金利，2年後の1年物金利……4年後の1年物金利までを資金運用者が予測して，両者が丁度等しくなるところで5年物金利が決まると考えるのです．これに対し，**流動性プレミアム仮説**では，長期で固定してしまうと身動きが取れなくなるリスクがあるので，短期で複数回運用するよりも高い金利を資金運用者が求める，と考えます．たとえば，上記の5年物と1年物の例でいいますと，5年物の金利は，1年物金利で5年連続して運用するよりもリスクプレミアムに相当するだけ高い金利を求める，と考えるのです．あるいは，特定の期間の債券を好むとする特定期間選好仮説もあります．いずれにしても，現在の色々な市場の金利と，将来の金利の予想の組み合わせで，長期金利の水準が影響される，と考えているのです．本章1(4)でもお話ししたとおり，金融市場間の各種金利は，相互に強く影響しあって決まっています．

　なお，国債の流通市場は，特定の取引所がある訳ではなく，OTC市場となっています．ブローカー経由またはスクリーン・トレードが盛んに行われています．

(4) 国債のその他の特徴

　日本の国債の保有者をみると，金融機関などの保有が大半となっています．2005年3月末の資金循環のデータをみても，金融機関の保有が8割を超え，社会保障基金も1割近くを保有しています．近年，家計や海外の国債保有も増加傾向にありますが，まだウェイトは低い状態にあります．

　また，国債については，信用度が最も高いとされています．中央政府には徴税権があり，いざというときには増税などで償還資金を調達できるだろうと考えられているためです．このため，「リスク・フリーの投資」と呼ばれることもあります．実際，地方債や民間企業の社債の場合，同じ期間の国債よりも一般的には高い金利が必要とされます．リスクがある分だけ，リスクプレミアムが求められているのです．

4　株式市場

　テレビや新聞などで，株式市場の動きがよく話題となりますので，皆さんも株式市場について耳にしたことがあるでしょう．証券取引所に上場した株式を売買する市場が株式市場です．上場企業の株式を購入すれば，配当が得られるほか，一般に株主総会での議決権を得ることができます．ある比率を超える株式を保有しているときには，その企業の経営に大きな影響を与えることもできます．このため，企業の再編にあたって，株式市場が用いられることが多くなっています．また，いったん保有した株式は，長期に保有しなくても，証券取引所で比較的簡単に換金することができる，という特徴も持っています．

(1)　日本の証券取引所

　株式は証券取引所で売買された価格に基づいて取引が行われます．日本では，執筆時点で6つの証券取引所があります．こうした取引所は，それぞれの上場基準を策定し，色々な取引ルールを定めています．どんな企業でも証券取引所に上場できる訳ではなく，厳しい上場基準を満たして始めて上場できるのです（各市場では第一部が一番難しく，新興企業向け市場が一番緩い基準となっています）．

　日本を代表する証券取引所は東京証券取引所です．歴史と伝統のあるこの市場には，第一部，第二部をあわせると2000社を超える企業が上場しています．このほか，1999年にはマザーズと呼ばれる新興企業向け市場も開設されていて，100社を超える企業が上場しています．取引額でみても，国内では圧倒的なシェアを占めています．かつては会員組織の法人だったのですが，2001年11月から株式会社になりました．

　大阪にある大阪証券取引所にも，第一部，第二部を合わせて900社を超える企業が上場しています．このほか，ヘラクレスと呼ばれる新興企業向け市場も開設されていて，100社を超える企業が上場しています（2000年5月に開設されたナスダック・ジャパン＜同年6月に取引開始＞を2002年12月にヘラクレスと名称変更しました）．かつては会員組織の法人だったのですが，2001年4月から株式会社になり，2004年4月には大阪証券取引所そのものがヘラクレスに上場しました．

　名古屋には，名古屋証券取引所があり，第一部，第二部を合わせて300社を超える企業が上場しています．このほか，1999年にはセントレックスと呼ばれ

る新興企業向け市場も開設されていて，10社を超える企業が上場しています．

　福岡には，福岡証券取引所があり，100社を超える企業が上場しています．このほか，Q-Boardと呼ばれる新興企業向け市場も開設されています．

　札幌には，札幌証券取引所があり，約100社の企業が上場しています．このほか，アンビシャスと呼ばれる新興企業向け市場も開設されています．

　かつては，京都，広島，新潟にも証券取引所がありましたが，京都は2001年3月に大阪証券取引所に吸収され，広島と新潟は2000年3月に東京証券取引所に吸収されました．日本を代表する企業は，かつては京都・広島・新潟も含めた全国8証券取引所の全てに上場することが広く行われていました．この結果，名古屋証券取引所でも単独上場企業は約100社に過ぎず，福岡証券取引所では約40社，札幌証券取引所では十数社にとどまっています．重複して上場した企業の株価については，**本章1(4)**で説明したとおり裁定取引が行われますので，最も活発な取引所で決まった価格とほぼ等しくなります．近年では，株式の取引が東京証券取引所に集中する中で，コストのかかる重複上場を取りやめる会社も増えています．こうした状況にあって，地方の証券取引所は，生き残りをかけて地元企業の新規単独上場を推進しようとしています．

　6番目の取引所として，ジャスダック証券取引所があります．かつては，取引所のない「店頭市場」と呼ばれていたものが，2004年12月に証券取引所免許を取得してできた取引所です．コンピュータを通じた値付けを早くから導入していたことでも知られています．ここでは，900社を超える企業の株式を取引しています．2010年4月に大阪証券取引所に吸収され，同年10月にヘラクレス市場などと統合されて新JASDAQ市場となっています．

　日本では，これら6つの取引所に上場した企業の株が，取引所取引の対象となっています．なお，ジャスダック証券取引所のほか，マザーズ，ヘラクレスなどの新興企業向け市場を総称して「新興市場」と呼ぶこともあります．ベンチャー企業などが上場して資金調達を行うときの有力な市場となっています．

(2) 株式の発行市場とその機能

　株式市場にも，国債市場と同様に，発行市場と流通市場があり，異なった機能を果たしています．このうち発行市場では，増資などのかたちで企業が投資家から資金を調達することができます．

　増資といっても，実は色々なタイプがあり，無償増資，株式配当などの資金

調達につながらないタイプの増資もあります．これに対し，有償増資を行えば，その企業は資金を調達することができます．

　有償増資の細かなタイプとしては，① 株主割当，② 第三者割当，③ 公募があります．このうち，①は特定の株主に新株を引き受けてもらうタイプ，②は株主ではない特定の第三者に新株を引き受けてもらうタイプのことです．③の公募は市場で買って貰うタイプですが，より細かく分類すると，その時々の時価で発行する時価発行のほか，株式を額面価格で発行する額面発行，時価と額面の中間のどこかの価格で発行する中間発行もあります．今日では，時価発行が中心となっています．

　それでは，株式市場などの資本市場から調達した資金のコストはどのように考えればよいのでしょうか．日本では，株式によって調達した資金を「無コスト資金」という人もいますが，発行済み株式が増えることによって，支払わなければならない配当が増えることになりますので，決して正しい考え方とはいえません．経済学の世界では，2人の研究者モジリアーニとミラーにより，いくつかのやや極端な条件が満たされれば，"増資で調達しても，社債で調達しても，借入金で調達しても，経済効果は同等である"という理論が提唱されています．発案者2人の頭文字をとって，$M-M$ 理論と呼ばれることもあります．資金調達の優先順位を論じていた多くの人達には，ショッキングな理論です．もっとも，この2人も，後になって，法人税の存在を考慮すれば，各種の資金調達の経済効果は同等ではない，という修正理論を提起していることも知っておくと良いでしょう．

(3)　株式の流通市場とその機能

　株式の流通市場では，株式の所有者が変わるだけで，売買される企業に資金が流れることはありません．ただ，いつでも証券取引所で換金できるということは，投資家にとって大きな魅力です．流通市場が存在することによって，株式の売買を活発化させることが期待できるのです．

　また，流通市場で成立した株価は，「株価×発行済み株式数＝株式時価総額」という算式を通じて，企業の市場価値の有力な指標となります．その企業の株式時価総額が，成長力などを加味した経済的価値よりも低ければ，企業買収のターゲットになることもあります．近年，株式市場を通じた企業の再編や買収（M&Aとも呼ばれます）などが活発に行われるようになっていますが，その背後

にはこうした企業価値に対する考え方があるのです.

 ⅰ）**株式のファンダメンタルズ価格：配当割引モデル**

　それでは，株価はどのように決まるのでしょうか．色々な考え方がありますが，分かりやすいのは，**配当割引モデル**と呼ばれる考え方です．長期保有を前提とする株主にとっては，株を買うことによって得られる収入は，配当だけです．そこで，「現在の株価＝将来得られるであろう一株当たり配当の割引現在価値の合計」，と考えるのです．ここで，割引現在価値というのは，将来のある時点で得られるお金を，現在のお金の価値に換算する方法です．たとえば，1年当たりの割引率がrで一定だと仮定したときには，2年後に得られる1円の割引現在価値は$1/(1+r)^2$円となります．rがプラスであれば，1円よりも小さくなります．将来までの期間が長くなればなるほど，その時の1円の価値は小さくなっていきます．こうした将来得られるお金を全て現在価値に直して，株の価値を考えていくのです．もちろん，将来の株価がどうなるかについては色々な考え方があるでしょうが，実務上は最も単純に考えて，現在の配当dが将来にわたってずっと継続する，と仮定することがよく行われます．その場合の株価Sについては，式2-2のような関係式が成り立ちます．この株価のことを，「ファンダメンタルズ価格」と呼ぶことがあります．

式2-2　配当が一定のときの株価の水準

株価S，配当d，割引率rとすると……$S=d/r$

なぜなら，

$$S=\frac{d}{1+r}+\frac{d}{(1+r)^2}+\frac{d}{(1+r)^3}+\frac{d}{(1+r)^4}+\frac{d}{(1+r)^5}+\cdots\cdots \quad (1式)$$

1式の両辺を$(1+r)$で割ると，

$$\frac{S}{1+r}=\frac{d}{(1+r)^2}+\frac{d}{(1+r)^3}+\frac{d}{(1+r)^4}+\frac{d}{(1+r)^5}+\frac{d}{(1+r)^6}+\cdots\cdots \quad (2式)$$

ここで，（1式左辺－2式左辺）＝（1式右辺－2式右辺）となる．これを整理すると，

$$S\left(1-\frac{1}{1+r}\right)=\frac{d}{1+r} \quad (3式)$$

3式の左辺は，$Sr/(1+r)$ であるから，3式の両辺に $(1+r)/r$ をかければ，

$$S = d/r$$

と表せる．

　この式が成り立っているときは，配当 d が上昇すれば，株価 S が上がります．また，割引率 r が上昇すれば，株価 S が下落します．割引率は，そのときどきの金利によって大きな影響を受けますから，簡単化のために，長期金利と同じだと考えることもできます（投資家が株価変動のリスクを恐れている場合には，「r＝長期金利＋リスクプレミアム」となります）．このとき，長期金利が上昇すれば，株価 S が下落することになります．もっと直観的にいえば，長期金利が上昇すれば，将来の配当 d の割引現在価値が下がるため，その合計値の S も下がる，ということになるのです．

　念のために，数値例で考えてみましょう．配当 d を10円，割引率 r を5％（＝0.05）としましょう．その時の株価 S は200円となります．その後，長期金利の上昇に伴って割引率が10％（＝0.1）に上昇したとしましょう．すると，株価 S は100円となります．割引率の上昇（あるいは背後にある長期金利の上昇）が株価を下落させるのです．

　この式は経済学や経営学でよく使われる数式ですので，覚えておくと良いでしょう．ただし，この式は，あくまでも，配当 d や割引率 r が将来も含めて一定のときにのみ成り立つのだということを忘れてはいけません．このため，成熟した産業（成長が終わった産業）のファンダメンタルズ価格を評価するのに向いています．

　ところで，**本章** 3(2)で固定利付国債の価格は，市場金利が上昇すれば，**式 2－1** のメカニズムに基づいて下落するということを説明しました．固定利付国債の場合は，将来の利払いや償還額が事前に決まっているので，そのときどきの国債価格が変動することで，市場利回りの変動に対応するのです．一方，株価については，国債価格とメカニズムが異なるものの，金利が上昇すれば国債価格と同様に下落圧力が働くことを，この際しっかりと覚えておきましょう．逆に，金利が低下したときには，株価も国債価格も上昇することになります．株価や国債価格は，金利と密接に関連して動くのです．

　なお，**式 2－2** では，配当が一定の場合について説明しましたが，配当が一

定の割合 g で増えていく場合に拡張することも簡単にできます．そのときには，式 2-3 のとおり，$S=d/(r-g)$ という株価が導き出されます．もちろん，$g=0$ のときには，式 2-2 と全く同じになりますので，「拡張されたファンダメンタルズ価格」ということもできるでしょう．この式からわかるように，配当の将来の動きについて，少し前提を変えるだけで，株価のファンダメンタルズ価格は大きく変わってしまいます．先ほどの数値例でいいますと，配当 d を10円，割引率を5％，その企業の配当成長率 g を3％としたときに，株価 S は500円になります．配当が一定の場合（配当成長率 $g=0$）は200円だった訳ですから，将来の配当が成長し続けるという予想によって，株価は大きく上昇するのです．このように，配当成長率 g が高くなれば，株価 S が大きくなります．ここで，配当成長率 g など将来の配当 d の動きについては，あくまでも投資家の各時点での予想に過ぎない点に，注意する必要があります．こうした将来に関する予想は，必ずしも安定しているわけではなく，ときには大きく変化することがあります．こうした時に，株価が大きく振れるのだと考えることができます．

式 2-3　配当が g ずつ成長するときの株価の水準

株価 S，配当 d，割引率 r，配当の成長率を g とすると $S=d/(r-g)$
なぜなら，

$$S=\frac{d}{1+r}+\frac{(1+g)d}{(1+r)^2}+\frac{(1+g)^2 d}{(1+r)^3}+\frac{(1+g)^3 d}{(1+r)^4}+\frac{(1+g)^4 d}{(1+r)^5}$$
$$+\cdots\cdots \tag{1'式}$$

1'式の両辺を $(1+r)/(1+g)$ で割ると，

$$\frac{(1+g)S}{1+r}=\frac{(1+g)d}{(1+r)^2}+\frac{(1+g)^2 d}{(1+r)^3}+\frac{(1+g)^3 d}{(1+r)^4}+\frac{(1+g)^4 d}{(1+r)^5}+$$
$$\frac{(1+g)^5 d}{(1+r)^6}+\cdots\cdots \tag{2'式}$$

ここで，(1'式左辺 − 2'式左辺) = (1'式右辺 − 2'式右辺) となる．これを整理すると，

$$S\left(1-\frac{1+g}{1+r}\right)=\frac{d}{1+r} \tag{3'式}$$

3'式の左辺は $S(r-g)/(1+r)$ であるから，3'式の両辺に $(1+r)/(r-g)$ をかければ，

$$S=d/(r-g)$$

と表せる．

（注）$g=0$ の時には，式2-2と同じとなる．これは，式2-3が式2-2を特殊事例として含んでいることを意味している．

ⅱ）株価指数の代表例：TOPIX と日経平均株価

　株価の推移をみるときには，株価指数についても理解しておくとよいでしょう．皆さんが新聞などでよく目にする **TOPIX**（トピックスと呼ばれます：正式名称は「東証株価指数」です）や**日経平均株価**が日本を代表する株価指数です．

　このうち，TOPIX とは，日本を代表する東京証券取引所の第一部全銘柄の時価総額が，基準になる時点の時価総額に比べてどのくらいの水準にあるかを示したものです．基準時（1968年1月4日）を100として示しています．

　次に，日経平均株価ですが，日本経済新聞社が主要225社の株価をもとに，算出している株価指数です．日経225と呼ばれることもあります．日本経済新聞社は，このほかにも「日経株価指数300」，「日経500種平均株価」，「日経総合株価指数」なども発表していますが，最も注目度が高いのがこの日経平均株価です．テレビや新聞でもこの数字が良く話題になります．日本経済新聞社は，日経平均株価の225社のなかに組み込む企業をときどき入れ替えています．入れ替えの時には，不規則な変動をすることがありますので，過去からの値動きをみるときには，銘柄の変更状況に注意する必要があります．

　日経平均株価の値は，大体 TOPIX の10倍くらいとなっています．この関係は比較的安定していますので，覚えておくとよいでしょう．

　なお，TOPIX にしても日経平均株価にしても，あくまでも株価の指標であって，個別の銘柄ではありません．これらの株価指数が上昇していても個別にみると下落する上場企業がありますし，逆に株価指数が下落していても上昇する上場企業もあります．個別企業の株価と株価指数は必ずしも連動しないのです．できれば，TOPIX や日経平均を個別銘柄として買って株価指数と同じだけの株価上昇の利益を得たい，と考えている投資家もいます．しかしながら，個別の株価指数が上場して取引されている訳ではないため，よほど大口の投資家で

ない限り，分散投資で株価指数と似た動きをする株式の組み合わせ（ポートフォリオと呼ばれることもあります）を構築することはできません．ただ，近年では，TOPIXや日経平均とほぼ連動して動く投資信託が開発され，東京証券取引所や大阪証券取引所にETFという名称で上場しています（詳しくは**3章2(3)**で説明します）．比較的小口で購入できますが，株価指数とよく似た動きをしますので，この投資信託を購入すれば，個人投資家でも株価指数を事実上買えるようになっています．

ⅲ）四本値と株価のグラフ

ある期間中の株価の動きについては，四本値というかたちで表現し，株価変動のグラフを描くことがよくあります．皆さんもこのグラフの意味をきちんと理解しておくとよいでしょう．

まず，四本値とは，ある一定の期間（1日，1週間，1カ月，1年など用途に応じて色々です）の株価の動きを代表する4つの株価のことです．具体的には，その期間の最初の価格である**始値**，最後の価格である**終値**，期間中の一番高い価格である**高値**，一番安い価格である**安値**の4本を指します．新聞の株式欄をみると，上場企業ごとにこれら四本値が記されています．

これらを**ローソク足**と呼ばれるかたちでグラフ化するときには，まず期間ごとに，始値と終値を上下限とした長方形を描きます．この長方形は，「始値＜終値」

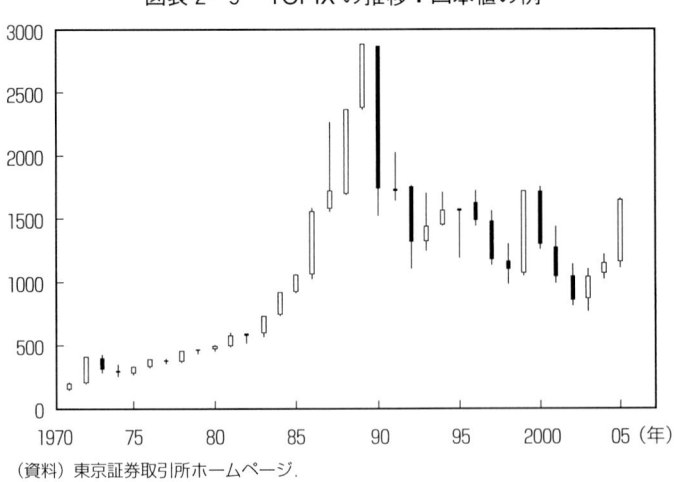

図表2－3　TOPIXの推移：四本値の例

（資料）東京証券取引所ホームページ．

のとき（期間中に値上がりしたとき）は白い長方形として描き，「始値＞終値」のとき（期間中に値下がりしたとき）は黒い長方形で描きます．したがって，白い長方形が並んでいる時期は株価が上昇傾向にあったことを，黒い長方形が並んでいる時期は株価が下落傾向にあったことを示しています．また，長方形の下限から安値までを結んだ直線や，長方形の上限から高値までを結んだ直線も描きます．もちろん，始値または終値がたまたま最安値の場合には長方形の下に直線はありませんし，逆に最高値の場合には，長方形の上の直線はありません．長方形の上下に伸びたこうした直線は，各期間において株価が変動した範囲を示しているのです．

こうしたグラフは，個別企業の株価のみならず，株価指数の動きをみるときにも使われます．そこで，1970年以降のTOPIXの推移を1年単位でみたものが**図表2-3**です．1970年頃には150前後だったTOPIXが1989年まで上昇傾向を辿って3000近くまで上昇した後，一旦大きく下落します．その後は年毎に株価がかなり大きく変動している様子が伺えます．特にバブル期の1986〜89年頃の値上がりや，その反動での1990年の値下がりなどが目立ちます．

(4) 転換社債の特徴

転換社債とは，社債ではあるものの，投資家の判断で株式に転換する権利がついたものです．事前に株式に転換する場合の価格が決まっていて，その転換価格を株価が上回ったときに株式への転換が行われます．投資家は，転換価格で株式に換えてから，それを時価で売れば儲けることができるためです．投資家が株式に転換すれば，その企業の発行済み株式数が増え，資本金も増加します．他方，社債としての権利はなくなりますので，その企業の社債の残高は減少します．

バブル期には，株価の上昇期待が強かったことから，このような転換社債が大量に発行されました．転換社債の場合，将来，社債としての金利が得られるほか，株式に転換して利益を得られる可能性もありますので，投資家に好まれました．そこで，社債としては通常のものよりも低い金利であっても，投資家は喜んで転換社債を購入したのです．

この社債の場合，株式への転換価格をいくらに設定するかがポイントになります．とても実現しそうもないような高い価格に設定すると，投資家が将来利益を得る可能性は低くなりますので，転換社債の金利を高くしないと引き受け

てもらえません．他方，実現できそうな価格に設定した場合には，社債部分の金利が低くても投資してくれます．

この取引については，社債と株式オプション（3章1(3)iv で後述します）を組み合わせた商品とみることもできます．金利が安くなっている部分は，あとから説明するオプション料と考えることができるのです．

なお，このような組み合わせ型の商品としては，「ワラント債」という社債もあります．これは，新株引受権付き社債のことで，新株を引き受けるかどうかは投資家が判断することができます．やはりバブルのときに大量に発行され，新株引受権の魅力から，社債としては低い金利でも買われていました．新株引受権の部分と社債部分を分離して取引を行うこともありました．

(5) **株式投資信託**

複数の証券を組み入れた投資信託という商品もあります（投信と略称されることもあります）．小口の投資家の資金を集め，その資金で多額の公社債や株式を購入するものです．投資家は，出資額に応じて持分権を得ることができます．

証券論などの「**資産選択の理論**」では，複数の株式を持てば，単一の株式を持つよりもリスクが小さくなることが知られています．たとえていえば，多数の卵を運ぶときに，一つのバスケットに入れて運ぶのではなく，複数のバスケットに入れて運んだ方が，卵を落としてつぶすリスクが低くなります．色々なタイプの株式を投信に組み入れておけば，一部で値下がりする株があっても，逆に値上がりする株もあって値下がりの損を相殺してくれることがよくあるのです．

このような投資信託は，証券を買うという意味では直接金融に似ていますが，投資家自身がどの株を買うかを決めるわけではありませんので，間接金融の一種とみることができます．

なお，投資信託には，投資の対象を公社債に限定した公社債投信と，株式を組み込んだ株式投信に分けることがあります．株式の組み入れ比率を低くして公社債を高く組み入れた株式投信もあります．一般的には，公社債の価格変動リスクは株式のそれよりも小さいので，株式の組み入れ比率によって投資信託のリスクを増減させることができます．低金利の下では，投資信託の人気も高まりつつありますが，こうした基礎的な仕組みをしっかりと理解して，資産運用ニーズに応じた運用を行うことが望まれます．

5　外国為替市場

　株価とともにテレビや新聞でよく報道される金融市場に，外国為替市場があります．ドルを中心とする外貨と日本の円とを交換する市場のことです．1ドル○○円というかたちで表現されることが一般的で，○○円の数字が小さくなると円高，大きくなると円安だといわれます．慣れないうちは反対のように思う人がいるでしょうが，"円の対価として取引されるドルの価値"という視点でみると簡単に理解できます．すなわち，円高とはドル安（○○円が小さくなります）のこと，円安とはドル高（○○円が大きくなります）のことだからです．この市場について，基礎をしっかり理解しておきましょう．

　円高になれば，同じドル価格のものでも安い円価格で輸入できますので，輸入しやすくなります．逆に輸出側をみますと，同じ円価格のものでも高いドル価格で輸出することになりますので，輸出しにくくなります．このように，円高はモノやサービスの輸出入に大きな影響を与えることになります．

(1)　変動相場制度と固定相場制度

　現在，円とドルの交換レートは，市場での需要と供給に応じて時々刻々と変わっています．こうした為替相場制度を，**変動相場制度**と呼びます．これに対し，ある決まった交換レートの前後で一定の変動しか認めないという**固定相場制度**もあります．

　日本でも，1949年から22年あまりの間は1ドル＝360円の固定相場制度（±1％の変動が可能）となっていました．この時期は，世界的に固定相場制度の時代でした．しかし，1971年8月のニクソン・ショックによってこの交換レートを維持できなくなり，円高に振れました．その後，1971年12月のスミソニアン協定により，いったん1ドル＝308円で固定することになりました．しかしながら，この固定相場も1年余りで維持できなくなり，1973年2月に変動相場制度に移行し，今日に至っています．

　変動相場制度に移行してからの30年以上の間に，円ドル相場は大きく変動しました．図表2-4は月末の外国為替相場の推移を表したものです．変動相場制度は1ドル300円くらいで始まったあと，大きな変動を繰り返し，1995年頃には一時80円前後の円高になりました．その後も100～150円くらいの間で推移

図表2-4　外国為替相場の推移（月末値）

(資料) 日本銀行ホームページほか.

しています．この30年余りの間に，円の対ドル価値は3倍くらいになったわけです．こうした為替相場の変動は，輸出入に携わっている人々に，大きな影響を与えています．たとえば，契約から輸出までに時間がかかる製品を輸出する企業にとっては，為替相場変動に伴うリスクが大きいのです．

　これに対し，世界的にみると固定相場制度を維持しようという動きもみられます．まず，欧州諸国では，上記のニクソン・ショック後も主要通貨の間を固定相場制度にしようとする努力が積み重ねられました．そして，1999年にEU加盟国のうち11カ国(ドイツ，フランス，イタリア，スペイン，オーストリア，ベルギー，フィンランド，オランダ，アイルランド，ルクセンブルグ，ポルトガル)で新通貨ユーロが導入されました．さらに2002年には，新しいユーロ紙幣がギリシアを加えた12カ国で導入されています．これらの国々は，欧州中央銀行という地域独自の新しい国際機関を設立し，金融政策を一元化しています．この結果，金融政策に関する国家主権を放棄しています．

　また，アジア諸国でも，1997年のアジア通貨危機の頃まで対ドル為替相場を固定相場としていた国がたくさんありました．その後，多くの国々が変動相場制度に移行したのですが，今でも中華人民共和国など固定相場制度あるいはそれに近い制度を維持している国があります．

　外国為替市場では，公的な当局が**為替平衡操作**(市場介入とか**介入**とも呼ばれます)を行うことがあります．固定相場制度の国では，一定の変動幅に抑えるた

めに，政府による介入が行われます．変動相場制度であっても，過度な為替相場の変動を防止するためなどに，為替平衡操作が行われることがあります．日本では，財務省が過度な円高と判断した時には，財務省の委託を受けて日本銀行が円を売ってドルを買います（この結果，日本の外貨準備が増えることになります）．他方，過度な円安と判断した時には，日本銀行がドルを売って円を買います（この結果，日本の外貨準備が減ることになります）．ここで，円を売るときには，**本章2**(3)で説明した政府短期証券（FBとも呼ばれます）を発行して円を調達します．

かつては，こうした操作の時期や具体的金額に関するデータは，"為替相場に大きな影響を与えかねないため秘密だ"とされていましたが，近年では市場の透明性が重視されるようになり，財務省が毎月公表しています．執筆時点では，1991年5月以降の為替平衡操作の実施日，金額，売買通貨が公表されており，財務省のホームページにも掲載されています．

(2) 外国為替市場の概要

外国為替市場は，大別すると，主としてインターバンクで取引する外為市場と，銀行と顧客（企業や個人）が取引する対顧客の外為市場に分かれます．このうち，インターバンクの外為市場では，大口の取引のみが行われていて，為替相場が時々刻々変動します．他方，対顧客市場では，小口の取引も行われるほか，インターバンクの為替相場が大きく変動したときを除いて日中の価格変動はなく，営業日毎に同一の価格で取引が行われます．ここで，対顧客の売りと買いの交換レートは違っていて，銀行は外貨を安く買って高く売るかたちになっていることには注意する必要があります．新聞やテレビで報道されるのはあくまでもインターバンクの外為市場のものであり，対顧客市場では少し違う交換レートが適用されるのです．こうした売りと買いの価格差は，銀行の手数料や当日の為替相場変動のリスクなどを織り込んだものです．なお，インターバンク取引・対顧客取引ともに特定の取引所がある訳ではなく，**本章1**で説明したOTC取引となっています．

やや具体的にみると，インターバンクの外為市場では，外為ブローカーを経由した取引や，コンピュータ端末の画面を通じたスクリーン取引が行われています．こうした取引の担当者は，各種の経済・金融情報端末が多数並んだディーリング・ルームにいて，こうした情報端末に流れる各種の情報（各種経済指標，内外の金利情勢，要人発言など）をみながら，為替相場が上がるか下がるかを判断

しています．今のところ，為替相場の水準に関して決定版と言えるような経済理論はありませんが，内外金利差や景気動向，物価水準などが為替相場に影響を与える各種の経済メカニズムが広く知られています．インターバンクの外為市場では，市場参加者が経済・金融情報端末から得られるその時々の最新情報を，経済理論の知識などに結び付け，為替相場が上がるか下がるか考えながら売買しています．たとえば，あるニュースがドルを高くする要因だと考えればドルを買い，ドルを安くする要因だと考えればドルを売る，といった具合です．もっとも，為替相場には色々な要素が影響するため，プロの市場参加者でも思ったように儲けることは難しいようです．

(3) 直物取引

また，外国為替市場では，現在の相場で直ぐに外為取引を行う「直物取引」のほか，将来の価格を定めてその時点で外為取引を行うことを取引時点で約束する「先物取引」と呼ばれる取引の2種類の取引が行われています．

直物取引は，英語で spot transaction と呼ばれます．新聞やテレビなどで報道される外国為替相場とは，この直物取引のインターバンク市場での価格のことです．日本では対ドル，対ユーロなどの取引が行われていますが，現在最も注目されているのは，対ドルの取引です．米国との取引だけでなく，アジア諸国など米国外の諸国との取引でも，ドル建てで行われるものが多いからです．

直物市場への参加者をみると，輸出入や直接投資などの実需に伴う参加者のほか，リスクをとりながら外貨を安く買って高く売ることなどで利益を得ようとする「投機」を行う参加者がいます．この投機という言葉には悪いイメージを持つ人がいるかも知れませんが，経済学的には，為替相場を安定させる効果を期待できることが知られています．為替相場の水準について市場参加者の間である程度の合意がある場合には，実需の偏りによってドルの価格が上がりすぎれば，ドルを持つ投機家が売りに出てドルの価格が下がります．逆に，実需でドルの価格が下がりすぎれば，円を持つ投機家が買いに入ってドルの価格が上がります．この結果，実需に伴う相場変動を投機によって抑制することが期待されるのです．このメカニズムは，「投機の安定化効果」と呼ばれることもあります．

もっとも，為替相場の水準についてのしっかりした合意がなければ，相場の変動を抑制するとは限りません．投機家は，通貨の上昇・下落について自らの

予想や確信に基づいて行動するため,合意された水準そのものが大きく変動することがあります.実際,経済・金融情報端末で流れた情報が市場予想と大きく異なったものであった場合,外国為替相場が大きく上昇したり下落したりすることがよくあります.

(4) 先物取引

　先物取引とは,現時点で例えば1年後のドルの取引価格を定めて,1年後にその価格でドルを取引するようなタイプの取引です.受注したある製品を1年後にドル建てで輸出する企業にとっては,こうした先物取引は大変便利な取引です.なぜなら,将来得られる予定の輸出代金のドルを先物市場で売っておけば,現時点で円の手取額を確定できるからです.先物取引を使わなければ,こうした輸出企業は為替相場変動のリスクに晒され,円高になれば為替差損を余儀なくされます(逆に円安になれば,為替差益を得ることができます).現時点では,為替差損になるのか為替差益になるのかがわかりません.先物市場を使えば,現時点で将来の価格を決定できるため,為替リスクを嫌う企業であれば,市場価格変動のリスクを回避することができます.このように先物市場を使ってリスクを回避する取引を「ヘッジ」と呼びます.

　先物市場には,こうしたヘッジ取引を希望する人たちのほか,**裁定取引**を行う人たちが参加しています.**図表2-5**にしたがって,ドルの先物価格をF,直物価格を$S=100$として,この裁定取引をみていきましょう.1年間の先物取引を想定し,日本の市場で運用する場合の1年もの金利を1%,米国の市場で運用するときの1年もの金利を3%としましょう.円建ての資金を1億円持っている人が日本の市場で運用する場合と,一旦ドルに換えてドル建てで運用して先物価格で円に転換する場合とを比べます.もし,Fが1ドル100円の

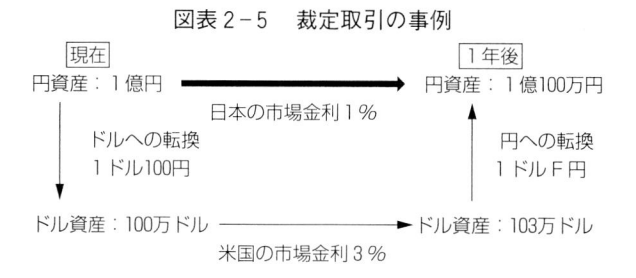

図表2-5　裁定取引の事例

現在		1年後
円資産:1億円	日本の市場金利1% ⟶	円資産:1億100万円
↓ ドルへの転換 1ドル100円		↑ 円への転換 1ドルF円
ドル資産:100万ドル	米国の市場金利3% ⟶	ドル資産:103万ドル

場合には,「円建てで運用」(➡の運用)するよりも,「直物相場でドル建てに変換してドルで運用して先物相場で日本円に換える運用」(→3本の運用の合成)をした方が200万円も得になります.多くの人がこうした取引を行うようになって,先物のドルの売りが増えれば,F は円高方向に動きます.逆に,F が 1 ドル97円の場合には,「直物相場でドル建てに変換してドルで運用して先物相場で日本円に換える運用」の方が損になります.この場合は,ドル資産を持っている人が直物相場で円資産に変換した後,円で運用して先物相場で変換することによって利益を得ることができます.先物のドル買いが増えることによって,F が円安方向に動きます.どちらかが一方的に得だという状態が解消するのは,F が 1 億100万/103万(約98円06銭)になったときです.

ここで,上記の「円建てで運用」するのと「直物相場 S でドル建てに変換してドルで運用して先物相場 F で日本円に換えて運用」するのと,どちらが得かを考えて,得な取引をすることは,本章1(4)で説明した裁定取引の一種です.国際金融論では,「**カバー付きの金利裁定**」と呼ばれています.いずれの取引でも価格変動のリスクがありませんので,こうした裁定取引によってリスクなしに利益を得ることができるのです.こうした金利裁定の結果,直物相場と先物相場との間では,**式2-4** のような関係式がほぼ成り立ちます.

式2-4 金 利 裁 定

1＋日本の金利＝(1＋米国の金利)×F/S

この式を変形すると,$S+$(日本の金利×S)$=F+$(米国の金利×F)
さらに変形すると,$F-S=$(日本の金利×S)$-$(米国の金利×F)
F と S がほぼ等しいとき,$(F-S)/S$≒日本の金利－米国の金利

式2-4の最終行にも書いているとおり,先物価格 F と直物価格 S がほぼ等しい場合,円ドル相場の「先物と直物の格差の比率」(直先スプレッドといいます)が日米の金利差とほぼ等しくなります.このため,日本の金利が米国の金利よりも低いときには先物が「ディスカウント」(割安)に,逆に日本の金利が米国の金利よりも高いときには「プレミアム」(割高)になるといいます.因みに,日米の金利が同じであれば,直物と先物の相場はほぼ等しくなります.

もっとも,裁定取引に関しては,注意すべき点がいくつかあります.まず,世の中は裁定取引で大儲けできるほど甘くないことです.裁定によって最終的

に得られる利益は，先物相場と直物相場が動いて**式 2-4** の関係式がほぼなりたつことから，ごく僅かなものとなります．ただ，僅かな利益であっても，裁定取引を行う市場参加者が大きな金額を動かせば，為替変動リスクなしでそれなりの利益が得られます．

また，対顧客取引を行う個人や企業にとっては，このような裁定取引をしようとしても，円をドルに換えたり，ドルを円に換えたりするときに少なからぬ手数料がかかりますので，インターバンクの参加者のように利益を得ることは普通できません．大口の市場取引で始めて裁定取引が実現するのだということにも注意しましょう．

(5) スワップ取引（為替スワップ）

外国為替市場では，**為替スワップ**という取引も盛んに行われています．これは，「直物の売りと先物の同額の買い」あるいは「直物の買いと先物の同額の売り」を組み合わせた取引のことです．上記の裁定取引を行うときなどにとても便利な取引です．また，一時的に外貨を調達する（たとえば，日本の銀行が直物で円売り・先物で円買い）ときにも，この取引が用いられます．

本章 2(1)でお話ししたコール市場で，ときどき僅かながらもマイナスの金利が発生することがありました．これは，信用度の高い外国銀行が為替スワップによって円資金を調達（直物でドル売り・先物で円売り）したときのレートがマイナスになることが一因だともいわれています．マイナスの金利で調達した資金を，より小さなマイナスの金利でコール市場にて運用（？）しても，全体では利鞘が得られる，ということなのです．

なお，「スワップ」という言葉は，同じ価値のものを交換するタイプの色々な別の取引に使われることもありますので，注意して下さい．たとえば，後述の金融派生商品の代表的な商品の1つに「通貨スワップ」や「金利スワップ」がありますが，為替スワップとは全く異なる取引です．

参考文献

短期金融市場について詳しく知りたい人は，①〜③の本を読むとよいでしょう．
① 東短リサーチ（株）編『東京マネー・マーケット〔第7版〕』有斐閣，2009年．
② 加藤出『日銀は死んだのか？――超金融緩和政策の功罪』日本経済新聞社，2001年．
③ 黒田晁生『入門金融 第4版』，東洋経済新報社，2006年．

国債取引については財務省ホームページの国債のパート（http://www.mof.go.jp/jgb.htm）が，証券取引所の概要については各証券取引所のホームページ（http://www.tse.or.jp/など）が良いでしょう．

　外国為替取引について詳しく知りたい人には，上記①の本のほか，財務省ホームページの国際局のパート（http://www.mof.go.jp/jouhou/kokkin/frame.html）が役にたつでしょう．

3章

日本の金融市場 2
──新しいタイプの金融市場や監督・規制──

1　新市場その1：金融派生商品

　近年，発達が著しい市場として，金融派生商品（デリバティブズとも呼ばれます）の市場があります．金融派生商品というのは，原債権の取引に付随して派生する先物やオプションなどの取引のことを指しています．原債権としては，長期国債，株，外国為替，各種商品（金，原油，穀物等）など色々なものがあります．

　代表的な金融派生商品としては，先物，オプション，スワップの3つがあります．このうち，先物は，将来の原債権の売買価格をあらかじめ決めておく取引です．こうした取引のうち，取引所取引の事例を「先物」，OTC取引のことを「先渡（さきわたし）」と呼び分けていますが，外国為替についてはOTC取引であっても慣例的に先物と呼んでいます．2章5(4)で説明した外国為替の先物と同様に，ヘッジ取引を行うことができるほか，投機取引にも用いられます．歴史的にみると，江戸時代に大阪の堂島で行われた米の先物取引が，世界で初めての取引所取引だといわれています．取引所取引の場合，将来のいつの時点の取引かを示す「限月」や，差金決済や現物引渡しなどの決済ルールをあらかじめ定めておいて，定型的な取引を行っています．

　オプションとは，将来，一定の価格で原債権を売買する権利を売買する取引です．上記の先物が何らかのかたちで必ず実行しなければならないのに対し，このオプションには，権利を買った側の都合が悪ければその権利を実行しなくても良い，という大きな特徴があります．買う権利を売買する「コール・オプション」と，売る権利を売買する「プット・オプションの」2種類があります．なお，権利を売った側は，買った側の請求があれば必ず実行しなければなりません．このように，権利を売るのと買うのとでは，リスクの度合いに大きな違

いがあることに注意する必要があります．

　スワップとは，価値が等しいとされる債務やキャッシュ・フローを交換する取引のことです．異なる通貨建ての債務を交換する「通貨スワップ」や，異なる金利のタイプの債務を交換する「金利スワップ」が代表的な事例です．

　以下では，代表的な金融派生商品の市場をみていくことにしましょう．

(1)　国債先物取引（東京証券取引所）

　国債先物取引は，東京証券取引所で行われています．国債には，金利や満期までの期間について多様な原債権がありますが，長期国債，中期国債の「**標準物**」を設定した上で，取引が行われています．なお，かつては超長期国債も取引されていましたが，現在では取引が休止されていますので，以下では長期国債と中期国債に絞って説明します．

　長期国債の標準物は，満期まで10年，表面利率6％というものです．また，中期国債の標準物は，満期まで5年，表面利率3％というものです．低金利が続いている今日にあっては，標準物のような高金利の現物商品は存在しませんが，経済理論の力を借りながら現物価格との対応関係を考えています．

　限月としては，3月，6月，9月，12月のうちの3限月とされています．いずれも，対応する月の20日頃の特定の日に決済される取引について，事前に売買価格を定めるものです．例えば1月の時点では，3月限，6月限，9月限の3限月の取引が行われています．時期によって異なりますが，最長9カ月先の取引が行われることになります．また，3つの限月のうち，もっとも取引が多いものを「中心限月」ということがあります．

　国債先物取引では，それぞれの限月の売りまたは買いの「ポジション」（価格変動などのリスクに晒されている金融商品の残高のこと．売りが上回っている場合を売りポジション，買いが上回っている場合を買いポジションといいます）について，取引最終日前に反対方向の売買を行うことによってポジションを解消することができます．このほか，取引最終日まで残ったポジションについては，売買した時の価格と当日の価格との差額を決済する「差額決済」や，長期国債の現物を受け渡しすることも認められています．たとえば，先物で長期国債の売りポジションを持っていた人は，差額決済を行うか，長期国債の現物を引き渡すことを選べるのです．現物を引き渡す場合には，「受渡適格銘柄」と呼ばれる銘柄の国債を，東京証券取引所が定めた交換比率（国債の銘柄毎に異なります）によって渡

さなければなりません．

また，国債先物の売買単位は額面1億円となっています．このため，取引の参加者は大口の投資家に限られます．国債先物取引では，こうした投資家が国債価格の変動をヘッジしたり，価格の将来予想に基づく投機を行ったりしているのです．

(2) 株式先物取引（大阪証券取引所，東京証券取引所など）

株式先物取引としては，大阪証券取引所で取引されている「日経225先物」と，東京証券取引所で取引されている「TOPIX 先物」が代表的な商品です．新聞やテレビで話題になるほか，取引が多いのもこの2つの商品です．このうち，日経225先物は，東京証券取引所で成立している225銘柄の株価から計算された株価指数を大阪証券取引所が扱っていることに注意する必要があります．また，上記の2商品のほかにも，大阪証券取引所や東京証券取引所では上記と異なる株価インデックスの先物がいくつか取引されていることも知っておくとよいでしょう．

限月としては，2つの代表的な商品とも，3月，6月，9月，12月のうちの5限月と定められています．例えば1月の取引の場合，その年の3月限，6月限，9月限，12月限，翌年の3月限までの5限月となります．時期のよって若干異なりますが，最長15カ月先の取引が可能となっています．

各限月の取引最終日まで残ったポジションについては，差額決済が行われています．国債先物取引では現物を引き渡すこともできるのですが，株価指数の現物を引き渡すことはできないため，差額決済のみとなっています．

取引単位は，日経225先物が「日経平均株価×1000円」，TOPIX 先物が「TOPIX ×1万円」となっています．国債先物よりも取引単位は小さくなっています．

この先物取引でヘッジできるのは，あくまでも株価指数の変動リスクであって，個別株の価格変動リスクではないことに注意する必要があります．個別株の価格が株価指数と異なる動きをしても，この先物取引ではヘッジできません．大口の機関投資家が日経平均株価やTOPIX と連動するような資産を持っているようなときに，ヘッジの手段として用いることができます．

(3) オプション取引

オプションとは，1990年代から急速に利用が増えてきた新しい金融商品で

す．皆さんは，2つの異なるオプションがあることを，しっかり理解しておきましょう．原債権を特定の時点に一定の価格で買う権利を売買するオプションを「コール・オプション」，特定の時点に一定の価格で売る権利を売買するオプションを「プット・オプション」と呼びます．コール・オプション，プット・オプションともに売りと買いがありますので，全部で4つのタイプの取引があることになります．

　オプションの特徴は，あくまでも権利の売買であって，買った側にとって不利なときには権利を行使する義務はないのです．逆に，買った側から権利を行使されれば，売った側にとって不利なときでも，実行する義務があります．このように，売った側と買った側では，大きな違いがあるのです．こうしたオプションの取引が，契約の中に目立たない形で含まれている金融商品が最近では増えています．オプションの売りなのか買いなのかを良く理解した上で，そのリスクを良く考える必要があります．

　それでは，オプションの種類から説明していきましょう．

　ⅰ）コール・オプション

　コール・オプションを買った人は，将来，約束した価格で原債権を購入することができます．

　たとえば，1ドルを1年後に110円で買う権利をオプション料5円で購入したとしましょう．この取引は，コール・オプションの買いということになります．1年後に，1ドルの価値Xが行使価格の110円よりも円高だった場合（X＜110），ドルを110円という高い行使価格で買う必要はありません．このため，コール・オプションの権利は行使されず，買った側はオプション料の5円だけ損をすることになります．逆に，1年後に110円よりも円安だった場合（X＞110），110円でドルを買うことで得をします．その得の額は，ドルを相場よりも安く買えた分から，最初に支払ったオプション料を差し引いたものです．したがって，X－110－5＝X－115となります．例えば，Xが115円のときには利得がゼロ，Xが120円のときには利得が5円ということになります．

　言葉だけでは分かりにくいので，図表3-1のグラフで示すことにしましょう．コール・オプションの買いの場合，行使価格の110円までは－5円で水平で，そこから右は右上がりの45度線となります．同オプションの売りの場合，110円までは5円で水平で，そこから右は右下がりの45度線となります．実線で示したとおり，行使価格110円のところで屈折しています．

図表3-1　コール・オプションの買いと売りの利得

<行使価格：110円，オプション料：5円，原債権価格：X円>

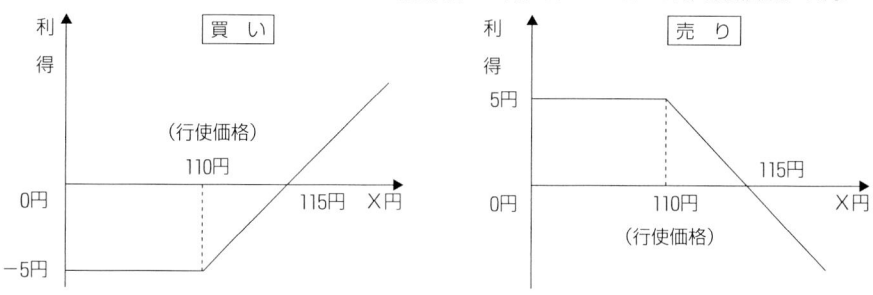

　このグラフを良くみると，買い側と売り側の利得を足したときには，X円がいくらであろうと合計が必ずゼロとなります．オプションの取引とは，買い手と売り手との間でのお金のやり取りなので，両者の合計でみると損も得もないことがわかります．このように，合計するとゼロになることを，「ゼロサム」と呼ぶことがあります．また，ゼロサムであることを反映して，買い手の利得と売り手の利得とは，X軸（水平の軸）で線対称になっています．

　もう1つ，注意しておくことがあります．コール・オプションの買い手は，最大の損失はオプション料（このグラフでは5円）までで，得については，可能性が低いとはいえ，非常に大きな得となる場合があります．つまり，買い手の損失のリスクは限定されているのです．これに対し，コール・オプションの売り手は，最大の損失は，可能性が低いとはいえ，非常に大きな損となる場合がある一方，最大の得はオプション料（このグラフでは5円）までです．売り手のリスクは限定されていません．売り手になる場合には，十分に気をつける必要があります．

　それでは，どういう人がコール・オプションを取引するのでしょうか．まず，輸入企業がドルのコール・オプションを買った場合，円安になったときの為替差損をヘッジすることができます．逆に，円高となったときは，権利を行使せずにドルを安く買えば良いのですから，為替差益が得られます．他方，コール・オプションの売り手としては，110円よりも円高になると予想する投機家が，オプション料の収入を狙ってコール・オプションを売ることが考えられます．ただし，売り手は，思惑（おもわく）が大きく外れたときには損をすることに注意する必要があります．

ⅱ）プット・オプション

プット・オプションを買った人は，将来，約束した価格で原債権を売ることができます．コール・オプションと同様，買った側にとって不利なときには権利を行使しなくても良いことになっています．

たとえば，1ドルを110円で1年後に売る権利をオプション料5円で購入したとしましょう．この取引は，プット・オプションの買いということになります．1年後に，1ドルの価値Xが行使価格の110円よりも円安だった場合（X＞110)，ドルを110円という安い行使価格で売る必要はありません．このため，コール・オプションの権利は行使されず，買った側はオプション料の5円だけ損をすることになります．逆に，1年後に110円よりも円高だった場合（X＜110），110円でドルを売ることで得をします．その得の額は，ドルを相場よりも高く売れた分から，最初に支払ったオプション料を差し引いたものです．したがって，110－X－5＝105－Xとなります．例えば，Xが105円のときには利得がゼロ，Xが100円のときには利得が5円ということになります．

この関係を，**図表3-2**のグラフで示しましょう．プット・オプションの買いの場合，110円までは右下がりの45度線で，そこから右は－5円で水平となります．同オプションの売りの場合，110円までは右上がりの45度線で，そこから右は5円で水平となります．コール・オプションと同様，行使価格のところで利得が屈折しています．

このグラフを良くみると，コール・オプションと同様，買いと売りの両方の利得を足したとき，X円がいくらであろうと合計がゼロとなります．やはり，経済全体でみると損も得もないことがわかります．また，ゼロサムであること

図表3-2　プット・オプションの買いと売りの利得

＜行使価格：110円，オプション料：5円，原債権価格：X円＞

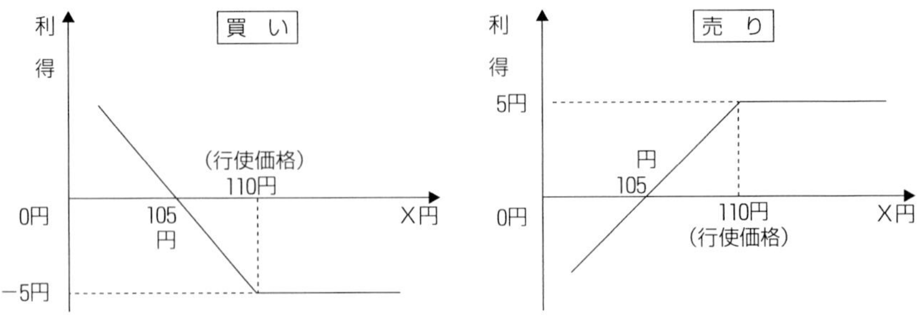

を反映して，買い手の利得と売り手の利得とは，X軸（水平の軸）で線対称になっています．

もう1つ，注意しておくことがあります．プット・オプションでも買い手は，最大の損失はオプション料（このグラフでは5円）までで，得については，可能性が低いとはいえ，非常に大きな得となる場合があります．買い手の損失のリスクは，やはり限定されているのです．これに対し，プット・オプションの売り手は，最大の損失は，可能性が低いとはいえ，非常に大きな損となる場合がある一方，最大の得はオプション料（このグラフでは5円）です．売り手のリスクは，やはり限定されていません．

それでは，どういう人がプット・オプションを取引するのでしょうか．まず，輸出企業がプット・オプションを買った場合，円高になったときの為替差損をヘッジすることができます．逆に，円安となったときは，権利を行使せずにドルを高く売れば良いのですから，為替差益が得られます．他方，プット・オプションの売り手としては，110円よりも円安になると予想する投機家が，オプション料の収入を狙ってオプションを売ることが考えられます．ただし，売り手は，思惑が大きく外れたときには損をすることに注意する必要があります．

ⅲ）オプションの種類や価格

オプションについては，色々なタイプがあります．上記のように，行使日が特定の日に限定されているものを，ヨーロピアン・オプション（ヨーロッパ型）と呼びます．特定の一日の原債権の価格に大きく左右される面があります．

これに対し，一定の期間内であれば，いつでも取引ができるタイプのオプションもあります．行使日が一日だけではないタイプだと考えるとよいでしょう．これを，アメリカン・オプション（アメリカ型）と呼びます．行使期間が長いだけに，ヨーロッパ型よりも一般にはオプション料が高くなります．

なお，ヨーロッパ型のオプション料については，「ブラック＝ショールズ・モデル」という有名な計算式があることを知っておくとよいでしょう．この本では詳しく触れませんが，確率微分方程式などの高度な数学的手法を用いて導出されたもので，開発者のブラック氏とショールズ氏に因んでこのように呼ばれています．大まかにいえば，オプション料が①満期までの期間，②現時点の原債権価格，③行使価格，④リスクのない証券の利子率，⑤原債権価格のボラティリティ（価格の変動性）によって決まる，と考えるものです．満期の原債権価格が行使価格よりも有利となる確率が高くなる場合にはオプション料が

上がり，その確率が低くなる場合にはオプション料が下がることになります．たとえば，上記①が長かったり上記⑤が大きかったりすると，オプション料が上がります．数式が複雑なため，手でオプション料を計算するのは大変なのですが，近年では，上記①～⑤に関するデータを入力するだけで，パソコンなどによって簡単にオプション料を計算することができます．

ⅳ）オプションの取引形態（大阪証券取引所，東京証券取引所，OTCなど）

こうしたオプションは，取引所で取引されることもあれば，OTCで取引されることもあります．

大阪証券取引所では，日経225オプションなどの株価指数のオプション取引のほか，特定の会社のオプション取引（「個別証券オプション」と呼ばれます）を行っています．取引にあたっては，複数の限月も設けられています．個別株の先物市場はありませんが，個別証券オプションを上手に組み合わせると，先物取引と同じ効果を得ることもできます．たとえば，行使価格110円でのコール・オプションの買いと同じ行使価格でのプット・オプションの売りを組み合わせると，110円で先物を買ったときと同じ経済効果が得られます．

東京証券取引所でも，TOPIXオプションという株価指数のオプション取引のほか，特定会社の有価証券オプションも扱っています．また，自らが行っている国債先物取引を対象とするオプション取引である「国債先物オプション」も取引しています．

東京金融取引所では，自らが行っているユーロ円3カ月金利（ユーロ円市場で取引されている3カ月ものの金利）先物取引を原債権とするオプション取引である「ユーロ円3カ月金利先物オプション」を取引しています．

また，オプション取引はOTCでも活発に行われています．通貨のオプションは，特に取引市場がある訳ではありませんので，OTCで取引されます．

さらには，銀行・郵便局が取り扱う預貯金や貸出などの金融商品の中に，さほど目立たない形でオプションが組み込まれている場合があります．あるいは，証券会社が取り扱う転換社債（2章4(4)参照：特定会社の有価証券オプション＜コール・オプションの買い＞と社債の組み合わせという性格）やワラント債（新株引受権付社債：株券オプション＜コール・オプションの買い＞と社債を合体した商品）などの金融商品は，オプションを組み込んだ商品です．初心者にとっては，契約書や説明書を読んでも理解することは難しいかも知れませんが，まずは組み込まれたオプションが売りなのか買いなのかをよく見極める必要があります．もし売りであ

れば，買いの場合とは違って思いがけずに大きな損失を被るリスクがあるため，そのリスクを事前に認識しておく必要があります．上級者になると，自分の買いのオプション料が高すぎないか，あるいは自分の売りのオプション料が安すぎないかについても，じっくりと検討するようにしましょう．

(4) スワップ取引

スワップ取引とは，主として債務の交換を行う取引です．固定金利の債務と変動金利の債務を交換する「金利スワップ」や，異なる通貨建ての債務を交換する「通貨スワップ」が代表的な取引です．中には，異なる通貨建ての固定金利と変動金利の債務を交換する「金利通貨スワップ」という取引もあります．なお，2章5(5)で説明した為替スワップとは大きく異なる取引ですが，名前が似ているので注意する必要があります．

スワップ取引では，交換した相手が満期まで支払い能力を維持してくれれば，金利や為替相場の変動に伴うリスクをヘッジできます．しかしながら，交換した相手が支払い不能に陥るリスクがないとはいえません．そのときには，元の債務を返済することになりますが，同じような契約を再構築するときに損や得が出ることがあります．また，取引後に，金利や為替相場が取引時の予想とは反対の方向に動いた場合には，結果的に損となることもありますので注意が必要です．

なお，日本では，取引所でのスワップ取引は行われておらず，OTC取引のみとなっています．

ⅰ）金利スワップ

金利スワップとは，一般に期間の等しい固定金利の債務のキャッシュ・フローと，変動金利のキャッシュ・フローを交換する取引です．交換することに合意する以上，両者のキャッシュ・フローは，交換時点で等しい経済価値があると考えられます．一般に，変動金利については，LIBOR（ロンドン・インターバンク・オファード・レート）やTIBOR（東京インターバンク・オファード・レート）などの代表的な指標金利が用いられます．他方，固定金利は満期まで金利が変わらないものです．6カ月ものの指標金利で変動金利を支払うことを対価に交換される固定金利（6カ月ごとに利払い）の水準を「スワップ金利」と呼ぶことがあります．

取引の期間は，2年ものから10年ものまでの各年や，12年，15年といった長期

のものもあります．この意味では，スワップ金利は，国債金利と並んで，代表的な長期金利ということもできるでしょう．

この金利スワップを用いることにより，比較的期間の短い預金で資金調達を行う銀行が，住宅ローンや設備資金などのかなり長期の固定金利貸出を行うことが可能になりました．また，収益が経済動向と連動している企業（好景気のときは高収益，不景気のときは低収益）にとっては変動金利の支払いが望ましいことになりますし，収益が安定的な企業にとっては固定金利の支払いが望ましいということになりますので，こういうときには債務を交換することが好ましいことになります．

ⅱ）通貨スワップ

通貨スワップとは，一般に期間の等しい異なる通貨建ての債務を交換するものです．国内外で信用度が異なる企業や金融機関が，有利な通貨建てで債務を発行し，その債務を交換することによって，互いに利益を得ることができます．

また，輸出企業が円建て債務をドル建て債務と交換することにより，為替相場の変動によるリスクをヘッジすることも可能になります．

(5) 金融派生商品との付き合い方

本章1(1)〜1(4)でみてきたように，色々な金融派生商品があります．共通点としては，不確実性のある将来の金融取引を何らかの形で約束することにより，リスクをヘッジしたり，投機を行ったりすることが挙げられます．これらの取引が存在しなかった時代に比べて，リスクヘッジの手段が提供されるようになったという点では，大きな進歩だといえましょう．将来のリスクを好まない人にとってはリスクを削減することが，逆にリスクを好む人にとってはリスクを拡大することが，金融市場を通じて可能になったのです．"リスクを移転する市場が作られた"ということもできます．この結果，**経済全体でみても，リスク負担の適正化を図ることができるようになります**．

しかしながら，よく知らずに取引し，原債権の価格が取引時の予想と反対の方向に動いた場合には，思わぬ大損をする可能性があります．また，将来の取引の約束だけに，取引の相手方が思いがけず支払い不能に陥るリスクもないとはいえません．このようなリスクを伴う取引であることにも注意をする必要があります．

こうした事情を知れば知るほど，「金融派生商品は難しい」という印象を持

つ人がいるかも知れません．しかしながら，いたずらに敬遠することは必ずしも得策ではありません．それぞれの金融派生取引の特徴やリスクを正しく知って，自らのリスク負担能力や資産の特徴・リスクを十分に理解した上で活用すれば，取引に伴うリスク移転という利益を得ることができるでしょう．その出発点として，それぞれの商品の特性をきちんと理解することが大事です．

2　新市場その2：資産担保証券など

　金融派生商品のほかにも，新しいタイプの金融商品が登場しています．この節では，資産担保証券（ABS），不動産投資信託（REIT），ETF（指数連動型上場投資信託）の3つを紹介していきましょう．

(1) 資産担保証券

　資産担保証券は，ABS（asset backed securities），資産担保債券とか資産担保付き証券などとも呼ばれる新しいタイプの証券です．以下の説明では，ABSという表現を使います．

ⅰ）一般的な資産担保証券の仕組み

　ABSとは，クレジットカード債権，リース債権，自動車ローン債権，住宅ローン債権などを持つノンバンク（制度的に預金機能は持てないが，貸出機能は持っている金融機関）などが，そうした債権を担保とする新たな証券を発行するというものです．もっとも，そうした債権が元のノンバンク等から完全に切り離されていないと，そのノンバンクの経営が破綻した場合などに担保となる債権の所有権が不安定となる恐れがあります．そこで，一般的には，**特別目的会社**（SPC）に各種債権を有償で譲渡する形をとります．仮にノンバンク等が倒産しても，問題となる債権の所有権は特別目的会社に移っていますので，普通は，新たな証券の所有者に悪影響が及ばないからです．これが，ABSの大きな工夫の1つです．

　その特別目的会社は，譲渡された各種債権から得られるキャッシュ・フローを原資として元利払いを行う新たな証券（ABS）を発行して，投資家に販売します．ABSの発行によって特別目的会社が投資家から得た資金は，元の債権を保有していたノンバンク等に支払われます．そのノンバンク等は，当該債権の原資を貸してくれた銀行等に返済するのが一般的です．この結果，ノンバン

ク等にとっては，債権を譲渡することによって自らの債権を削減するだけでなく，債務である借入金を削減することもできます．貸借対照表上の**資産・負債を両建てで一度に圧縮できる**のです．自己資本の乏しいノンバンク等にとって，ABSの発行は，資産・負債の圧縮を図る際の有力な手法となります．

次に，投資家への元利払いに伴う資金の流れをみてみましょう．クレジットカード等の元となる債権の債務者は，一般的には，従来どおり元のノンバンク等（集金などの事務を委託されます）に支払いを行います．ノンバンク等は，そこで得られたお金を特別目的会社に渡し，それが投資家への元利払いの資金として用いられるのです．ABS発行に伴う資金の流れをまとめると，**図表3-3**のとおりです．

図表3-3　ABSの発行に伴う資金等の流れ

発行時：ABSへの 投資家 ⇒ 特別目的会社 ⇒ ノンバンク等 ⇒ 銀行等への返済
元利払：ABSへの 投資家 ← 特別目的会社 ← ノンバンク等 ← 元の債権の債務者

かつて日本では，法律面の制約等から債権譲渡をすることが難しかったため，ABSを発行できなかったのですが，1990年代に欧米でABSの発行が盛んになったのを受けて，次第にABS関係の法制度が整備されてきました．このため，近年では発行額が次第に大きくなっています．

経済学的にいえば，ABSとは，ノンバンク等が個別の顧客ごとに行った「相対取引」を取りまとめて「市場取引」に変更することを意味します．ノンバンク等にとっては，投資家から直接的に資金を提供してもらうことができる訳です．日本の金融は，間接金融と相対取引が主流だということを1章でお話ししましたが，ABSの発行によって市場型の性格を取り入れることができるのです．このため，「**市場型間接金融**」と呼ばれることもあります．

もっとも，ノンバンク等が顧客と相対取引を行っていたのには，それなりの理由があります．顧客の特性について「情報の非対称性」があるため，市場取引に馴染みにくいということです．そこで，ABSの発行にあたっては，いくつかの新たな工夫が付け加えられています．まず，たくさんの債権を集めることによって，債権全体の貸倒比率を安定化させることが一般的に行われています．その際には，過去のデータなどから，貸倒比率を調べておいて，投資家に事前に説明する必要があります．

ⅱ）優先劣後構造

　また，「優先劣後構造」をつけるという工夫が行われることもよくあります．これは，ABSを優先債と劣後債に分けるというものです．優先債の利息や元本の支払いには，元の債権から得られたキャッシュ・フローを優先的に充当します．優先債に払い終わった後で，余ったキャッシュ・フローを劣後債の利息や元本に回すのです．

　このとき，劣後債が全体に占める比率を，元の債権の貸倒比率よりも高く設定しておくと，優先債への返済は，確実性が非常に高まります．たとえば，元の債権の貸倒比率が5％のときに，優先債を全体の85％，劣後債を全体の15％としておくと，優先債への返済はほぼ確実だと考えられます．この結果，優先債については，格付が非常に高くなることが知られています．日本の企業でAAA（トリプル・エー）という最高の格付を得られる企業は非常に少ないのですが，優先劣後構造を組み込んだ債権ですと，AAAを取得することはさほど難しくありません．金融市場では，AAAという高い格付を得られた証券は信用リスクが低いとみなされて，他の社債よりも低い金利で投資家から資金を調達することができます．低金利の資金を調達して，普通の借入金利の資金を返済できれば，ノンバンク等にとって有利になります．

　ただ，劣後債の部分については，貸倒が部分的に発生する可能性も小さくないため，信用度が低くなります．金利を高くしても，なかなか買い手が見つからず，元のノンバンク等がそのまま保有することもあります．**劣後債の部分には，貸倒**（かしだおれ）**のリスクが凝縮されている**とみることもできるのです．劣後債に投資するときには，こうした問題点があることに注意する必要があります．

　このように，優先劣後構造のついた債券を「仕組債」と呼ぶことがあります．また，優先劣後構造を利用した資金調達の方法のことをストラクチャード・ファイナンスということもありますので，覚えておくとよいでしょう．

ⅲ）住宅金融公庫と資産担保証券

　1章3(1)でお話ししたように，日本では公的金融機関が大きなシェアを占めています．その中で，住宅金融公庫については，近年大きな改革が進められています．1990年代には，住宅貸出に占める公的なシェアが4割を超えていて，その大半を住宅金融公庫が占めていました．民業を圧迫しているという声も聞かれました．

これに対し，近年では，住宅金融公庫の貸出シェアが急激に低下しているほか，財政投融資制度の改革の一環で2001年から資産担保型の証券を発行するようになったのも，大きな変化点です．政府保証のない財投機関債として，住宅金融公庫が持つ住宅ローン債権を用いた資産担保型の証券を発行するようになったのです．日本の金融市場ではさほど馴染みのなかったABSという証券を，信用度の高い政府系金融機関が定期的に発行することは，ABSの市場を育てるという意味でも，大きな意義を持っています．

さらに住宅金融公庫は，2003年から証券化支援事業として，民間銀行などの住宅ローン債権を買い取ることも始めています．住宅金融公庫は，買い取った債権は信託銀行に信託し，それを担保として住宅金融公庫債券を発行するというものです．

住宅金融公庫の改革は，あまり派手なものではありませんが，着実に日本の金融市場に影響を与えているようです．今後の動向が注目されます．

(2) 不動産投資信託 (REIT)

不動産投資信託は，REIT（real estate investment trustの頭文字，リートと呼ばれています）とも呼ばれます．多くの投資家から資金を集めて，特定の不動産（商業ビルや賃貸マンションなど）を購入し，賃料や売却益などを投資家に分配する投資信託です．日本にも2001年に導入され，東京証券取引所や大阪証券取引所などに上場しています．約30の銘柄が上場しており，普通の株式と同じように，取引時間中に値段がついて，売買されています．

投資金額は一口30～100万円程度とさほど大きくないほか，市場で換金しやすいなどの特徴があります．大規模な開発案件などに使うこともでき，不動産を活用する経済活性化に役立つことが期待されています．

ただ，REITには，株と同様に価格変動リスクがあり，元本保証は全くありません．目先の収益性だけではなく，投資物件のある地域の経済変動や物件の価値の変動などに伴うリスクがあることに注意する必要があります．景気が悪くなったり，建物が古くなったり，近くに安価な競合者が現れたりすると，投資物件の競争力が落ちることもあるでしょう．投資した後から建物の耐震強度に問題があることや，健康に有害な物質が建物や土壌に含まれていることが判明することもあるでしょう．競争力を維持するために，多額の追加投資が必要になるかも知れません．REITなど不動産関係の投資を行う場合，こうしたリ

スクがあることを十分に理解した上で投資することが必要です．

なお，日本では REIT はまだ目新しい金融商品ですが，米国では40年以上の歴史があります．銘柄数も日本よりずっと多く，200くらいあるといわれています．今後の動向が注目されています．

(3) ETF

ETF とは，exchange traded fund の頭文字をとったものですが，日本語では「指数連動型上場投資信託」と呼ばれます．

従来は，株価指数を個人投資家などが購入することはできず，「テレビや新聞のニュースをみて，『日経225を下さい』とか『TOPIX を下さい』というお客が店頭に来て困る」という冗談がありました．しかしながら，2001年からは，各種の株価指数とほぼ連動する ETF を購入できるようになりました．現在では，いくつかの株価指数と連動するタイプの ETF が東京証券取引所や大阪証券取引所に上場していて，取引所の取引時間中であれば，株と同様に売買することができます．事実上，株価指数を売買できるようになったのです．

しかも，一口10万円程度で買えるものもありますので，株価指数の動きが身近なものになったともいえるでしょう．

なお，機関投資家が資金を運用するときには，株価指数と同様の動きを狙う「パッシブ運用」あるいは「インデックス運用」と呼ばれる投資手法を用いることがあります．その場合には，株価指数とほぼ連動するように多数の株式に分散投資を行うのですが，独自に投資しようとすると，よほど大きな投資金額がないと，こうしたインデックス運用はできません．株価指数との乖離が生じること（トラッキング・エラーが生じるといいます）もままあります．ETF の登場によって，少額の資金しか持たない個人投資家でも，トラッキング・エラーの小さなインデックス運用ができるようになりました．個人投資家にとっては，非常に大きな環境変化だといえるでしょう．

3　金融機関や金融市場に対する監督・規制の体系

これまで，主な金融機関や金融市場について説明してきました．この節では，金融機関や金融市場に対して，様々な監督・規制が行われている背景について，経済学の基礎知識を使いながら説明していきます．

(1) 市場規律とその限界

市場参加者や預金者などが金融機関について十分な情報を持っている場合には，問題のある金融機関や市場参加者に対して，市場から退場させるなどの厳しい罰を与えることができます．これは，**市場の規律付け機能**と呼ばれるものです．たとえば，適切な経営を行っていない金融機関や企業があれば，市場参加者や預金者は，その株を売ったり，預金を引き出したり，不買運動をしたりして，金融機関や企業にとって不利な環境を実現することができます．金融機関や企業にとっては，そうした市場の機能は大きな脅威です．そのような困った事態に陥らないように，問題の発生を防止するための努力を懸命に行う，という強いインセンティブ（誘因）が与えられるのです．

もし，こうした市場の規律付けが万能であり，常に市場関係者が十分な情報を持っているのであれば，「市場規律だけに任せておけば十分だ」という議論になります．「政府などが規制や監督を行う必要はない，むしろ規制や監督は市場の機能を阻害して有害無益だ」という考え方です．いわゆる「市場原理主義」といわれる人たちは，これに近い考え方をすることがあります．

しかしながら，現実の金融取引には，**情報の非対称性**という問題がつきものです．金融機関や企業の経営情報などは，決して完全ではないのです．1章5(1)でも説明したとおり，売り手と買い手との間の情報が同じではないとき，情報面で優位な売り手が，情報を持たない買い手に高い価格で押し付けることが考えられます．逆に，情報面で優位な買い手が，情報を持たない買い手から安値で買いたたくことも考えられます．また，市場関係者の間で自らが"情報面で劣位だ"という認識が強い場合には，無用な金融不安が市場に広がって，深刻な「外部不経済」を与えることもあります．このような情報面の非対称性に伴って，「市場の失敗」という現象が起きやすいのです．

こうした市場の機能不全を防ぐために，金融機関などへの監督や規制が必要とされるのです．たとえば，金融機関がどれだけ不良債権を抱えているか良く分からないときには，市場関係者は不安を感じ，金融市場が十分機能しないことがあります．そこで，市場規律を補完するために，金融機関に対する監督・規制が厳しく行われることがあります．金融システムへの信頼度を高めるという意味で「プルーデンス政策」と呼ばれることもあります．詳しくは5章の不良債権問題のところで詳しく説明します．

(2) 事前的な監督・規制

　金融面での監督・規制については，事前的なものと事後的なものに二分されることがあります．「事前的な監督・規制」とは，金融市場や金融機関経営に問題が発生しないように，事前に対応しようとするものです．これに対し，問題が発生した後に，どのように対応するかが「事後的な監督・規制」と呼ばれるものです．市場機能を十分に発揮させるためには，両方の監督・規制を上手に組み合わせることが大切です．

　事前的な監督・規制の事例としては，まず，**競争制限的な規制**が挙げられます．たとえば，変な業者が参入しないように，事前に参入要件などを厳しく規制することがあります．かつての「護送船団方式」と呼ばれた金融行政（4章で後述します）でも，参入規制は重要な要素となっていました．もっとも，競争が制限される結果，金融機関経営の緊張感が低下して，市場機能の発揮を妨げるリスクがあります．

　第2に，**健全経営のための規制**もあります．「BIS規制」とも呼ばれる自己資本比率規制は，この一例です．こうした規制を課すことによって，いざというときに備えて経営体力を確保しておくことが可能となります．また，経営体力を超えたリスクを取るなどの行き過ぎた金融機関経営を抑制する機能も期待されます．こうした規制の実効性を高めるためには，金融機関のリスクの実情について深く洞察し，意味のある規制を行うことが求められます．また，不健全な規制回避策を抑制するために，規制の体系を適宜見直すことも大切です．

　第3に，情報開示の拡充や会計情報の正確を期するなど，**市場機能の発揮を図るための規制**もあります．誤った情報を開示したときや，会計情報を偽った時には，市場関係者は正しい判断を行うことができません．こうした虚偽の記載は，金融市場における自爆テロともいうべき問題行動です．金融市場から恩恵を受けている金融機関や企業が，万一こうした行動を行えば，市場関係者の信頼を失うことになり，当該企業やひいては市場そのものへの不信感を高めることになりかねません．インサイダー取引も同じ問題を抱えています．多くの市場関係者が"自分の知らない情報を持った人が，その情報を悪用して利益をむさぼり，自分は食いものにされるだけだ"と思うようになると，市場取引が縮小することも懸念されます．こうした問題が発生しないように，情報開示を拡充し，会計情報を正確にし，インサイダー取引を取り締まらなければなりません．規制を行うだけでなく，規制に違反しないように厳しく監督することも

必要になります．

　第4に，**検査・考査**なども重要な監督・規制の手法です．金融庁が監督下の金融機関に対して行う経営実態などのチェック作業が検査と呼ばれ，日本銀行が取引先金融機関に対して行う経営実態などに関する調査が考査と呼ばれます．こうした外からのチェックがない場合には，金融機関の上記第2～第3の問題等への対応がおろそかになる恐れがあります．また，金融機関に対して，自らのリスク管理をきちんと行うというインセンティブを持たせるためにも大切な手段です．さらに，それぞれの金融機関が抱える問題点を早期に発見して，対応を図るためにも重要な手段となっています．

(3) 事後的な監督・規制

　これに対し，問題が起こった後に，金融システムの安定などを守るために行われる事後的な監督・規制もあります．日本では，バブル経済崩壊後に不良債権問題が深刻化するまで，こうした事後的な監督・規制の整備が遅れていましたが，不良債権問題への深い反省もあって，近年ではこうした監督・規制の体系が急速に整備されてきています．

　こうした整備の具体的な経緯については，5章で詳しく説明しますが，この節ではその概要を説明しておきます．

　まず第1に，**預金保険制度**が挙げられます．預金保険機構という組織があり，預金を取り扱う金融機関は，原則としてこの預金保険に加入し，定められた預金保険料を支払わなければならないという規制です．預金保険機構は，預金を取り扱う金融機関が破綻したときには，破綻金融機関に代わって預金を一定の上限額まで支払うこと（ペイオフといいます），破綻金融機関を救済したり営業譲渡を受けたりする金融機関に資金援助を行うこと，などを仕事としています．預金保険制度は，金融不安の拡大を防ぐという意味で，大変重要な役割を果たしていますので，覚えておきましょう．なお，日本では，これまで一度しかペイオフは行われていません（2010年）が，資金援助や公的資金の注入などが多数実施されています．

　第2に，**早期是正措置**と呼ばれる制度が挙げられます．自己資本比率規制を満たしていない金融機関等に対し，金融当局（現在は金融庁）が是正命令を出すという金融監督制度です．この制度は一種のパッケージとなっていて，金融機関自身が毎期「自己査定」を行い，それを金融のプロである公認会計士や金融

当局がチェックして，正しい自己資本比率を算出することが前提となっています．不良債権問題への対応を進めるために導入されたこの制度の意義については，**本章3(5)や5章**で詳しく説明しますが，自己資本比率が足りない程度に応じて，厳しい是正命令が出されるような仕組みになっています．

第3に，中央銀行（日本では日本銀行）による**最後の貸し手**という機能もあります．金融システム不安が広がり，健全な銀行などが資金繰りに困って，決済システムに大きな悪影響を及ぼしそうなとき，中央銀行が最後の貸し手として登場するというものです．資金繰りに困った銀行などは，中央銀行から資金供与を受けて，決済システムに悪影響を及ぼさずに済みます．この機能の前提として，中央銀行は銀行経営に関するモニタリングなどを常に行っています．

(4) 監督・規制の主体

それでは，上記の監督・規制を，どのような公的主体が行っているのでしょうか．

早期是正措置や自己資本比率規制，さらに金融検査など金融機関に関わる各種制度を司る仕事は，「金融行政」と呼ばれます．この金融行政は，現在では**金融庁**が担当しています．1998年半ばまで，金融行政は，大蔵省の銀行局，証券局，国際金融局が分担して担当していましたが，大蔵省における「財政と金融の分離」を図るために，1998年6月に大蔵省から独立するかたちで金融監督庁が設立されました．その後2000年には再編成されて，金融庁に改組されました．また，金融検査は，かつては大蔵省の金融検査部（銀行と信用金庫などを対象＜地方の財務局が参加することも＞）と都道府県（信用組合を対象）に分かれて行われていましたが，現在では金融庁に一本化されています（ただし，地方の財務局が参加することもあります）．

株式市場などの金融市場の関連では，1992年に設立された**証券取引等監視委員会**が重要な役割を果たしています．現在では，証券取引の検査，取引審査や証券取引関係の犯罪事件の調査などを担当しています．このため，この委員会がインサイダー取引や虚偽の会計情報の記載などの取り締まりも担当しています．市場取引の信頼性を高める意味でも，大変重要な役割を果たしているのです．なお，この委員会は，金融庁内の一部局という位置づけにありますが，国家行政組織法第8条に基づく"行政部門から独立した委員会"とされています．

このほか，上場企業を抱える証券取引所も，証券会社や上場企業に対する規

制機関としての役割を果たしています．市場における取引手法の設定，上場条件の設定や問題のある上場企業への対応などは，証券取引所が行っています．ただ，証券取引所の一部が株式会社になる中で，こうした規制機能を証券取引所が持ち続けることの是非については，議論が分かれています．

　預金保険の関係では，**本章**5(3)でもお話しした**預金保険機構**が重要な役割を果たしています．預金保険法に基づいて1971年に設立された組織です．この機構は，バブル崩壊前までは小さな組織だったのですが，不良債権問題を解決するために相次いで法改正が行われた結果，現在ではかなり大きな組織になっています．破綻した金融機関に代わって預金者に支払うペイオフを，預金者1人あたり名寄せ後の預金1000万円とその利子までという条件で行うことになっています（ただし決済用の預金は2005年4月以降も全額保護されます．また，改訂時点でペイオフが実施されたのは一度だけです）．また，**本章**5(3)でも説明したとおり，資金援助や公的資金の注入も行っています．なお，公的機関として不良債権の買い取りや回収を実施している「整理回収機構」は，預金保険機構の全額出資の子会社となっています．

　最後の貸し手という機能では，日本銀行も大きな役割を果たしています．この機能が安易に使われないように，日本銀行では，「特融」とも呼ばれる無担保の融資を行う際の条件を4つ設けています．

① システミック・リスクが顕現化する恐れがあること，
② 日本銀行の資金供与が必要不可欠であること，
③ モラルハザード防止の観点から，関係者の責任の明確化が図られるなど適切な対応が講じられること，
④ 日本銀行自身の財務の健全性維持に配慮すること．

このうち，④の条件の判定を行うためや，決済システムの円滑な運用を図るために，取引先金融機関の考査（取引先に出かけるため，オンサイトモニタリングとも呼ばれます）やオフサイトモニタリング（金融機関へのヒアリングやデータ収集などの方法で行われます）を行っています．

(5)　近年における金融行政上の重要なツール

　バブル経済が崩壊して，日本の金融機関が不良債権問題に悩まされていた時期に，金融行政について大きな変化が生じました．**本章**3(4)で説明した金融行

政の責任部署が変わった（大蔵省から金融庁へ）ほか，事前的で不透明な参入規制を少なくして，透明性の高い規制が強まってきたことです．以下では，その代表的な事例をみていきます．

　ⅰ）早期是正措置と金融検査マニュアル

　その具体例としては，まず，1998年度から段階的に預金取扱金融機関に導入された**早期是正措置**が挙げられます．この制度は，複合的な規制のパッケージとなっています．まず，従来は金融当局の仕事とされてきた資産査定を，金融機関自身に義務付けています．銀行等は，貸出などの債権に関する回収可能性に着目して，定期的（銀行は年2回，信用金庫以下は年1回）・網羅的（個々の貸出のほか，他の債権も対象）に資産の内容を自己査定します．それに基づいて，決算時に適切な償却・引当を行って，正しい自己資本比率を計算します．この比率が**自己資本比率規制**に照らして不十分と判断されたとき（海外に支店や現地法人がある場合は8％未満，ない場合は4％未満）には，その比率が不足する程度に応じて，金融当局から是正命令などが出される，という仕組みです．ここで，銀行等が算出した自己資本比率が正しいかどうかについては，会計監査人（公認会計士や監査法人）の監査と金融当局の検査・考査によってチェックされます．仮に銀行等が甘い自己査定をしても，監査や検査・考査によって歯止めが掛けられる仕組みとなっているのです．

　ここで，自己査定の際の大まかな基準が1999年から**金融検査マニュアル**の中で公表されています．検査マニュアルは，実は色々なタイプの金融機関ごとに分かれていて，上記の金融検査マニュアルは，正式名称を「預金等受入金融機関に係る検査マニュアル」といいます（以下では，通称に従って「金融検査マニュアル」と呼びます）．資産査定の基準は，金融検査マニュアルに含まれている「信用リスク検査マニュアル」に詳しく書かれています．金融検査マニュアル自体は，金融庁のホームページにも全文掲載されていて，誰でも読むことができますので，皆さんも一読することをお奨めします．慣れないうちは読みにくいかも知れませんが，慣れてしまうとそんなに難しいものではありません．

　早期是正措置が導入されるまでは，資産査定の基準は公表されていなかっただけに，現在では誰でもインターネットで閲覧できるようになったのは，大きな変化です．これを読むことによって，"金融機関がどのように自己査定を行うのか"，"それを会計監査人や金融当局がどのようにチェックするのか"などが事前に分かるようになったのです．**金融検査マニュアルは，銀行や公認会計**

士や金融当局だけのものではありません．お金を借りたいと思っている人，お金を借りることを奨める提案を行う営業マンなど，多くの人にとって重要な文書になったといっても過言ではありません．銀行の出方などを予め予想する上で，こんなに役にたつ文書はなかなかありません．

ⅱ) **事務ガイドライン**

従来は，金融当局による口頭指導や通達というかたちで行政指導が行われてきましたが，法律的な根拠などが不透明だという批判がありました．1998年には通達が原則廃止され，新たに金融行政の方針を明記した文書である**事務ガイドライン**が制定されました．この事務ガイドラインも，金融庁のホームページに掲載されていますので，皆さんもみることができます．なお，2005年からは，銀行等を対象に新たに「主要行等向けの総合的な監督指針」，「中小・地域金融機関向けの総合的な監督指針」などが定められ，ホームページに掲載されています．

また，銀行等のほかにも，「保険会社向けの総合的な監督指針」，「証券会社向けの総合的な監督指針」，「信託会社等に関する総合的な監督指針」，「金融先物取引業者向けの総合的な監督指針」などもホームページに掲載されています．

皆さんがこれらの業種と取引する際に何か問題を感じた時には，こうした監督指針と照らし合わせてみるとよいでしょう．本当に問題のある取引なのかどうかを考える手助けになるからです．

ⅲ) **情報開示制度の拡充**

金融市場取引であれ，銀行等との相対取引であれ，金融取引を行う際には，取引相手に正しい情報を提供することが必要です．誤った情報に基づいて判断した場合，正しい金融取引を行うことができなくなるからです．情報の非対称性の問題をできるだけなくしていくように，情報開示の制度が拡充されてきています．

たとえば，預金者が銀行等との取引を行う際には，その銀行等がどのくらい不良債権を抱えているか，大変気になるところです．バブルが崩壊するまでは，不良債権の額はほとんど情報開示されていなかったのですが，バブル崩壊後に段階的に情報開示の範囲が拡大されました．詳しくは5章でお話ししますが，1998年以降は銀行法により「リスク管理債権」について，かなり詳しく情報開示されるようになっています．また，不良債権の基準が少し異なる「再生法開示債権」というデータも公表するようになっています．

もちろん，証券取引の分野でも，情報開示が進められるようになっています．また，開示情報の虚偽記載についての解釈も，かつてに比べてずっと厳しくなっていますので，制度の趣旨を正しく理解した上で，正しい情報開示を行うことが大切です．会計情報や開示情報に意図的な誤りがあったときには，有名人であっても逮捕されているケースがみられます．

ⅳ）不公正な証券取引に関する規制の強化

不公正な証券取引の代表的な事例としては，「インサイダー取引」，「風説の流布」や「損失補填」などが挙げられます．

インサイダー取引とは，情報を持つ人が，その情報を悪用して，得となることが確実な取引を行うことです．これは，情報を持たない人からみれば，"不当に損をさせられること"または"得べかりし利益を損なうこと"になります．こういう取引が横行している金融市場からは，情報を持たない人が出て行ってしまうでしょう．そうならないよう，今日では，証券取引等監視委員会でインサイダー取引が厳しくチェックされるようになっています．

風説の流布とは，あたかもインサイダーであるかのように装うなどして，根も葉もない噂を意図的に流し，自分に有利なように証券取引の相場を操縦しようとするものです．その噂を信じて行動した人は，損をさせられてしまいます．他の市場参加者をくいものにしようとする困った取引です．インサイダー取引と同様，証券取引等監視委員会で，厳しくチェックされるようになっています．

損失補填とは，ある特定の顧客に対して，株式などの取引で損失が出たときに，証券会社が損失を補填することです．バブルの崩壊後に違法行為という位置づけが明確化されたのですが，大手証券会社の1つだった山一證券は，損失補填をこっそり続けていました．この種の取引は，証券会社が他の顧客から得た利益を，特定の優遇された顧客だけに付け替えていることを意味します．優遇されていない顧客からすると，自分たちは利用されているだけということになります．こんなことを続けていたのでは，優遇の対象とならない一般の投資家からそっぽを向かれてしまいます．結局，隠し切れなくなった山一證券は1997年に自主廃業することとなりました．なお，顧客として，証券会社に損失補填を求めてもいけません．証券取引には損をするリスクがあることを承知した上で，投資を行う必要があるのです．

上記のような不公正な取引を厳しく取り締まり，市場参加者が安心して市場取引ができるような環境を整備することが，今日では大切な市場インフラの整

備とみなされるようになっています.

皆さんが金融取引の当事者になるときには，こうした監督・規制の体系とその趣旨を良く理解し，キチンとした行動をとることが求められます.

📖 参 考 文 献

金融派生商品について詳しく知りたい人には，例えば東京証券取引所や大阪証券取引所のホームページの先物・オプションの部が良いでしょう.

資産担保証券について詳しく知りたい人には，以下の①～②の報告書や本が役にたつでしょう.

① 日本銀行「証券化市場フォーラム報告書」，2004年（http://www.boj.or.jp/eisaku/04/data/mpo0404c.pdf）.
② 高橋正彦『証券化の法と経済学』NTT出版，2004年.

金融に関する監督・規制の体系について詳しく知りたい人には，金融庁のホームページ（http://www.fsa.go.jp/）がお奨めです．金融検査マニュアルや事務ガイドラインなどが掲載されています.

Box 2　金融の相対取引と就職活動の似ている点

　金融の相対取引は，**情報の非対称性**があるために用いられる方法です．借り手は自分のことを知っていますが，貸し手は借り手のことがよく分かりません．貸し手は，"資金使途はしっかりしているか"，"返済原資はきちんとあるのか"，"万一に備えた担保の価値はどの程度か"など必死で借り手のことを知ろうとします．いい加減に貸して貸倒が発生したり，不良債権になって厳格に管理したりするのは大変だからです．そこで，借り手としては，積極的な情報提供などにより，貸し手に安心材料を提供する必要があります.

　就職活動にも同じような**情報の非対称性**があります．採用する企業からすると，"就職活動中の学生を採用して，本当に役に立つのかどうか"，"社員としてきちんと独り立ちできるのか"よくわからないからです．日本の労働法規ではいったん雇った人を解雇することはかなり難しく，雇用保険も雇っている以上はかなり高額です．間違って口先だけの人を採用すると，将来，非常に大きなコストがかかります．「採用ミス」や「人材の不良債権」と呼ばれる職員を抱えることは，企業にとって大きな負担となります．中小企業の場合には，こうした職員の存在が致命傷になるかもしれません.

かつての企業や官庁は，日本的経営が続くという前提のもとで，新入社員をオン・ザ・ジョブ・トレーニング（OJTと呼ばれます）によって徹底的に鍛えていました．熟練度の低い新入社員を，上司や先輩が業務の過程で厳しく教育したのです．逆にいえば，企業等の内部に比較的余裕があり，上司や先輩が部下や後輩を指導できた面もありました．企業などは，"OJTで鍛えれば良い"という発想から，文科系の学生については，大学で学んだ知識などを軽視していました．"難しい入学試験に勝ち抜いた有名校の学生はOJTでモノになる確率が高い"という前提に基づき，指定校制度などを設けていた企業もありました．こうした企業が大学に求めていたのは，端的にいえば，大学で身につけた学問ではなく，入学試験の合否判定だけだったのです．

　ところが，バブル崩壊後には，①アジア諸国の経済的な台頭，②規制緩和，③企業系列の維持や談合などの困難化，などに伴って，日本の国内外における競争が厳しくなりました．多くの企業で，じっくりと**OJTをしている余裕がなくなってきたのです**．上司も先輩もたくさんの仕事を抱え，部下や後輩を指導する時間が限られてきました．また，考える仕事は数少ない正社員に任せる一方，指示の範囲内で動く人は，賃金や社会保険料の安い派遣社員，アルバイト，季節工などの非正社員というかたちで採用することが広がりました．正社員と非正社員に求めることが大きく違ってきたのです．

　そうなると，企業としては，"**正社員には自分で考える力のある人を採用したい**"と思うようになりました．限られたOJTの中で，"一言アドバイスをすると，色々な局面で応用できる人"が望ましいからです．さすがに，最初から"一を聞いて十を知る"のは難しいとしても，せめて2か3くらいは知ることのできる人材が求められています．同じことを何度も言わなければ良くならない人（たとえば"一を聞いて0.5を知る"人）は企業等にとっては，管理コストのかかる困った存在なのです．こうした中で，有名大学からしか採用しないという採用方式は下火になりました．有名大学に入ったことで安心して，大学時代に十分な力をつけていない人は，来て欲しくない時代になったのです．逆に，有名大学でなくても，**大学に入って能力を伸ばした学生には，大変有利な時代なのです**．

　現在の企業は，就職活動の際に，お荷物社員にならない学生を採用しようとしています．就職活動を行う学生さんの中で，"自分のような優秀な学生を採用しないのは企業がバカだ"と思う人がいるかも知れませんが，大きな心得違いです．皆さん自身が，採用担当者に"この学生と一緒に働きたい"と思って貰えるような学生になる必要があるのです．

　私は，3年生まで無為に過ごした後，就職活動を始めた学生を「夜道を無灯火で

走っている自転車」にたとえることがよくあります．夜道では，無灯火の自転車は自動車から非常に見えにくいため，ドライバーの間では大変不評です．自動車を運転した経験のある人は，夜道でヒヤッとしたこともあるでしょう．ところが，自転車の人は「ドライバーから自分が見えている筈だ」と根拠なく思い込んでいるのです．とても危険な行動です．

　同じことが，不用意に就職活動に突入した学生にもいえます．"企業からは自分が十分見えていない"という前提のもとで，ライトをつける必要があるのです．ライトがついていれば，自動車も早い段階で自転車を認識し，きちんと対応してくれます．

　こうしたライトとしては，ゼミ活動 (研究内容や合宿のほか，幹事としての仕事も含みます)，クラブ活動など学内の活動のほか，インターンシップ，ボランティア，工場見学，人と違った独特なアルバイトなど，色々あります．それも，単に「経験しました」だけでは不十分で，"その経験から何を学んだのか"，"自分の職場人生においてどのように活かすのか"などをきちんと説明し，納得してもらうことが大切です．"どうすれば相手にわかってもらえるか"，"魅力を感じてもらえるか"について**よく考え，工夫を凝らす必要があります**．また，ある会社の面接で上手くいかなかったときには，"どこが足りなかったのか"，"相手が本当に求めていたのは何だったのか"などを反省し，次回の改善につなげていく心がけが望まれます．

　このように，"情報に非対称性があること"，"それを克服するために色々な工夫を行うこと"に関して，金融論と就職活動は驚くほど似ています．この本で金融論を学ぶ学生さんは，金融論で得た知識を，就職活動や社会人生活の場で是非応用して下さい．

おまけ：**学生時代の心がけ**

　大学で学ぶことの意味は，物事を考える道筋を学ぶことにあります．試験の直前に中途半端な知識を無理やり詰め込み，終了後にすっかり忘れてしまう「鵜飼いの鵜」では，全く意味がありません．考える力を身につけ，大学の授業やマスコミなどから得た様々な知識をもとに自分の頭で考え，幅広く応用できる能力を習得することが大切です．学生時代は，試験の成績もさることながら，日頃から考えることにより，真の賢さを鍛えておくことが望まれます．

4章

日本の相対取引1
―― バブルの発生と崩壊 ――

　4～6章では，日本の金融取引の中で，依然として大きな地位を占めている相対取引に焦点をあてて説明します．相対取引では，2章でお話ししたような金融市場はありません．情報の非対称性の問題を回避するためには，様々な工夫が必要になります．その工夫も，時代によって異なるものが求められます．

　したがって，相対取引，とりわけ貸出取引について深く理解するためには，歴史的な視点が大切です．より具体的には，バブル期の失敗により不良債権が大量に発生したこと，その反省に基づいてセーフティ・ネットの整備など多様な対応策が取られたことが，今日の相対取引に大きな影響を与えているのです．

　この章では，日本の銀行等の失敗の苦い歴史と，その背後で働いた経済メカニズムにも力点を置きながら，説明していきます．

1　高度成長期の金融業：護送船団方式

(1)　間接金融中心の資金供給

　高度成長期とは，戦後復興期が終わった1956年頃からオイルショック直前の1972～73年ころまで，日本経済が年率10％くらいの実質経済成長を持続した時期のことを指します．この時期には，GDPに占める設備投資の割合（設備投資/GDP）は，20％近くを占めていました（1956～72年度の平均でも17.6％）．この比率は，ここ数年でも14％ぐらいありますので，「あまり違わない」と思うかも知れませんが，企業サイドの資金繰り面では，大きな違いがあります．

　そもそも，設備投資のための資金源としては，①企業の自己資本からの充当，②減価償却費の充当，③外部からの資金調達，という3つのルートがあります．現在では，①，②の占めるウェイトが高くなっていて，1章2(3)でもお話ししたとおり，企業部門トータルでは，フローでみて資金余剰主体となっ

ているのですが，高度成長期には現在と逆に，大幅な資金不足主体となっていました．

より具体的にみると，①の自己資本については，当時は企業部門の自己資本が薄かったため，自己資本の取り崩しで資金調達する余地が余りなかったのです．また，②の減価償却については，当時の経済成長率が高かったため，過去の投資の減価償却だけでは新規の投資を十分賄えなかったという事情がありました．また，当時は物価上昇率が今よりもずっと高かったため，物価上昇がないという条件下で計算される減価償却費は，実際に必要な額より小さくなっていたという側面もありました．これらの事情から，③の外部から資金調達する必要性が高かったのです．この結果，企業部門の資金不足幅は，1章2(3)でお話ししたとおり，GDPの5〜10%の規模に達していたのです．

外部からの資金調達にあたっては，間接金融か，直接金融かという選択になります．高度成長期には，株式の発行市場や社債の発行・流通市場が未発達だったことから，直接金融の利用には限界がありました．例外的に，東京電力，関西電力などの電力会社については早い時期から社債発行を行うことができましたが，他の企業が社債を発行するためには，投資家保護などのための種々の規制が設けられていたため，なかなか容易に発行できなかったのです．

この結果，銀行への資金借り入れの需要が高まることとなりました．日本経済全体が高度成長を遂げる中，設備投資の種は豊富にあり，資金需要は銀行に殺到することになったのです．企業の資金調達が借り入れに集中することを，当時は「オーバーボロイング」と呼んでいました．都市銀行などは，企業の「オーバーボロイング」に対して積極的に貸し応じようとしましたので，自らの預金を上回る貸出を恒常的に行っていました．これを当時は「オーバーローン」と呼んでいました．これでは都市銀行の資金が足りなくなりますので，短期金融市場（2章2(1)でお話ししたコール市場など）で地方銀行や信託銀行から資金を借り入れていました．短期金融市場では，都市銀行は資金の取り手，地方銀行や信託銀行が出し手，という構造が長く続いていました．

間接金融では，銀行などが企業から借り入れの申し込みを受けたとき，資金需要の内容を審査して貸し出しても良いかどうか判断します．**審査**とは，借り手の信用リスクを評価することを意味しますが，色々なチェックポイントがあります．たとえば，設備投資の案件の場合，その投資がきちんと収益を上げられるかどうか，赤字補填や不良債権の処分など変な目的に資金が流用される恐

図表 4-1 地価と名目 GDP の55年度対比

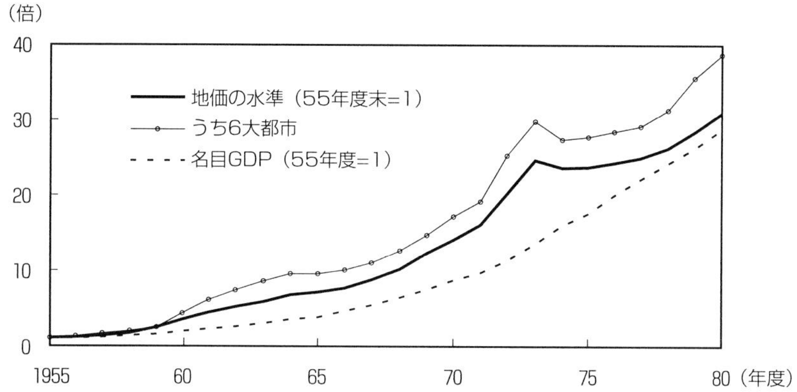

(注) 地価の水準は,(財) 日本不動産研究所の市街地価格指数 (全用途平均).

れはないか,さらには借り手の企業が倒産する恐れはないか,もし投資が失敗したり倒産したりした場合に資金を回収するための担保が十分あるか,倒産のリスクを十分勘案した貸出金利になっているか,など多岐にわたるチェック項目をきちんとみる必要があります.銀行の組織内では,審査部などと呼ばれる審査部署がこうした信用リスクのチェックを行っています.

本来は,こうした審査のノウハウを蓄積していくことが銀行業の存在意義である筈なのですが,高度成長が長く続く間に,審査の基準が甘くなる大きな要因が出てきました.図表4-1で示したように,土地の値段(地価)が大幅に上昇し続けたことから,"土地を担保にしていれば万一のときでも取り逸れはない"という風潮が銀行業界で蔓延したからです.

実務家の世界では,「地価は名目 GDP に比例して上昇する」という説がありましたので,その関係を示してみました.ここで,「市街地価格指数」とは,主要都市の商業地,住宅地,工業地の地価から算出されたものですが,商業地と住宅地と工業地の全てを含んだ平均が「全用途平均」と呼ばれています.全国平均でみると,地価はバブル期の1990年頃まで右肩上がりとなっていて,ほぼ名目 GDP の拡大と比例的に上昇していました.バブルが崩壊するまでは,上記の定説は大きくは違っていなかったといえましょう.

なお,全国レベルでは地価と名目 GDP はほぼ比例関係にあった訳ですが,地域間で大きな格差があり,大都市では全国よりも大幅に値上がりした点に注

意する必要があります．前掲図表 4－1 の一番上の細い線が 6 大都市（東京，大阪，横浜，名古屋，京都，神戸）の地価を示していますが，概して全国平均よりも高いことがみてとれます．

　この図でもわかるとおり，オイルショックの前まで，地価が右肩上がりだったということが重要です．通常，銀行は不動産を担保とする場合，時価の 6 割とか 7 割で担保評価することが一般的です（時価に対する貸出額の上限を「担保掛け目」とか「掛け目」と呼びます）．なぜなら，担保処分を行う際に時価どおりのお金を受け取れるという保証がないためです（むしろ，売り急ぐと買い叩かれることもあります）．仮に不動産担保評価を 6 割としている金融機関では，60億円の貸出をする場合に，時価100億円の土地を担保とすることになります．この60億円の貸出が数年後に焦げ付いても，100億円の土地を処分すれば，ふつうは地価が上昇したため，貸出金を全額回収することができたのです．

　こうした地価の値上がりは，オイルショック後にいったん止まりましたが，その後に再燃し，バブルが崩壊する1990年頃まで続きました．この結果，銀行業の信用リスク評価を甘くする，という弊害があった面は否めません．この時期に，"土地を持ってさえいれば値上がり益を手に入れられる"という考え方，いわゆる「**土地神話**」が広がりました．実際，バブルが崩壊するまでは，土地を担保としている限り，借り入れ企業が破綻しても貸し出しを行った銀行等が大幅なロスを被ることは少なかったのです．

(2) 業態の垣根と役割分担：専門銀行主義など

　高度成長期には，個別の業態に特定の役割を与えるという考え方，いわゆる「専門銀行主義」の考え方が強くみられました．1 章 4 (1)〜(5)でお話しした業態は，次のような役割分担を果たすことが想定されていました．

　まず，銀証分離ですが，1930年代の大不況のとき，米国ではグラス＝スティーガル法により，証券業と銀行業が分離されました．戦後の日本でも，1948年に施行された証券取引法で，銀行業と証券業が分離されました．なお，今と違って1965年まではほとんど国債が発行されなかったため，高度成長期には，銀行が国債取引を含む証券業務を行うニーズはあまりなかったのです．

ｉ）大企業金融を中心とする銀行

　銀行の業態のうち，都市銀行や地方銀行は，短期の金融を中心とすべきと考えられ，預金の期間（1971年までは最長が 1 年もの，1971年に 1 年半ものが，1973年に

2年ものが導入されました）も短かったのです．このため，都市銀行や地方銀行は，大企業向けの貸出のうち，運転資金などの比較的短期の貸出を中心に行っていました．

次に，長期信用銀行法が適用された3行（日本興業銀行，日本長期信用銀行，日本債券信用銀行）は，長期金融の専門銀行としての機能が求められました．これら3行は，特権的な社債である金融債（5年と2年の利付債など；固定金利）を発行して資金調達を行い，長期固定金利というかたちで設備資金などの貸出を行っていました．たとえば，長期貸出金利の最優遇レートである長期プライムレート（最も信用度が高い企業に貸し出す際に適用する金利）は，日本興業銀行が決めることとなっていました．なお，金融債は，上記の長期信用銀行3行のほか，外為専門銀行の東京銀行，農林中央金庫，商工組合中央金庫にも発行を認められていましたが，長期信用銀行3行が中心的な役割を果たしていました．なお，長期信用銀行では，このような特権的な地位が与えられる一方，営業店の数が少数に限定されるなどの不利な扱いも受けていました．

また，信託銀行とは，信託法や信託業法等で規定される信託業務を行う金融機関が戦後の大幅なインフレによって経営が悪化したことから，1948年に銀行業務を兼営することが認められたものです．貸付信託の導入等によって業務が拡大に転じるなか，大蔵省は金融分野を調整するとの立場から，1954年末ころから，銀行と信託を分離する行政指導を開始しました．都銀の信託部門等を統合して設立された信託銀行もありました．信託業務を兼営する都市銀行は，"大蔵省の行政指導には法的根拠がない"として従わなかった大和銀行のみでした．地方銀行も信託勘定を1966年までに閉鎖したため，信託業務を営む銀行は，専門信託7行（三菱信託，住友信託，三井信託，安田信託，東洋信託，中央信託，日本信託）と大和銀行のみとなりました．1972年の沖縄復帰時に，沖縄県内の地方銀行である琉球銀行と沖縄銀行に信託業務の兼営が認められるまで，信託銀行は上記の8行に限られていました．こうした信託銀行も長期貸出の金融機関として位置づけられていました．もっとも，信託銀行の場合，長期信用銀行と違って調達する資金が変動金利だったため，貸出金利も変動金利が少なくなかったのです．なお，信託銀行も大企業向けの貸出を中心としていました．

ⅱ）中小企業金融を担う金融機関

これらの銀行が大企業向けの貸出を行っていたのに対し，中小企業金融を担う業態として，相互銀行（今はありません），信用金庫，信用組合，労働金庫な

どがありました．

相互銀行とは，「無尽」と呼ばれた庶民金融から発展した金融機関です．相互銀行だけに認められた「掛金」という独自の資金調達手段を持っていました．ただ，普通の銀行と同じ業務の比率が高まり，普通銀行に転換する例が出てきました．都市銀行に転換した日本相互銀行（1968年）や，地方銀行に転換した西日本銀行（1984年）の例があります．その後，相互銀行は，1990年頃にほとんどが普通銀行に転換し，最後に残った東邦相互銀行が1992年に伊予銀行と合併してなくなりました．その頃に相互銀行から普通銀行に転換した銀行は，現在，第二地方銀行協会に加盟しています．

協同組織金融機関の1つである信用金庫，信用組合，労働金庫も中小企業金融を担当していました．信用金庫や信用組合は地域密着型，労働金庫は労働組合や消費生活協同組合等の活動を推進し労働者の生活向上を図るために必要な金融事業を行うこととされていました．

これらのほか，政府金融機関の一部が中小企業金融を担っていました．中小企業金融公庫，国民金融公庫のほか，政府が一部出資している商工組合中央金庫も，政府関係中小企業金融機関とされていました．

ⅲ）その他の金融機関

その他の金融機関としては，日本開発銀行，日本輸出入銀行，農林漁業金融公庫，北海道東北開発公庫，沖縄振興開発金融公庫，公営企業金融公庫などの政府系金融機関がありました．

また，農林漁業系の金融機関もあります．①農業協同組合—信用農業協同組合連合会（都道府県単位で設立されたもので，県信連と略称することもあります）—農林中央金庫，②漁業協同組合—信用漁業共同組合連合会（同，信漁連と略称することもあります）—農林中央金庫，という2つの系列があります．なお，林業については貯金業務はなされておらず，貸出業務のみが行われています．

保証協会は，都道府県単位で設立されていて，中小企業などが銀行などから借り入れを行う際に，債務を保証する業務を行っています．信用補完機能を果たしているといわれます．保証を受けた中小企業などが債務を履行できない場合には，中小企業に代わって銀行等に弁済し，中小企業に対する債権者となります．この保証を受ければ貸出の際にロスが出ないということで，中小企業への貸出に当たって保証協会の保証を求める銀行等が最近では多くなっています．

保険会社も貸出業務を行う金融機関です．保険といっても，主として長期の資金を扱う生命保険（生保）と主として短期の資金を扱う損害保険（損保）は性格が異なるとして，行政上も分離が求められ，別の業態として扱われています．

このほか，預金機能のないノンバンクと呼ばれる金融機関も貸出を行っていました．リース会社，クレジットカード会社，消費者金融会社，住宅金融専門会社（住専と略称されました）などの会社です．

(3) 護送船団方式の金融行政

高度成長期に金融行政を担った大蔵省は，業態の壁を作って異なる機能を求める一方，個々の業態では脱落者が出ないような行政を行いました．こうした金融行政は，俗に「護送船団方式」と呼ばれています．"最も船足の遅い船でも生き残れる環境を作る"というものです．船足が速い船に相当する良い銀行は，こうした金融行政のもとで高水準の利益を得られたことから，規模拡大のインセンティブを与えられていました．

こうした規模拡大志向が高まる中，抜け駆けを許さないような金融行政が行われました．俗に"箸の上げ下ろしにまで口を出す"といわれた金融行政です．その根拠は，銀行などの免許を大蔵省が握っていることにありました．また，銀行が支店を出すにあたっても，大蔵省の了解を得なければならなかったのです．当時は，"店舗を増やせば規模が拡大し，規模が拡大すればそれだけ儲かる"ということが分かっていたため，支店を増やしたい金融機関が多かったのですが，大蔵省は，なかなか店舗の拡大を認めなかったのです（当時は「店舗行政」とも呼ばれていました）．経営が苦しくなった金融機関が店舗を他の金融機関に1つ売れば「億円単位の金がもらえる」といわれた時期もありました．

なお，金融行政については，法律的な根拠が乏しいものが少なくなく，銀行局長通達により遵守を求められるものが数多くありました．当時は，「銀行局長通達集」という本が毎年編纂され，銀行等はそれを熟読することが求められていました．通達に明記されていないことや，色々に解釈できることについては，大蔵省にお伺いを立てることが一般的でした．"通達に明示的に書いてあることはやってよいが，そうでないことは原則禁止されている"という受け止め方が一般的となっていました．こうした行政が続いたことから，日本の金融機関の自主的な経営が損なわれた面が否めません．

なお，同じ業態内でも体力がある金融機関は，体力の弱ったところを救済合

併することがよく行われていました．このため，高度成長期には"金融機関が明示的に破綻することはなく，銀行は倒れない"という一種の銀行不倒神話が生じました．

(4) **預金金利規制**

預金金利面で強い規制が行われていたのも，この時期の特徴です．"規模を拡大しようとして無闇に預金金利を引き上げれば金融秩序が乱れる"という発想や，"低金利で調達した資金を出来るだけ低金利で貸し出すように誘導したい"という考えがありました．このように，預金金利などを低く抑えることについては，「人為的低金利政策」と呼ばれていました．

なお，独占禁止法により銀行間でのカルテル行為が禁じられている中で，法律によって預金の最高金利を定めることが行われていました．1947年に制定された**臨時金利調整法**がこの役目を果たしました．この法律は名前とは全く異なって導入後長く続き，銀行等の預金金利を公定歩合と連動するかたちで上限規制していたのです．すなわち，公定歩合が引き上げられれば預金の上限金利が引き上げられ，公定歩合が引き下げられれば預金の上限金利も引き下げられたのです．この規制の結果，全国のどこの銀行に行っても，上限金利で揃っていました．銀行は金利で勝負できないため，顧客向けのサービスや店頭で配る景品などで激しく競争していました．

(5) **日本銀行の窓口指導**

高度成長期には，中央銀行である日本銀行が**窓口指導**と呼ばれる規制を行っていました．日本銀行は，当時，公定歩合の変更という手段によって，預金金利をはじめとする各種金利に影響を与えるかたちの金融政策を行っていました．この政策効果をより確実に実現するために，主要銀行に対して道義的な説得を行い，"信用量を直接的に調整しよう"とする「窓口指導」を行ったのです．やや具体的には，主要銀行との間で，個別に貸出残高の増加額をいくらにするかという「貸出増加額規制」を取り決めていました．たとえば，金融引き締めの時期には貸出増加額を抑制する，といった具合です．

主要銀行からみると，企業などから貸出の要請があっても，窓口指導によって銀行全体の貸出増加額に上限があるために，応じきれない場合があります．この結果，「銀行が企業に対して信用割り当てを行っていた」という見方もあ

りました．

　もっとも，窓口指導には，規制逃れの動きが根強くみられましたほか，"規制によって市場機能の適切な発揮を妨げていた"との指摘もありました．窓口指導は，高度成長期には経済の過熱を抑えたり，物価上昇を抑えたりする上で大きな役割を果たしていましたが，日本経済が発展してくるにつれて，そのあり方が問われるようになってきたのです．段階的に緩和され，結局1991年に全面的に廃止されました．

(6) **メインバンク制度の慣習**

　高度成長期には，企業と銀行との間で，密接な結びつきができる事例が数多くみられました．企業は，親密な銀行をメインバンクとし，メインバンクがその企業を資金面などでバックアップしました．複数の銀行と取引している企業の側も，借入はメインバンクから主として行うなど，メインバンクに配慮していました．そうした企業が経営危機に直面すると，メインバンクが強力に支援することもよくみられました．"明示的な契約はないものの，**暗黙の契約によって，相互に助け合っていた**"との見方もあります．

　企業と銀行の関係が親密になると，株式の相互持合いが行われることが多く，銀行から役員が派遣されて監視されることもありました．手形や小切手もメインバンクの口座に集中することがよくみられました．この結果，親密先企業に関する各種の情報がメインバンクに集中することになりました．高度成長期には，現在に比べて，情報開示や会計制度が未発達で，正しい情報がなかなか得られなかったため，メインバンクに集まった情報は貴重でした．メインバンクが優位な情報に基づいて決めたことに，融資順位の低い銀行が追随するという慣行もみられました．

　メインバンクは，"取引先企業が不振に陥ったときに，経営指導の責任を持つだけでなく，経営破綻に至ったときには相当の社会的責任も負うのが当然だ"とみなされていました．メインバンクがテコ入れを行って業績を回復した企業や，破綻時に責任を取った企業も数多くみられました．

　高度成長期には，株価が上昇基調を続けていたため，上記の株式持合いは，銀行の株式含み益（時価が帳簿価格を上回っている状態）を高め，いざというときの銀行の体力を強めました．高度成長期には，メインバンク制は十分に機能し，日本の金融制度の大きな特徴ともいわれていました．

(7) 狂乱物価の経験と教訓

こうした高度成長も，1971年8月のニクソン・ショックで，それまでの固定相場の1ドル＝360円から円高になった後，同年12月にスミソニアン体制に移行して，1ドル＝308円になった頃から，変調してきました．この時期，円高に伴う輸出企業への打撃をやわらげるために金融緩和政策などが実施されました．また，1972年に登場した田中角栄内閣の「日本列島改造論」に伴って列島改造ブームが発生し，不動産に対する投機等も盛んに行われるようになりました．こうした状況下，銀行等の貸出やマネーサプライ(7章で詳しく説明しますが，現金や預金のように流動性の高い資産のことです)が急激に増加しました．

さらに1973年になると，2月に上記の固定相場制度を維持できなくなって変動相場制度に移行したほか，10月に第4次中東戦争が発生したことを機に**オイルショック**（第一次石油危機とも呼ばれます）が発生しました．石油価格が約4倍に上昇したうえ，色々な物資の供給不安が強まったことから，物価が急激に上昇しました．オイルショック後に物価は年率2～3割もの勢いで上昇したため，「狂乱物価」と呼ばれたほどです．これらの結果，日本経済は大混乱に陥り，さしもの高度成長も終焉したのです．

この時期の教訓として，何らかの事情でマネーサプライが大幅に増加すると，いずれは物価の上昇につながることが広く認識されるようになりました．

2　2つのコクサイ化と金融自由化に向けた動き

日本経済は，オイルショック翌年の1974年度に戦後初めてのマイナス成長を記録（実質GDP成長率−0.5％）した後，中程度の経済成長軌道に移行しました．1978～79年のイラン革命を機に第二次石油危機が発生しましたが，それを乗り越えるかたちで，日本経済の中程度の成長が続きました．この時期，日本経済では「2つのコクサイ化」と呼ばれる現象が起こり，日本の金融制度に大きな影響を及ぼしました．いわゆる「金融自由化」が進められることになったのです．

(1) 2つのコクサイ化の経済的な背景：オイルショック後の中程度の成長持続

2つのコクサイ化が起きた経済的な背景をみていくことにしましょう．第1に，オイルショックを機に，日本の経済成長率が大幅に低下したことが注目さ

れます.1975年度～バブル前の1985年度の11年間の実質GDP成長率は2～5％台で,年平均でみても3.8％の成長率に過ぎません.高度成長期の実質GDP成長率が年平均9.3％だったのに比べると,大幅に低下しました.

こうした中で,資金循環の観点から見ると,資金不足の経済主体に変化がみられました.1章2(3)でもお話ししたように,個人部門の貯蓄率が10％前後の高水準を続けるなか,企業部門の資金不足幅が大きく低下したのです.経済の成長率が鈍化する中で,減価償却で賄える設備投資の割合が高まったほか,自己資本の蓄積等が進んで借入金に頼らなくても良くなった面もあるでしょう.

これに対し,オイルショック後に資金不足幅を拡大したのが中央政府です.景気回復を図るために,財政赤字を拡大させたのです.貯蓄投資バランスの観点からみると,企業部門の資金不足が縮小した分を,中央政府の資金不足幅の拡大で穴埋めしたことを意味しています.

また,この時期には,日本経済の実力について自信を持つ見方が増えてきたことも,大きな特徴です.確かにオイルショックの時には,国内物価の大幅な上昇が生じ,必ずしも政策運営がうまくいかなかったとの反省がありました.特に,経済学者の間では"日本銀行がマネーサプライの動きに注目した金融政策を行わなかったのがいけなかった"という批判が強くみられました.他方,1979年頃の第二次石油危機では,"1回目の教訓から学んで,日本経済のパ

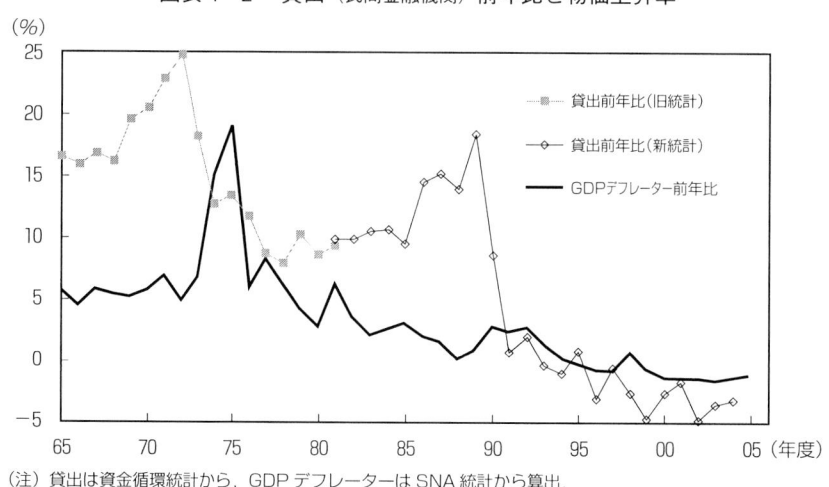

図表4-2　貸出(民間金融機関)前年比と物価上昇率

(注)貸出は資金循環統計から,GDPデフレーターはSNA統計から算出.

フォーマンスは良かった"という評価が一般的でした．アメリカを始め，多くの国が「不況下のインフレーション」(当時，スタグフレーションと呼ばれました)に苦しむ中，"日本経済は他の先進国に比べて相対的に高い成長と物価の安定を達成している"と評価されたのです．

　物価の指標としてよく使われるものに，①企業物価指数，②消費者物価指数，③GDPデフレーターの3つがあります．この中で，経済全体についてバランスよく加重平均しているといわれていた③を，**図表4-2**では，太い実線で示しています．オイルショック後の1975年には，前年比20％近い物価上昇率を記録していますが，その後は低下傾向を辿っています．当時の先進国の中で，物価，成長率とも好成績であった日本や西ドイツが世界の景気を引っ張るべきだとの議論も1977年のサミットの頃に聞かれたほどです．

(2) 国債の大量発行

　こうした状況下，日本だけがいつまでも競争制限的な金融制度を維持することは好ましくない，という考え方がオイルショック後に広がっていきました．以下では，第1のコクサイ化である国債化の具体的な背景をみていくこととしましょう．

　高度成長期の日本の財政政策は，1947年に成立した財政法により，均衡財政を取ることが規定されていました．それには，歴史的な経緯があります．1927年の金融恐慌（銀行の破綻が相次ぎました）や1930年の金解禁（1ドル＝約2円という第一次世界大戦前の平価で金本位制に戻りました）による深刻なデフレのあと，日本経済は高橋是清蔵相の積極的な財政支出拡大策や円安容認（1931年に金本位制度から離脱して円安を認めました）により，デフレ経済を抜け出ることができました．高橋蔵相自身は，景気が本格回復した後には財政赤字を縮小させる方針であったといわれていますが，予算カットを嫌う軍部の反発などもあって1936年の2・26事件で暗殺されてしまいました．その後，戦時経済への移行もあって，財政赤字は拡大を続け，それが戦中・戦後の大規模なインフレにつながったのです．こうしたインフレで折角の金融資産を失った人が少なくないうえ，戦時補償債務の打ち切りも行われたことから，政府に対する不信感があったともいわれています．こうした苦い経験を踏まえ，戦後すぐから高度成長期にかけては，「財政赤字は良くない」という国民感情が強かったのです．

　このほか，年率10％前後の高度成長に伴って税収が急激に増加したことから，

財政支出を多少拡大しても財政赤字になることはなかったという側面もありました．

しかしながら，東京オリンピックの翌年（1965年）の不況時には，税収が見込みを下回ったため，国債を発行せざるを得なくなりました．その頃に，「建設国債」という財政法上の便法も考え出され，財政赤字に対するアレルギーが薄らぎました．その後も石油危機などで不況が生じるたびに経済対策が実施され，国債の発行が長く続くことになります．当初は，国債発行を抑制して，不景気を甘んじて受けようという見方もありました（安定成長論を唱えた福田元首相も一例）が，それでは犠牲が大きすぎるとして，積極財政を進める動きが最終的に勝ちました．この結果，国債残高は急速に拡大していったのです．

こうした国債発行の動きをみたのが，**図表4-3**です．太い折れ線グラフが各年度末の国債の残高（右目盛）です．これに対し，最大の資金余剰主体である個人（1980年以降は推計のベースが変更されて家計）の金融資産（これは左目盛）がどのように推移したかを併せて記しています．この時期には，個人がどんどん国債を買っていたわけではありませんが，個人部門から資金調達をした銀行や保険会社が国債を買っていました．このため，間接的には個人が国債を買っていたとみることができます．金融資産のグラフの伸びと，国債のグラフの伸び

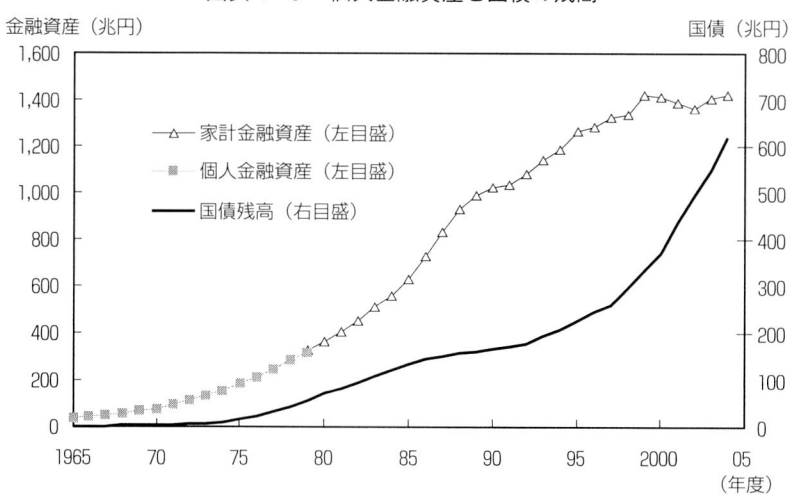

図表4-3　個人金融資産と国債の残高

(注) データ（資金循環統計と普通国債の残高）は日本銀行のホームページによる．

をよくみると，個人や家計の金融資産全体の伸びよりも国債の伸びのほうが概して高かったことが，オイルショック後の時期の大きな特徴です．

1975年頃までは，国債や金融資産の絶対額が相対的に小さかったため，国債発行のインパクトが良く分からないかもしれません．そこで，両者の比率をみてみると，国債発行の影響度が分かりやすくなります．**図表4-4**で示したとおり，1970年頃には，個人部門の金融資産の規模に比べて，国債の残高は5％もなかったのですが，オイルショック後にはこの比率は急速に拡大し，一時は個人部門の金融資産の2割を超える水準にまで上昇しています．国債残高は，近年と比べるとまだまだ小さかったのですが，当時としては大変に大きな残高だと認識されていたのです．

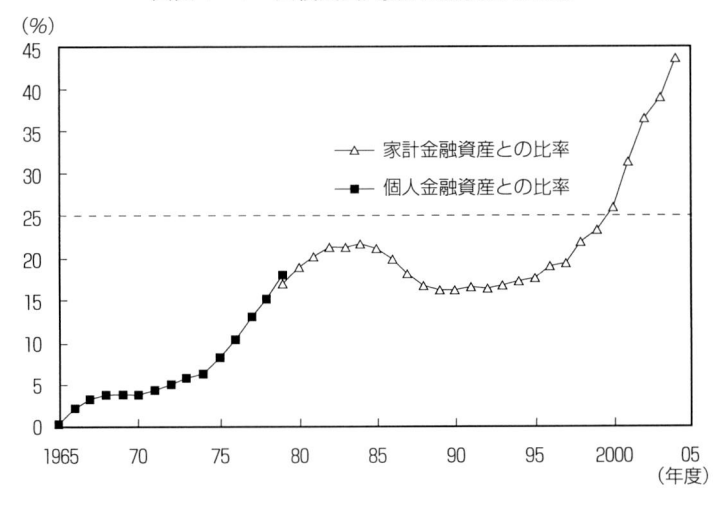

図表4-4　国債残高/家計金融資産の推移

これだけ大量の国債が発行されると，金融市場にもいろいろな影響が出てきました．高度成長期には，大蔵省の言うことに黙って従っていた民間金融機関も，膨大な国債を購入することを通じて，発言力を高めてきたのです．また，いったん国債を引き受けると満期（当時は10年ものが一般的）まで保有しなければならないとすれば，金融機関としては国債を購入する意欲を失いかねないため，**国債の流通市場を整備**することになりました．

こうした事情で国債の流通市場が整備されてくると，業態別に細分化されていた預金などの**金融商品**と**国債が競合**する局面が出てきました．たとえば，長

期国債10年ものも,時間がたてば満期までの期間が短くなります.残存期間が5年になると,5年物の金融債と条件が近くなります.さらに期間が短くなり満期まで1年となれば,1年もの定期預金と条件が近くなります.国債の金利が流通市場の中で自由に動く一方,預金金利や金融債の発行金利を人為的に低く抑えること(規制金利を続けること)や,銀行業務と証券業務を厳格に分けることは,次第に困難になってきたのです.

業態の垣根を低くした典型的な事例として,1983年から始まった国債の窓口販売を挙げることができます.銀行からすると,大量の国債を引き受けて保有し続けることには,価格変動のリスクがあるので,顧客である個人に直接国債を売ることを制度的に認めて欲しい,という要望が強まったのです.当時は,会計上,国債の市場価格が下がった場合には,帳簿価格を引き下げて損を計上するという低価法を採用する銀行が少なくなく,決算対策上,大量の国債を抱えることが負担だったためです.そこで,自らの持分を長期のリスクを取ろうとする個人投資家に売ることにより,自身のリスクを軽減しようと考えたのです.**本章1(2)**でもお話ししたとおり,当時は証券取引法第65条により,銀行業務と証券業務は厳格に分けられていましたので,その垣根を低くしようとする動きだったといえます.金融実務上は,1982年に施行された改正銀行法で,窓口販売が銀行の付随業務として認められ,翌年から実施されました.

また,銀行は,国債の窓口販売だけでなく,国債のディーリング業務を行うことも,少し後の1984年に認められました.これも,銀行と証券の分離を弱める1つの動きであったといえます.経済環境の大きな変化と経済メカニズムの働きが,古い金融制度を変える大きな要因となったのです.制度を知るだけでなく,経済学を学ぶ必要があるという典型的な事例です.

(3) 国際化の進展

次に,2つ目のコクサイ化である国際化の動きについても説明していきましょう.

高度成長期に,日本の製造業は国際競争力をつけました.海外での販売に成功し,輸出企業として知られるようになった企業もたくさん現れました.こうした企業は海外でも優良企業として認められ,有利なレートで海外から資金を調達できるようになりました.そうしたところでは,国内からの銀行借入を抑制する動きもみられました.この結果,有力な製造業からの資金需要が減り,

国内の金融業の競争力の低さが認識されるようになりました．競争力を強化するためには，金利などに関する規制を緩和し，市場原理を導入すべきだとの考えも強まったのです．

また，日本の金融機関自身が，取引先製造業等の海外進出に伴って，積極的に海外に進出していったのも，この時代の特徴です．大手行（都銀，長信銀，信託）や大手証券のみならず，地方銀行や共同組織金融機関の上部機関などが，競って海外に進出しました．海外に出てみると，日本に比べて金融に関する各種規制が少なく，自由度が高いことに気がついた金融機関も多くみられました．そこで，国内で行うと金利面などの各種規制に服さざるを得なかった取引を，海外で行うことにより，自由度の高い取引を行う手法が広がりました．国際金融取引を用いて国内の規制を回避しようとしたのです．

このうち，よく知られているものが，ユーロ円の取引です．今では，「ユーロ」といいますと，EUの通貨統合に伴って1999年に導入された新通貨の名称を思い浮かべる人が多いでしょうが，この時代にはまだ新通貨はありません．各通貨の母国の外で保有されていて，保有国からすると外貨である預金を，「ユーロ預金」と呼ぶ国際金融用語があるのです．色々な通貨建てで取引されたユーロ預金のうち，円建てで保有されたものが「ユーロ円」です．ロンドン，ニューヨーク，香港，シンガポールなどで取引されている中で，中心的な市場はロンドンにありました．こうした国々では，母国の国内規制を受けない市場として，ユーロ預金の市場が発達したのです．

海外から，日本国内の金融面での各種規制に対して，批判的な目が向けられるようになったのも，この頃の特徴です．海外では，"低い金利で調達した国内の資金を持って海外にどんどん進出してくる日本の金融機関はアンフェアだ"との見方も強くみられました．日本が経済小国であった時代には見逃して貰えた一方的な海外進出が，大幅な国際収支の黒字を記録していた1980年代の前半には，国際的に問題視されるようになったのです．たとえば，1984年に出された「**日米円ドル委員会報告書**」では，日本の金融・資本市場の自由化を進めることを求めていました．この報告書と同時に大蔵省から「**金融の自由化及び国際化についての現状と展望**」という文書が出され，その後の日本の金融自由化の流れを作ったことも重要です．

なお，こうした金融の自由化に先立って，「外国為替及び外国貿易管理法」（通称「外為法」）が1979年に改正されたことも重要です．内外の経済活動・金融活

動を遮断する上で，外為法が果たした役割が大きかったからです．戦後の日本の為替管理は，「原則禁止で例外的に認める」という姿勢にありました．それを逆転して，「原則は自由で例外的に重要なものは規制する」というかたちに改めたのです（施行は1980年）．資本取引については，主務大臣の許可や届出を要するものがかなり残ったため，完全な自由化という訳ではなかったのですが，かつてよりも自由に取引できる分野が大幅に増えました．金融面での自由化を促進する1つの契機となったといえます．

(4) 預金金利の自由化

こうした2つのコクサイ化の影響を受けて，日本でも金融の自由化が始まりました．「金融の自由化」というと，いろいろな側面がありますが，まず手をつけたのが預金金利の自由化です．業態間の相互乗り入れの動きもみられましたが，国債の大量発行に伴う銀行の窓口販売やディーリングの自由化などの限定的なものにとどまっていました．

金利が自由な商品としては，戦後になって自然発生的に始まり1976年から行政からも認知されるようになった現先取引が挙げられます．債券を売り戻し条件付で買う，あるいは買い戻し条件付きで売る，という取引です．ただし，正確にいえば預金のカテゴリーには入りません．

預金の中で，自由に金利を設定してよいことになった最初の金融商品は，1979年に導入された譲渡性預金です（CD＜certificates of deposit＞，NCD＜negotiable CD＞と呼ばれることもあります）．マネーサプライの重要な指標の1つに，「Ｍ２＋CD」という項目がありましたが，そのCDとは譲渡性預金のことです．CDも導入当初は5億円以上の金額でなければ発行できなかったため，個人にとってはなかなか手が出せなかったのですが，金利が自由という意味では，画期的な金融商品だったのです．

次に金利が自由化されたのが，大口定期預金です．1985年に導入されたときには，10億円以上という条件が付いていました．

このように，自由な金利をつけてもよいとされた預金は，「自由金利預金」と呼ばれていました．法律上は，**本章1(4)**でお話しした臨時金利調整法で上限を定める預金の対象外，という扱いとなっていました．これに対し，通常の預金は，同法で上限を定められていたので，「規制金利預金」と呼ばれていました．自由金利預金と規制金利預金が並存していたのが，CD導入後の日本の金

融業の過渡的な姿だったのです．

　最初は大口の預金に限って導入された自由金利預金も，最低預入額を順次引き下げることで，対象を広げていきました．たとえば，大口定期預金の最低預入額は，1985年10月：10億円→86/4月：5億円→86/10月：3億円→87/4月：1億円→88/4月：5000万円→88/11月：3000万円→89/4月：2000万円→89/10月：1000万円といった具合に引き下げられたのです．このように，段階的に自由金利預金の範囲を拡大して行ったのは，当時の預金金利自由化の特徴だったといえるでしょう．

　銀行経営に与えたインパクトという観点から見ると，預金金利の自由化は，段階的に行われたこともあって，ただちに経営に大きく影響するものではありませんでした．しかしながら，当時の銀行のビジネスモデルの前提であった"安定的な利ざや（貸出金利—預金金利）による収益確保"が次第に難しくなっていった側面は否めません．もっとも，こうした変化は緩やかに進行したため，目先の収益を重視する銀行は，環境変化について多少の認識はあったものの，結果的にはさほど重視しなかったのです．

(5) ボリューム重視の金融機関経営

　当時の銀行経営者は，貸出や預金の規模を拡大することによって収益を上げようと躍起になっていました．都銀は都銀間で，地銀は地銀間で，といったかたちで，激しい規模拡大競争が行われたのです．各業態の金融機関とも，業態内での自社の各種ランキングにこだわっていました．特定の期間の平均的な預金や貸出の残高を平均残高（略して「平残」），特定の時期（たとえば3月末）の残高を○○末残高（略して「末残」）といいますが，その平残と末残が大きく違う金融機関がたくさんみられました．当時，金融の世界では，末残と平残の違いを「末平乖離」と呼んでいましたが，この乖離の大きい金融機関は，業態内での順位などを過剰に意識していたものといえましょう．

　こうしたランキング競争の対象はいくつかありましたが，とくに預金残高，貸出残高，収益額が注目されていました．こうした競争が激しくなると，常軌を逸した行動もみられました．たとえば，預金の規模であれば，ランキングの対象になるのは主として3月末残高でしたので，3月の終わりに親密な取引先に一時的な預金を依頼し，4月に入ってから解約してもらう，という取引がかなり広く行われていました．今から思えば，なんとも馬鹿馬鹿しいことですが，

こういうことに全力を注ぐことが，当時の金融界の常識だったのです．

　銀行等が量にこだわった背景の1つとして，利ざやの縮小が緩やかであったため，規制金利下で量的拡大により収益を上げていくという過去の成功体験から決別できなかったことが挙げられます．本来ならば，金利の自由化によって利ざやが縮小しますので，量の拡大だけでは収益の最大化ができない筈だったのですが，銀行の意識改革が進まなかったのです．

　金融自由化が進められる中で，**本章**1(5)でお話しした日本銀行の窓口指導もだんだん緩められていきました．主要銀行間の野放図な貸出競争を抑制してきた窓口指導が緩和されたことは，銀行の競争意識を煽った側面があります．本来は新しい環境下で改められる必要があったボリューム重視の経営姿勢が継続されてしまったのです．

(6) 銀行の審査機能の弱体化

　収益や預金・貸出の規模を巡る競争が激化するなか，貸出のブレーキ役を務める審査部門は，銀行の組織中で次第にお荷物視されるようになりました．本来，銀行等の審査部門とは，貸出プロジェクトの収益性や借り手の経営の安定性などを確認して，貸出の安全性や収益性を判断する重要なセクションであり，各銀行等の知恵や経験が詰まった重要セクションのはずです．ところが，"難しい審査をしなくても，土地担保さえとっておけば貸倒が発生する心配はない"などという安易な風潮が強まって行ったのです．この結果，銀行等がせっかく蓄えた審査ノウハウが十分伝承されなくなりました．

　さらに，こうした風潮が広がる中で貸出競争が激しくなったため，貸出のアクセル役を務める融資部門の発言権が強まり，組織改革によって，審査部門を融資部門の中に吸収する銀行等も現れました．かつては審査部門の長と融資部門の長は独立していて，いずれも他方の部署の行き過ぎがあれば抑えようとしました．アクセルとブレーキは独立していて，初めて役に立つものです．それなのに，融資部門の中に審査室などのかたちで審査部門を取り込むと，審査室の室長は上司である融資部門の長に遠慮して，ブレーキとしての機能を十分果たさなくなりがちです．ブレーキなしの車では，スピードをコントロールできず，危険が高まります．こうしたブレーキの効かない金融機関が広がりはじめたのです．

　さらに，この時期，**本章**1(1)でお話しした土地神話が強まってきました．列

島改造ブームのあと，一時的に下落した地価が，その後短期間で上昇基調に復帰したことも，土地神話を高める要因の1つとなりました．こうした土地神話に対する過信と安住により，銀行自身は審査ノウハウを一段と低下させていったのです．また，土地の値段が上昇傾向にあることを理由に，担保となる不動産の担保掛け目（**本章1(1)を参照**）を引き上げる金融機関が増えてきました．それまでは6〜7割程度の掛け目が普通だったのに，8割とか9割という高い掛け目を設定する銀行等も出てきました．銀行等の信用リスクの抑制策が，次第におろそかになってきたのです．

3　バブルの発生

オイルショック後に金融・経済環境が大きく変化する中で，金融自由化が徐々に進みました．さらに，1980年代後半になると，日本経済は地価や株価などの急激な上昇を経験しました．本節では，なぜこうしたバブルが発生したのかについて説明していきます．

(1)　バブル期の時代的背景

一般にバブルといわれるのは，1986年頃から1990年頃までです．この時期の時代背景をみると，① 金利が低かったこと（公定歩合は当時としては史上最低の2.5%が長く続きました），② 急速な円高を経験したこと（当時としては戦後最高の1ドル120円台を記録しました）が特徴です．**図表4-5**のうち，階段状になっている太い線が公定歩合の推移を，ぎざぎざの細い線が円ドル相場の動きを示しています．

円ドル相場は，1ドル何円というかたちで示しているため，グラフが下にあるほど円高（ドル安）であることに注意してください．**図表4-5**の左端の1970年当時，1ドル＝360円であったのに，バブル期には一時120円近くになりました．約15年で，円の対ドル価値は3倍近くに上昇した訳です．輸出企業にとって，この円高がいかに深刻であったか，皆さんも容易に想像できるでしょう．

このような急激な円高が進んだにもかかわらず，バブルの時期には日本の経常収支（モノ，サービス，利息，所得移転などの収支）の黒字が継続しました．湾岸戦争の関係で黒字幅が異様に低くなった1990年度でも5.6兆円，その他の年度は8.9〜14.9兆円で推移していました．当時は，"日本の経常収支の黒字が世界の経常収支不均衡の大きな要因だ"として，国際的にも問題視されていました．

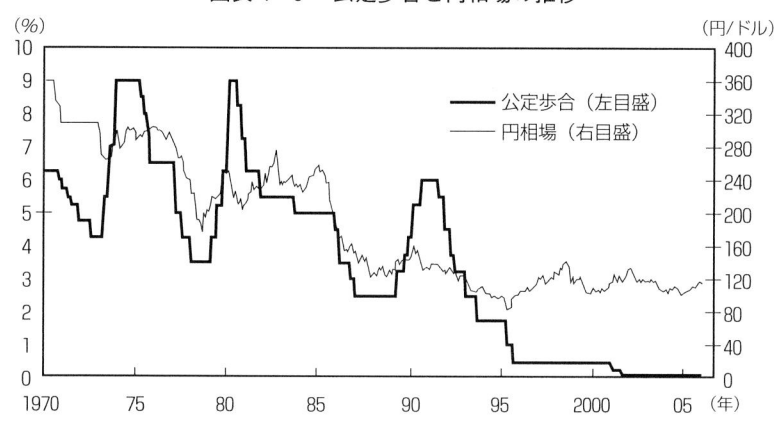

図表4-5 公定歩合と円相場の推移

　日本が外国との取引で大幅な経常収支の黒字を記録していた一方で，当時，対外取引で大幅な経常収支の赤字を記録していたのが米国でした．米国では，1980年代にレーガン大統領が「サプライサイド経済学」を重視した経済政策を行い，減税を先行させる大胆な経済改革を進めていました．他方，米国の中央銀行は，物価の上昇を抑制するために，金利を非常に高く設定していました．こうした状況下，米国では財政赤字と経常収支の大幅赤字を記録し，大きな問題となっていました．マクロ経済の貯蓄投資バランスからみますと，米国では日本と違って民間部門の貯蓄超過幅が小さいため，財政赤字が拡大すれば海外部門から貯蓄を調達する（すなわち米国の経常収支の赤字）しかないので，双子の赤字が発生するのは当たり前だといえます．しかるに，当時の米国では，"日本企業の不公正な取引が経常収支の赤字の元凶である"という論調が強かったのです．

　このため，米国の国内で保護貿易主義的な動きが強まり，自動車，半導体，鉄鋼など様々な工業製品で日米貿易摩擦が生じました．もっとも，国際経済学では，自由貿易は両国にとって有利になるということが知られていますので，米国の政策当局者は，保護貿易主義を求める国内派の声と，自由貿易を擁護する国際派の声の板ばさみとなっていました．こうした中で有力な赤字削減策と考えられたのが，円ドル相場など為替レートの調整による貿易不均衡の是正だったのです．

　その第一弾が1985年9月の**プラザ合意**です．先進5カ国の大蔵大臣・中央銀

行総裁がニューヨークの高級ホテル「プラザ」に集まって，為替市場への大規模協調介入による黒字国通貨（日本円やドイツ・マルクなど）の引き上げ・赤字国通貨（ドル）の引き下げを約束したものです．この合意の結果，1ドル＝240円程度で推移していた円相場は，一気に210円近くにまで上昇しました．

その後も円高は続き，1986年に入るとドルは200円を突破して，夏場には1ドル＝150円台まで上昇しました．こうした急速な円高は，日本の輸出企業にとって大変な重圧となり，不況感が強まりました．その頃の不況は**円高不況**と呼ばれていました．こうした不景気に対応するために，国内では相次いで金利が引き下げられました．国際金融論では，国内金利の引き下げは，自国通貨を保有することの魅力を下げるため，自国通貨安の要因となることが知られています．急速な円高に伴う不況感を解消するとともに，円高の進行を防ぐために，低金融政策が発動されたのです．

これだけ円が高くなれば，標準的な国際金融論の教科書によれば，日本の経常収支黒字が縮小し，円高が止まると考えられていました．しかしながら，日本の輸出企業は，円高にも関わらず輸出を続けました．この理由としては，輸出企業のコスト引き下げ努力や円高差益の恩恵，家計の大幅な貯蓄超過に伴うマクロ経済バランスの圧力，雇用維持のための輸出攻勢，Jカーブ効果の発生など，色々な理由が挙げられます．いずれにしても，経常収支の変動による円高圧力の解消は難しいと認識されるようになりました．そこで，為替相場の安定を図るには，思い切った国際的な政策協調が必要だと考えられるようになりました．

そこで，急速な円高の進行等を止めるために西側の主要国が金融・財政政策面で協調することを約束したのが，1987年2月の**ルーブル合意**です．このときに，日本の公定歩合は，当時史上最低の2.5％に引き下げられました．上記の円高のトラウマや，米国から日本への内需拡大要求継続などから，"経常収支の黒字が続いている間は金利の引き上げが難しいのではないか"という考え方が日本国内では広まっていきました．

また，このように経常収支の黒字が溜まるにつれて，金融面では対外金融資産の蓄積が進みました．これをみて，"日本は債権大国になった"という論調もみられました．これは，対外収支の長期的な推移に関する一種の発展段階説です．"歴史的にみて工業力の強い国は経常収支の黒字が続き，対外的に資金を供給する国となる．そうした国では，一般に金利が低いため，日本でも当面

は低金利の時代が続く"という考え方です．前述の円高不況のトラウマや政策協調論に加え，経常収支の発展段階説等が複合して，"日本の低金利が長く続く"という見方が市場関係者の間で強まりました．

　日本経済は1986年秋に円高不況を克服して景気の回復局面に入りました．その後も，国内物価が安定していたこともあって，日本銀行にとって，金利を引き上げる理由がなかなかみつからなかったのです．ルーブル合意後，為替相場が比較的安定していたため，異常に低いと思われていた金利を引き上げるべきだとの声も出ていましたが，それに冷水を浴びせたのが，1987年10月のブラックマンデーでした．10月19日の1日だけで，米国の株価は508ドル（22.6％）も下がり，大恐慌時の株価下落幅を大きく上回りました．こうした史上最大の株価値下がりは，世界各国にも伝播し，当時上昇一本やりだった東京市場でも株価は一時大きく下落しました．金利の上昇は，2章4(3)ⅰ）でお話ししたとおり株価の下落要因ですので，とても日本の金利を引き上げられるような雰囲気ではなくなったのです．

　私は当時米国に留学していて，ブラックマンデーを目の当たりにしました．その日の米国の株式市場は大混乱に陥り，連日株価がニュースの上位を占めていました．幸い，翌日には買戻しが入り，大恐慌は再来しなかったのですが，"いつ値下がりするか分からない"という不安は暫く消えなかったのです．今から思えば，日本の金利をもっと早い時期に引き上げていれば，日本のバブルの拡大を防げたかも知れないのですが，いくつもの偶然が重なって，なかなか実現できなかったのです．

(2) **地価の急激な上昇**

　株や土地のように収益の得られる資産の価格は，2章4(3)ⅰ）でお話ししたとおり，金利の見通しと得られる収益によって影響されます．金利が低くなると資産の価格は上昇しますので，バブル期には資産価格が上昇しやすい地合いにありました．しかし，それだけでは説明できない現象もみられました．とくに，地価については大きな特徴がみられます．以下では，そのメカニズムについてみていきましょう．

　日本の地価は，バブル期に全国で一斉に急騰した訳ではありません．まず，首都圏で地価が上昇し始め，それが全国に広がっていったのです．これを示したのが**図表4-6**です．太線で示した東京圏でまず値上がりし，次いで大阪圏，

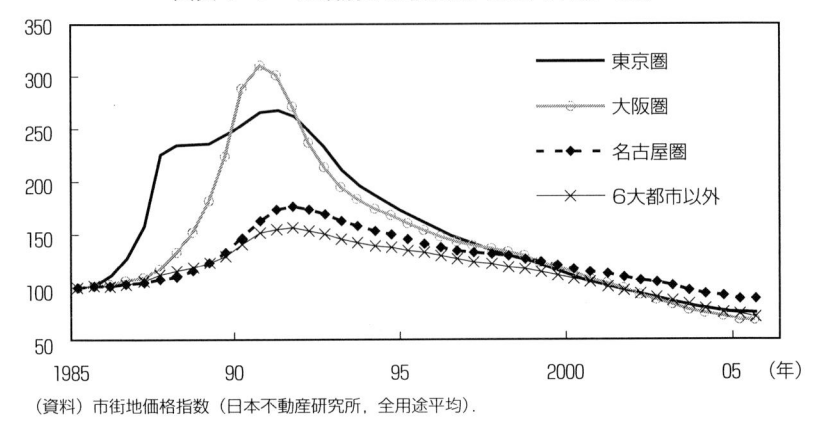

図表4-6　地域別の地価変動（1985/3月末＝100）

（資料）市街地価格指数（日本不動産研究所，全用途平均）．

さらに名古屋圏に波及していった様子が窺えます．ピーク時の地価は1985年3月末と比べて，6大都市以外では1.5倍余りだったのに対し，東京圏と大阪圏は3倍前後，名古屋圏は1.8倍弱となっていました．

首都圏で地価が上昇し始めた要因としてよく指摘されるのは，国土庁（当時）が1985年に，「東京のオフィスビルが大幅に不足する」という試算結果を出したことです．金融面などで東京が国際センターになるという見方も強く，オフィスビルなどに対する不足感が急速に強まったのです．この結果，東京の地価が急上昇しました．

大阪圏では，バブル当初はさほど地価が上がらず，「東京との格差が広がるだけだ」といわれていましたが，東京での成功体験を真似る動きが出てきたことや，「関西国際空港が完成することで利便性が増す」といった見方が強まったことから，1988年頃になって急速に上昇していきました．東京圏が頭打ちとなってからも大阪圏では上昇を続けました．当時，私は大阪で勤務していて大阪圏の急速な地価上昇を目の当たりにし，「バブルの可能性がある」と警告していましたが，今から思えば気楽なことに「大阪でもようやく土地が値上がりし始めた」といって喜ぶ人が少なくなかったことが強く印象に残っています．

なお，名古屋圏や6大都市以外でも値上がりしましたが，東京圏や大阪圏に比べて上昇幅はずっと小さかったのが特徴です．

こうした地価上昇の過程で，土地神話が一層強まりました．土地の所有者は，

土地が値上がりすると思って土地を売り惜しみました．また，何かの事情で土地が売りに出されれば，当面使うあてのない人も買いに殺到しました．値上がり益を目的に，短期的に土地を所有する動きが広がり，転売を繰り返すうちに地価が急上昇するような現象も東京圏，大阪圏を中心に広がりました．そうした手法は，当時「土地転がし」と呼ばれ，一種の不労所得として，否定的に受け取られていました．

地価が上昇すれば，土地の資産価値が上がるため，土地の所有者はより多額の資金を調達できるようになりました．当時は，「地上げ屋」と呼ばれる人々が活発に動き回り，小規模な土地を買い集めては一まとまりの土地とし，大規模な商業ビルなどを建てようとしていました．これらの中にはかなり強引な動きもあり，闇の勢力がまぎれ込んで暗躍したともいわれています．まとまった土地が手に入れば，容積率などを高くすることができる日本の制度を利用しようとしたものです．

経営破綻した百貨店「そごう」，スーパー「マイカル」や，産業再生機構の支援を受けて経営再建中のスーパー「ダイエー」なども，一等地に大規模な店舗を構え，"土地の値上がりによって資金調達力を高め，それを担保に借金を増やして新たな出店を行う"という手法を繰り返していました．こうした流通業者は，今から思えば，バブルに踊った業者の1つだったと考えられます．

地価は都市部で上昇しただけではなく，地方でも上昇しました．たとえば，山の中の林がゴルフ場に姿を変え，ゴルフ会員権が高値で取引されたことも少なくありません．1987年6月に，貿易摩擦・過疎問題・農政問題などを解決する方策として立案された「総合地域整備法」(リゾート法と呼ばれました)が施行され，テーマパーク，リゾートホテルやゴルフ場などが大量に作られました．これらのうち，今日では不良債権となったものも少なくないのです．

(3) 株価の急激な上昇

バブル期には，土地だけではなく株価も大幅に上昇しました．この時期には，「財テク」がブームとなり，機関投資家や有力企業だけではなく，個人も積極的に株式に投資していたのが特徴です．

株価の経済理論的な価格としては，2章4(3)iでお話ししたとおり，将来の配当流列の割引現在価値と考えられています．株価をS，期末配当をd，割引率(≒金利と考えられます)をrとすると，配当の成長がない場合には，

$$S = d/r$$

と表すことができます.

　金利が5％の時,株価 S は配当 d の20倍ということになりますが,金利が2.5％に下がれば,株価 S は配当 d の40倍になります.低金利が続くという予想が強まると,株価が上昇することになります.

　設備投資の理論の中に,「トービンの q」という考え方があります.イェール大学のトービン先生が指摘したことは,「企業家は,新たに設備投資をするのと既存の設備を有した企業を買収するのと,どちらが有利か考えて,設備投資を決定するはず」ということです.この考え方からすると,地価が上昇すれば,既存設備を保有する企業の価値が上昇することになります.土地の値上がり分を含んだその会社の資産価値と,株式の時価総額を見比べて（両者の比率が Q レシオと呼ばれました）,時価総額が割安だと判断された会社の株を,証券会社が推奨販売することが当時盛んに行われていました."地価が上昇すれば株価が上がって当然だ"ということで,遊休地をたくさん抱えた企業の株価が急上昇したのです.地価の上昇が確固とした理由に基づいたもので,永続性がある時にはこの考え方でも良かったのでしょう.しかしながら,バブル期の地価上昇は,今から思えば一時的な未実現利益に過ぎず,「取らぬ狸の皮算」だったところに問題がありました.

　なお,日本銀行には,当時異常に低いと考えていた金利を引き上げようとする動きがあり,その地ならしとして1987年夏頃にインターバンク市場の金利を高めに誘導していました.しかし,同年10月のブラックマンデーの発生により,これをやめることになりました.市場参加者が将来の金利が上がると思えば株価は下がる筋合いにあるため,急激な株価下落を防ぐためには,金利を上げるわけにはいかないと考えられたのです.

　この結果,日本の株価は短期間で持ち直しました.世界の株式市場に不安の連鎖が広まるのを防ぐ上で,日本市場がアンカー（錨）として機能したという評価も一頃みられました.低金利が続くなかで日本の株価はその後,上昇の勢いを強めていくことになります.日経平均でみた株価が史上最高となったのは1989年12月末ですが,3万8915円87銭にもなっていました.毎年,年初にエコノミストが株価や景気動向の予測を述べますが,翌年1990年初には,"日経平均株価が4万円を越すのは時間の問題"という人が少なくなく,5万円を超え

ると語った人もいました.

(4) バブルの経済学

バブルの現象は,「期待」という概念を用いれば,経済学の考え方で定式化することができます.

まず,株価については,配当という概念を用いれば,2章4(3)iのとおり企業実態を反映した株価(ファンダメンタルズ価格)を計算することができます.土地や家屋についても,配当の代わりに地代収入や家賃収入などを用いれば,同じような手順でファンダメンタルズを反映した価格を計算することができます.実際の資産価格がファンダメンタルズを反映した資産価格よりも継続的に高くなっていく現象を,経済学ではバブルと呼びます.

バブルは一見すると経済合理的でないようにみえますが,必ずしもそうとはいえません.将来その資産価格が値上がりするという強い期待が生じた場合には,値上がり益が得られる資産を買う人が出てくるからです.預金など元本の保証された資産と,株や土地を持つのと,どちらが得かを考えることも合理的な経済判断なのです.資産の場合は,満期までの途中で換金することもできますので,将来の価格に関する期待の要素が現在の価格にも強く影響するという特徴があります(詳しくはBOX 3を参照).

しかし,その期待が常に正しいとは限りません.すでに2章4(3)iでお話ししたとおり,一口にファンダメンタルズ価格といっても,企業などが成長する場合としない場合では,大きく異なる値となります.たとえば,ある企業の成長が期待されるときには,将来の配当も企業価値も増えると考えられ,その企業の株価は高くなります.実際に,その企業が予想通り成長して配当も企業価値も向上すれば,その株価はファンダメンタルズに即した正しい価格だったことになります.逆に,予想に反してその企業が成長せず,配当も企業価値も向上しなければ,その株価はバブルだったということになります.

日本のバブル期にも,似たような問題が起こりました.日本の地価や株価の上昇は,日本経済や日本の企業の成長力を反映した正しい価格だ,という考え方があったのです.確かに,1980年代には,ビデオの規格のVHS,半導体メモリーをはじめ,日本の製品や規格が世界的に通用していました.それだけでなく,終身雇用制度,年功序列制度,メインバンク制度,官民協調などを含めて,日本的経営が高く評価されていました.日本の経済成長は続き,バラ色の未来

があるという見方も少なくなかったのです．

　私が1986～88年の2年間，米国のイェール大学大学院で経済学を学んでいたとき，同級生には優秀なアジア人がたくさんいました．韓国，台湾，中国，シンガポールなどから来た人たちです．そうした人たちの勤勉さや能力の高さをみていると，とても日本経済だけが1980年代のような一人勝ちの状態を続けることはできない，と確信するようになりました．そこで，バブルのまっさいちゅうの1988年に日本に戻ってきた後，「現在の日本経済は典型的なバブル経済であり，土地や株など資産価格の上昇は続かない」と色々な知り合いに注意しました．私に限らず，バブルの経済学を理解した人は，同様の警告をしていました．しかしながら，土地神話や成長神話が強かった時代だったためか，世間では賛同はおろかほとんど理解さえされなかったのです．当時の日本社会で，経済学や世界経済に対する理解が薄かったことを今でも非常に残念に思っています．皆さんも経済学の論理を，決して馬鹿にしてはいけません．

　世界史をひもとくと，1980年代後半の日本に限らず，バブルを経験したエリアはたくさんあります．たとえば，バブルの語源になったといわれるSouth-Sea Bubble（日本語では「南海の泡沫事件」といいます）は，1720年に英国で発生しています．南海会社の株価が半年くらいで数倍に跳ね上がった後，急落したもので，万有引力の発見などで有名なニュートンも大きな損失を被ったといわれています．また，1630年代のオランダでは，チューリップの球根への投機が高まり，球根1つで馬付きの馬車を買えたといわれていますが，その価格は1637年に暴落しています．同じオランダでは，約100年後に，今度はヒアシンスの球根で同様の投機が発生し，その後に暴落しています．

　1920年代のアメリカにおいても，フロリダの土地ブームとその崩壊，空前の株式ブームとその崩壊を経験しています．この後，1930年代のアメリカでは，かの有名な「大恐慌」を経験することになりました．戦前の日本でも，第一次世界大戦（1914～18年）の直後に，一種のバブルが起こり，1920年頃の景気反転に伴って発生した不良債権問題で苦しい時期を経験しています．人間というものは，バブルの苦い経験を積んだ世代が入れ替わって何代かたつと，性懲りもなく同じことを繰り返すのかも知れません．

(5) 金融機関経営を巡る環境変化と対応策

　バブル期には，金融機関経営に大きな影響を及ぼす変化がみられました．そ

れまで大口の資金需要者であった製造業が,あまり借入をしなくなったのです.その背景としては,自己資金が充実してきたこと,無借金経営が広がったこと(有名なところでは,トヨタや松下電器が挙げられます),有力製造業者が内外で容易に起債できるようになったこと,などが挙げられます.製造業は,銀行にとって長い付き合いがあり,手形の利用状況で経営の変化をみるなど,モニタリングのノウハウを蓄積してきた業種でした.こうした業種への貸出のウェイトが低下したことは,銀行経営のリスクを高めた面があったことも指摘できます.

このように製造業への貸出が伸び悩む一方で,ウェイトを高めたのが非製造業への貸出です.当時は「ノンバンク・建設・不動産からの資金需要が旺盛だ」という話をいつも聞いていました.ノンバンクのうち,消費者金融については,あまり不良債権が問題となることはなかったのですが,他の業者はその後問題となったところが多いのも大きな特徴です.銀行等は,これらの業種への貸出ノウハウをさして持っていなかったのですが,土地の担保があるなどの理由で安易に貸し出していた面も否めないところです.**本章2(6)**でお話しした金融機関の審査体制の弱体化が進んだのです.地価が急上昇している地域では,担保掛け目が10割を超える銀行もあったといわれています.

この時期,ある都市銀行の頭取が「向こう傷を問わない」銀行経営を行ったことも有名になりました.従来の銀行は,減点主義の人事が一般的で,いくらその銀行に貢献しても,少しでも失敗すれば,その後に不遇な職場人生を送る人が少なくなかったのです.これに対し,多少の失敗(向こう傷)は気にせず,銀行への貢献を求めたもので,画期的な発想とされていました.この方針は,その銀行の積極的な行動につながり,当時は「攻めの経営だ」という肯定的な評価が行われていました.しかしながら,今から思えば,銀行行動の慎重さを失わせるきっかけとなったマイナスの側面も大きかったのです.

(6) 日本の銀行の高い格付

当時の日本の金融機関に対する評価は,海外の格付け機関も含めて,非常に高かったのも1つの特徴です.たとえば,メインバンク制に伴って取引先と株式持合いをしていたため,取引先の株価の上昇につれて,大きな含み益を抱えていました.また,貸出については,不動産の担保をつけることが多かったため,ロスが発生する確率は低いと見られていました.護送船団行政に対する信頼感も高かったようです.

今では信じられないことですが，長信銀2行の格付けの平均はトリプルAの1つ手前のAA＋，都銀8行の平均がトリプルAの2つ手前のAAクラスだったのです．格付け会社がいうことも，当てにならないことがあるという良い例です．このように高い格付けに伴って，日本の銀行は海外市場で有利な条件の資金調達を行うことができました．安い金利で借りて，高い金利で貸すことができたのです．このほか，国内企業の海外進出についていく必要もあって，日本の銀行は海外業務を拡大していきました．折からの各種の対外資本流出規制の緩和・撤廃もあって，日本の金融機関は積極的に海外に進出し，対外資産を急速に膨らませていきました．たとえば，ドーバー海峡の下をくぐるユーロトンネルについては，日本の銀行の貸出が大きなウェイトを占めていたほか，米国やアジアでも大口の貸出を行っていました．

こうした日本の民間銀行の積極的な海外進出は，海外の銀行からは脅威という目でみられていました．当時は，日本の民間銀行の目立ちすぎに対して，オーバープレゼンスという批判がありました．日本の銀行は，大して自己資本を持っていないくせに，土地や株の含み益に乗じて不公正に規模を拡大している，という批判です．

こうした中，国際決済銀行(BIS)が中心となって作られたバーゼル委員会で，金融監督当局間の国際的な議論が行われました．日本からは大蔵省と日本銀行が参加しました．同委員会では，「銀行が抱える各種のリスクを吸収するバッファーは，結局は自己資本ではないか」ということになり，1988年のバーゼル合意で1992年から自己資本比率規制を導入することになりました．信用リスクが現実の損失につながっても，広義の自己資本を銀行等が十分にもっていれば，預金者や海外の取引銀行に迷惑をかける心配はない，という発想に基づいたものです．なお，この規制について，日本ではよく「BIS規制」と呼ばれますが，実はBISに規制の権限がある訳では全くありません．BISは，スイスのバーゼルにある国際的な金融機関で，もともとは第一次世界大戦後のドイツの戦後補償金の円滑な処理を行うことを主たる目的としていましたが，第二次世界大戦後は世界の主要国の中央銀行や銀行監督当局の議論の場となっています．国際金融への悪い影響を排除するという観点から，BISの本部に「バーゼル銀行監督委員会」が設けられ，合意が成立したものです．各国の銀行監督当局が，共通の目的に従って国際的に合意して実施している規制が自己資本比率規制である，という点を正しく理解しましょう．

この自己資本比率規制は，銀行の広義の自己資本とリスクを抱えた資産額を比較し，その比率（自己資本比率＝広義自己資本/リスクアセット）を８％以上にしようということから始まりました．３年間の経過措置を経て，日本では1993年３月から国際的な銀行業務を営む金融機関に適用されています．

　この規制のうち，分子にあたる広義自己資本の中に何を入れるのか，分母にあたるリスクアセットは何とすべきか，ということが当時大きな問題となりました．日本の監督当局は"株式など有価証券の含み益の最高45％までを自己資本に含めてよい"というローカルルールを適用することを主張し，日本ではこの方式を採用することになりました．当時は，欧米の銀行に比べて自己資本の薄い日本の金融機関を救済するための措置と考えられていました．定義は若干異なりますが，当時の都市銀行の自己資本は期末資産残高の３％にも満たなかったのですから，有価証券含み益は大きな位置を占めていました．もっとも，導入後に期末の株価変動で銀行経営が振り回されることになったという意味では，やや問題のある方式であったともいえます．

　なお，自己資本比率規制については，現行規制の不具合などを大幅に改訂した新規制（バーゼルⅡとも呼ばれます）を導入することで新たな国際合意ができています．日本でも，2006年度末（2007年３月末）から適用されています．この改訂では，事務リスクやシステムリスクを分母に含めること，信用リスクの評価を精緻化することなどが大きな柱となっています．自己資本比率規制は絶えず見直しが進められつつ，進化しているのです．

　自己資本比率規制が導入されたことは，日本の銀行のビジネスモデルに大きなインパクトを与えたといわれています．それまで，日本の銀行は自己資本のことなど気にせずに，担保をとって貸出などの資産規模を拡大していけば，ほぼリスクなしで一定の利鞘を稼ぐことができました．このため，銀行経営者の間では，脇目も振らずに資産規模を拡大することがビジネスの鉄則とされていました（当時，「ボリューム志向」とも呼ばれていました）．これに対して，自己資本比率という制約が課されたことから，分母である資産の動向を見直そうという機運が出てきました．ただ，信用度の高かった銀行では，増資や劣後ローン・劣後債の発行によって自己資本比率の分子側を拡大しようとしたため，せっかくの自己資本比率規制が尻抜けになったとの批判もみられました．

4　バブルの崩壊

　バブル経済は永続せず，1990～91年にかけて資産価格の急落に見舞われました．いわゆるバブルの崩壊という現象が生じたのです．この節では，その背景やメカニズムについて説明していきます．

(1)　時代背景

　バブル期の後期になると，資産バブルに対する世間の見方は，厳しくなりました．土地さえ持っていれば，何の努力もせずに巨額の現金を手に入れられる一方，土地を持っていない人にとっては，家を持つことが益々高嶺の花になったためです．当時は「財テク」という言葉が持て囃され，"財テクをしない人は馬鹿だ"という風潮がある一方で，"努力が報われない社会は良くない"，"不公平は是正すべきだ"という機運が高まりました．

　また，バブルの時期になると，値段の高い商品が飛ぶように売れたことから，それまで落ち着いていた物価も次第に上昇し始めました．オイルショック後の物価上昇の記憶もまだ強かった時代だけに，金利の予防的な引き上げを歓迎する雰囲気が広がっていきました．日本銀行は後述のとおり公定歩合を引き上げていきましたが，その途中段階の1990年8月，イラクによるクウェート侵攻が発生しました．クウェートは，小さいながらも世界有数の石油埋蔵量を持つ国であったため，西側主要国は米国とともにイラクの侵攻を非難して多国籍軍を作り，翌1991年1月にイラクを攻撃しました．イラクの侵攻からこの**湾岸戦争**の停戦協定が結ばれた1991年3月まで，原油価格は高騰したのです．原油価格は，オイルショック時の前年比約3.5倍には及ばないものの，1990年頃も2倍程度に跳ね上がっていました．

　物価上昇懸念に加えて，1990年前後に東西の冷戦が終わったことも世界経済の潮流の大きな変化を意味しました．具体的には，ベルリンの壁の開放（1989年11月），ドイツ統一（1990年10月），ソビエト連邦の崩壊（1991年12月＜独立国家共同体に移行＞）などにより，東側諸国が西側の市場経済に参入してきたのです．東側の諸国は，共産党独裁下で規制が多かったこともあって，参入後直ちに西側の市場経済と太刀打ちすることはできなかったのですが，概して高い教育水準を持ちながら賃金が安かったため，西側諸国の生産基地として脚光を浴びる

こととなりました．また，同じころ，社会主義国の中国でも**改革開放政策**が採られ，外資の導入に積極的になり，本格的な経済成長を開始しました．このように，東側諸国が相次いで西側の経済に参入してきたことは，世界経済の生産力を大きく拡大させる要因となりました．

また，西側諸国の中でも，韓国・台湾・香港・シンガポールのアジアNIESを始め，タイ，マレーシア，インドネシアなど経済的に離陸したアジア諸国が多くみられました．こうした諸国では，自前の工業が発達したほか，日本の製造業がコストの安い海外に工場を移転した結果，工業化が進んだ面もありました．こうした世界経済の環境変化は，高い生産性を武器とする日本経済が，いつまでも一人勝ちできないことを意味していました．バブル期には「足りない」と信じられていた日本の土地も，工場の海外移転や農産物の輸入などにより，間接的に供給される環境に変わりつつあったのです．

このように海外の経済環境が大きく変化する中，国内の景気局面も変わりました．バブル期には，年率4～6％とかなり高い経済成長が実現していたのですが，1990年頃から企業収益が頭打ち・あるいはマイナスに転じはじめ，企業の設備過剰感も強まって設備投資が低調になったのです．このため，ついには経済成長率も鈍化し，1991年度には2.2％，1992年度には1.1％へと減速しました．

(2) 金融面での政策対応

日本銀行は，公定歩合を1989年5月，10月，12月，1990年3月，8月と5回にわたって引き上げました．この結果，公定歩合の水準は，引き上げ開始前の2.5％（当時の史上最低）から1年3カ月で6.0％になりました．この6％という公定歩合は，1991年7月初まで10カ月余にわたって継続されました．

図表4-7は，こうした公定歩合の推移と，長期金利の代表的な指標である10年物長期国債の利回りを重ね合わせたものです．図表4-5と同様，階段状に変化している太線が公定歩合で，長めの時系列のある薄い太線が国債利回りのうち発行利回り，1986年以降のデータしかないぎざぎざの細い線が流通利回りです．流通市場での利回りは発行市場にくらべて振幅が大きいですが，いずれもバブル期に一旦低下した後，公定歩合の引き上げにつれて，上昇したことがわかります．ここで，長期金利は，長期に亘る割引率の代理変数と考えることができる点には，注意してください．

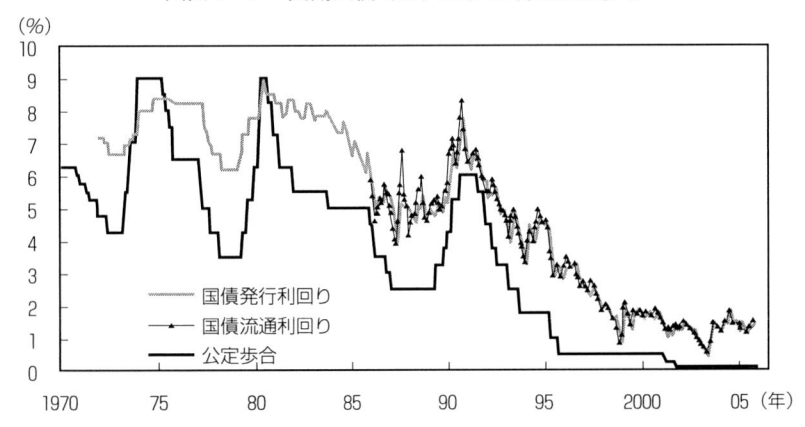

図表4-7　長期国債（10年もの）金利と公定歩合

（グラフ：1970年から2005年までの国債発行利回り、国債流通利回り、公定歩合の推移）

　なお，時々「日本銀行は長期金利を直接動かすことができる」と誤解している人もいますが，これは間違いです．日本銀行が直接動かせるのは，短期金利だけですが，これもマイナスに誘導することはできません．マイナスの金利になるくらいなら，現金で持とうという動きが出てくるためです．長期金利も短期金利と将来の「予想」を通じて関連しているため，全く関係ない訳ではありませんが，将来の短期金利がどうなるかという市場参加者の予想が介在するため，日本銀行が直接コントロールすることはできないのです．仮に，日本銀行が10年間にわたる短期金利の運営方針を公表したとしても，本当に日本銀行がそのように行動するかどうかについて市場参加者が信用しなければ（信認がなければ），長期金利を思い通りには動かすことなどできません．

　金融行政を担当していた大蔵省（当時）も，この時期に強烈なバブル抑制策を採用しました．大蔵省銀行局長が1990年3月，金融機関宛に**不動産融資規制**の通達を出したのです．これは，銀行等の不動産業向け融資の伸び率を，各行の融資総額の伸び率以下に抑えるように行政指導したものです．当時は「総量規制」とも呼ばれました．当時の大蔵省の威光は大変強く，不動産関連融資の伸びは大きく鈍化しました．土地の買い手の資金源を絞る政策の効果は大きく，土地投機家の仮需に基づく転売などは困難になりました．同じような規制は，高度成長末期の列島改造ブームの1973年頃に実施した経験がありました．今から思えばもっと早くこうした規制を導入しておけば，バブルの後遺症が小さくて済んだ可能性もあったのですが，当時は自由化の流れに逆行する規制の強化

には抵抗があり，発動が遅れたといわれています．もし，総量規制がなかったとしても，上がりすぎた土地の値段は継続するはずがありません．早晩，値下がりに転じたでしょうが，そのときには，バブルの傷は今日よりももっと深かったと考えられます．

なお，この規制は地価の下落が鮮明になった1991年末まで続けられました．このときの土地関連融資のなかに住宅金融専門会社（略して住専）を含んでいなかったことが，住専のほとんどが破綻した後で，大きな問題となりました．

日本銀行や大蔵省のこうしたバブル抑制策について，当時は歓迎する声が強かったのが特徴です．たとえば，日本銀行の三重野総裁（当時）は，「平成の鬼平」と呼ばれ，マスコミで賞賛されていました．歴史小説「鬼平犯科帳」の鬼平こと長谷川平蔵のように，バブルという悪の退治をするというイメージだったのです．しかし，バブル崩壊後には，日本に経済困難をもたらした元凶のようにいう人も出てきました．「人の評価というものは大きく振れるものだ」とつくづく思いました．

(3) 「永続性」を欠いていたバブル期の期待

日本のバブル経済はどうして崩壊したのでしょうか．今から思えば，以下の理由が考えられます．

まず，当時の地価や株価がファンダメンタルズからみて高くなりすぎていたことが挙げられます．地価については良い指標がなかなかみつかりませんが，株式については，PERが良い指標と考えられています．PERとはPrice Earnings Ratio（＝株価／1株当たり税引き後利益）のことを指します．1981年には東証1部の平均で20倍程度だったものが，1985年末には35倍，1989年末には71倍にもなっていました．当時米国ではPERは数倍程度だとされていたため，際立って高かったといえます．$S=d/r$というファンダメンタルズ式から見ても71倍というのは高過ぎます．仮に配当性向が100％という会社の場合でも，割引率は1.4％ということになります．配当性向が50％の会社では割引率は0.7％という計算になりますので，当時の長期金利の水準からみて，とても正当化できる数字ではなかったのです．

また，日本のリーディング・インダストリーの変遷もバブルの崩壊に重要な影響を与えています．こうした産業は，高度成長期の重厚長大産業（造船や鉄鋼，石油化学等）から石油ショック後には自動車・電機（ビデオや半導体）に変わ

りました．バブル期でもこうした産業が強かったほか，ファクシミリ，VTR や CD などでは，日本の企業がワールド・スタンダードを握っていました．しかしながら，1990年代には日本企業の優位が崩れます．パソコンなどの成長産業はありましたが，パソコン心臓部の中央演算装置（CPU）とオペレーティング・ソフト（OS）は1990年代になると米国の企業に握られ，周辺機器も台湾などが中心となったため，日本企業の強みはさほどではなくなってしまいました．こうした成長産業の枯渇も，バブル期には想定されていなかったものです．

　また，上記の東側諸国の生産基地化や継続した円高，日本企業の NIES（韓国，台湾，香港，シンガポールを当時こう呼んでいました）・東南アジア・中国への工場移転などが，日本経済の有利性を後退させました．この結果，日本の工場が閉鎖されれば，その土地が売り出され，国内での土地の逼迫感を緩和することとなりました．

　また，バブル期の経済成長を支えてきた旺盛な設備投資ブームにも陰りが見えてきました．たとえば，リゾート関連では，過剰設備が目立つようになりました．ゴルフ場は，ゴルフ人口が伸び悩む中で数が急速に増え，閑古鳥がなくゴルフ場も増えてきました．また，テーマパークや温泉旅館なども，円高に伴って割安となった海外旅行がブームとなったこともあって，予定通りの収益をあげられないところがたくさん出てきました．テーマパークの例外的な勝ち組といわれる東京ディズニーランドの場合には20回以上訪問する人がざらにいるといわれますが，1回いけば十分というテーマパークも決して少なくありません．話題性が途切れれば観客動員が計画時の予想を大きく下回った施設もたくさんでてきたのです．バブル期の強気の計画（悪くいえば杜撰な収益見通し）を実現できなかった設備が多数出てきました．

　公定歩合の引き上げに伴って，長期金利が上昇したことも，低金利が持続するという期待を裏切ることとなりました．これは，株式のファンダメンタルズ価格の引き下げを意味していますので，株価の下落につながりました．株価と金利との関係は比較的簡単に表されますので，まず株価の下落を皮切りにバブルの崩壊が顕現化したのです．

　このように，色々な側面で，バブル期の資産価格上昇の前提条件ともいうべき強気のシナリオが崩れていきました．バブルの背景にあった期待には持続性がなかったのです．

(4) 株価の下落

図表4-8は，株価の推移を示したものです．ぎざぎざの太線が月末の日経平均株価（日経225）の月次推移を示したものですが，1989年12月の3万8915円をピークに下落に転じ，その後ピーク時の水準の4分の1から2分の1程度で上下動を繰り返しています．そこで，こうした株価下落の原因について考えていきましょう．

まず，前掲図表4-7でも示した公定歩合の引上げ等に伴う長期金利の上昇は，株式のファンダメンタルズ価格 S の式（$S=d/r$）が示すように，分母である金利 r の上昇が，株価の低下要因になります．これは，株式を保有することの魅力が低下することによるものと言い換えることもできます．

また，ファンダメンタルズ価格 S の分子である配当 d をみても，企業収益の悪化から，株価を引き下げる要因になったと考えられます．湾岸危機の発生や米国の景気悪化を受けて，1990年頃から企業収益が悪化しはじめました．この結果，分子の配当 d そのものが減ったほか，企業価値や収益が成長していくというシナリオが崩れます．成長期待によって株価が底上げされていた部分が剥げ落ちたのです．

さらに，設備の過剰感が強まったことも，企業が持っている設備資産等に対する価値を低める方向に作用します．設備の過剰感が強いときには，わざわざ企業を買収してまで設備を増強したいという意欲がわくものではありません．

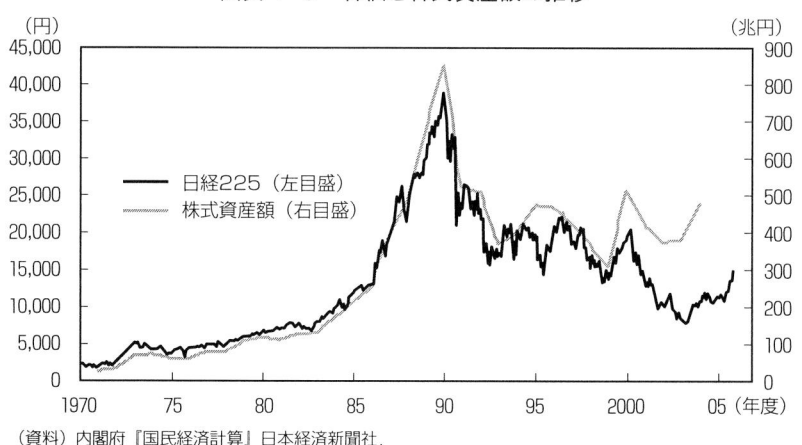

図表4-8　株価と株式資産額の推移

（資料）内閣府『国民経済計算』日本経済新聞社．

本章3(3)でお話しした「トービンのq」の観点からも，株価は下落する方向に働きました．

地価の下落も，株価の下落の主要な要因となりました．トービンのqと逆のメカニズムで，資産価値の低下した企業の株価は売られます．実際に土地の値下がりが広く認識されるようになったのは1991年に入ってからですが，その頃になると，土地の資産価格面でも株価を下支えすることが困難になったのです．

なお，前掲図表4-8の1年毎の実線は，毎年末の株式の時価総額を示したものです．SNA統計の中で推計されているもので，ピーク時の1989年末には854兆円に達しましたが，株価の下落で1993年には400兆円をきったこともありました．従来は，日経平均の推移とほぼ同じように動いていましたが，現在ではやや上回っています．新規に各市場に上場した会社が多いことや新興市場が創設されたことが，株式の時価総額を押し上げているためです．

(5) 地価の下落

バブルが崩壊した頃に，地価に大きな影響を与える制度改革が相次いで行われました．土地の保有が税制面でも優遇されていることが地価上昇の背景にあるとの見方から，1991年度より国税としての地価税を導入すること，固定資産税（地方税）の評価額を公示地価の7割へと引き上げること，相続税（国税）の評価額を公示地価の8割へ引き上げること，農地への宅地並み課税の対象を拡大すること（長期営農継続農地の要件を従来よりも厳格化したことに伴うもの），等の措置がとられました．このように土地保有に関連した税金が強化されることは，地代の割引現在価値が低下することを意味しており，地価の下落要因となりました．

また，景気の悪化に伴って，地代や不動産賃料が頭打ちとなってきたことも，土地のファンダメンタルズ価格の下落を意味しており，地価の下落につながりました．地価の上昇期待が止まれば，それだけで地価の下落要因となることについては，株価と全く同じメカニズムが働いています．

図表4-9でもわかるように，地価の値下がりは，1991年ころから明らかになってきました．用途別にみると，とくに商業地の値下がりが激しい一方，住宅地はかなり緩やかな値下がりとなっています．地域別にみても，地価上昇が激しかった東京圏や大阪圏で地価が大きく下落しています．

地価の下落には，いくつかのパターンがみられます．第1に，高値で販売用

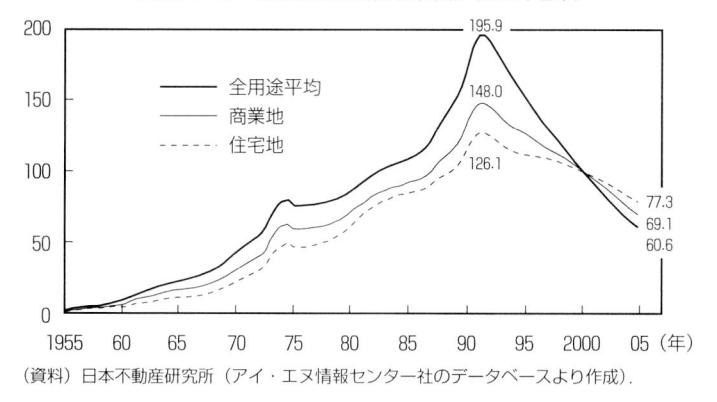

図表 4-9　全国市街地価格指数（2000年基準）

（資料）日本不動産研究所（アイ・エヌ情報センター社のデータベースより作成）.

不動産を抱えた不動産業者は，損切りのために安値で売り出したり，裁判所を経由した競売を行ったりすることが増えてきました．第2に，工場が東南アジアや中国など海外に移転したことに伴って，工場の跡地が住宅地あるいは商業地として供給されたケースもみられました．第3に，不動産会社でなくても遊休地を抱えた企業はたくさんありましたので，それを高値のうちに売ろうとする動きが出てきました．とくに，歴史の古い企業は多くの使っていない土地を保有していましたので，土地の放出が目立ちました．第4に，金融機関など大企業が，都心部や住宅地に保有していた独身寮・家族寮や社宅を売却する動きもみられました．こうして放出されたある程度まとまった土地は，その後マンションなどになった事例が少なくありません．

このように，土地の供給が全体的に増えてきた上，土地神話を信じて遊休不動産を大量に抱え込んでいた建設会社や不動産会社が，売りに転じてきました．この結果，土地神話が次第に崩れ，土地を売り急ぐようになってきました．もっとも，地価の下落パターンは株価と異なっています．株価の場合は，バブルが短期間で崩壊して1年後には大幅に値を下げ，その後は上下動を繰り返していますが，土地の場合は，徐々に下がり続け，現在でも東京など一部を除いて下げ止まっていないのが大きな特徴です．その背景には，土地取引の特性が大きく影響していると考えられます．まず，株式には大量に存在する同質の株が整備された流通市場で取引されているのに対し，土地の場合には個別性が強い上に取引事例がさほどありません．土地の場合には，短期間で下げ止まりにくいかたちになっています．また，株式では価格情報が市場ですぐに伝達されるの

に対し，土地の場合には相対取引が中心で，価格情報が公開されないのが一般的です．さらに，企業の収益が景気動向に応じて上下動しているのに対し，地代が低下傾向を続けているという違いもあります．毎期の収益である地代が下がってくれば，ファンダメンタルズの土地価格も下がる筋合いにあるのです．バブル崩壊後に資産価格が大幅に下落したことは同じなのですが，その後の価格推移については，資産の特性に基づいて大きな違いがあることを知っておくとよいでしょう．

　なお，日本の土地の場合には，複雑な権利関係が設定されている場合が多いことも地価下落の問題を複雑にしています．バブル崩壊後に「定期借地権」や「定期借家権」が導入されるまでは，全ての不動産貸借において，借り手の権利が非常に強く保護されていました．借り手に退去してもらおうとしたとき，居座わられたり高額の立退き料を請求されたりすることが一般的でした．このため，日本では良質の借家・借地が供給されにくかったともいわれているほどです．現在も，通常の借地(家)権と定期借地(家)権の二本立てですので，原則として居座り得の構図が残っています．また，居座っている人を最終的に排除するはずの裁判制度が，要員不足等もあって十分機能していないのも日本の問題点の１つといわれています．立ち退きに時間とコストがかかる事例が少なくなく，正規の住民との間で話がこじれて土地の売却が難しい事例や，収益源として不法占拠を行なう組織があって売ろうにも売れないという事例も少なくなかったのです．

　それでは，土地の価格が下落すると，金融機関にどのような影響がでるか考えてみましょう．担保となった土地の価格が下落するわけですから，担保によって貸出金の全額を回収することは困難になります．ただ，ここで誤解のないようにいっておきますと，貸出金の全体が損失となるわけではなくて，一部が返らないというのが一般的です．

　この事情を数値例で考えてみましょう．100億円の貸出があって，150億円相当の土地が担保として差し入れられていた場合，土地の値段が半分になったとしても，担保を売却すれば75億円を回収できるのです．このため，実際の貸出金のロスは，100－75＝25億円となります．これに対し，土地の担保掛目が高くて，たとえば100％の場合，担保の土地は100億円分しかとっていないことになります．その土地の価格が前の例と同じく半分になった場合には土地の処分で50億円しか回収できないため，ロス額は100－50＝50億円となります．この

ように，担保掛け目を厳格に運用しておかないと，いざというときのロスが大きくなるのです．

📖 参考文献

まず，高度経済成長期の日本経済について詳しく知りたい人は，以下①の本が役に立つでしょう．
① 香西泰『高度経済成長の時代』日本経済新聞社（日経ビジネス人文庫），2001年.

次に，2つのコクサイ化や金融の自由化について詳しく知りたい人は，以下②の本が役に立つでしょう．
② 日本銀行金融研究所『我が国の金融制度』日本銀行金融研究所，1995年.

次に，バブルの発生と崩壊について詳しく知りたい人は，以下③〜⑤の本が役に立つでしょう．とくに④の本では，経済学的なメカニズムや過去に発生したバブルの事例などを紹介しています．
③ 日本経済新聞社編『検証バブル 犯意なき過ち』日本経済新聞社（日経ビジネス人文庫），2001年.
④ 野口悠紀雄『バブルの経済学』日本経済新聞社，1992年.
⑤ 西村吉正『金融行政の敗因』文藝春秋（文春新書），1999年.

Box 3　バブルと成長期待との見分け方

資産価格については，ときには転売して値上がり益（キャピタル・ゲインと呼ばれます）を獲得できるという特質があるため，将来の価格に対する期待が現在の価格に影響を与えることがよくあります．このため，ファンダメンタルズからは十分説明できないバブルなどの現象がみられることがあります．

これを数式で示すと，多少難しいと思う人もいるでしょうが，厳密に示せます（算数が苦手の人は，このBOX3の前半を読み飛ばしても構いません）．t期の資産価格を「S_t」，t期の配当を「d_t」，資産を1期保有するときの利益を「i」，期待値を「$E(\cdot)$」で表すと，キャピタル・ゲインも含めた収益率について，以下のI式が成立します．キャピタル・ゲインを配当に加えた額が1期保有するときの利益（分子），t期の資産価格がその利益を得るために必要な投資額（分母），という考え方です．

I式：資産の期待収益率 i　　$i = \{E(S_{t+1}) - S_t + d_t\}/S_t$

ここで，iが金利rを上回れば，人々はその資産を持とうとしますので資産価格S_tが上がり，iが下がります．逆にiがrを上回れば，資産価格S_tが下がり，iが

上がります．結局は，i が r と等しくなるところで資産価格 S_t が安定すると考えられます．そこで，$i=r$ として I 式を展開すると，以下の II 式が成立します．

II 式：資産価格の裁定式　　$\boxed{S_t=\{E(S_{t+1})+d_t\}/(1+r)}$

この裁定式をみたしている限り，その資産（株，土地など色々な場合があります）を持つのと，金利 r で運用するのとでは，同じ収益率が得られることになります．投機家でない人もその資産を持とうとします．

ここで，2章4⑶ⅰ）でお話ししたファンダメンタルズ価格は II 式を満たします．まず，配当が一定のときの株価 S は t にかかわりなく「$S=d/r$」となります．これを II 式の右辺に代入すると，

$$右辺=(d/r+d)/(1+r)=(d/r)(1+r)/(1+r)=d/r$$

これが左辺と等しくなるので，II 式が成り立つことが確認できます．

次に，配当が g の割合で上昇するときの t 期の株価 S_t は「$S_t=d/(r-g)$」，$t+1$ 期の株価 S_{t+1} は

$$「S_{t+1}=(1+g)d/(r-g)」$$

となります．これを II 式の右辺に代入すると，

$$右辺=\{(1+g)d/(r-g)+d\}/(1+r)=\{d/(r-g)\}(1+g+r-g)/(1+r)=\{d/(r-g)\}(1+r)/(1+r)=d/(r-g)$$

これが左辺と等しくなるので，II 式が成り立つことも確認できます．

この II 式を満たすのは，困ったことに，ファンダメンタルズ価格だけではありません．ファンダメンタルズ価格から一定の割合で資産価格のバブルが膨らんでいくという期待を表した価格式

$$S_t=(d/r)+b(1+r)^t$$

でも成立します．II 式の右辺に代入すると，

$$右辺=\{(d/r)+b(1+r)^{t+1}+d\}/(1+r)=\{(d/r)(1+r)+b(1+r)^{t+1}\}/(1+r)=(d/r)+b(1+r)^t$$

これが左辺と等しくなるので，II 式が成立することが確認できるのです．バブルが始まると，II 式の裁定式を満たすことによって，自己実現を続けることがあります．これを4章3⑷でもお話しした「合理的なバブル」と呼ぶことがあります．また，

右辺の第2項「$b(1+r)^t$」をバブル項と呼ぶことがあります.

話はこれでは終わりません.バブル項の定数 b が

$$b = dg/\{(r-g)r(1+r)\}$$

を満たす場合には,バブル項のある資産価格式は,"g の割合で成長を続ける場合のファンダメンタルズ価格"と同じになるのです.試しに b の値をバブル項のついた価格式に代入してみましょう.

$$S_t = (d/r) + dg/\{(r-g)r\} = (d/r)\{1 + g/(r-g)\} = (d/r)\{r/(r-g)\}$$
$$= d/(r-g)$$

となりますので,この関係が確認できます.

日本のバブルが崩壊したことを知っている皆さんは,"バブルとは,愚かな期待だ"というイメージを持っているかも知れませんが,上の数式展開からも分かるように,"成長力を正しく見越した価格"なのかも知れません.戦後の地価の上昇(さすがに,バブル期の急上昇は除きます)についても,"バブルではなくて,日本経済の成長を正しく反映したものだ"と考えることもできるでしょう.

問題は,期待された成長率が本当に持続するかどうかにあります.その成長率が長期間続く限りにおいては,バブルではなくて"正しい資産価格"というべきファンダメンタルズ価格なのです.期待の正しさを検証できる前の段階で,永続性のない「バブル」と「成長期待に基づいたファンダメンタルズ価格」を区別することは,必ずしも容易ではありません.このように考えると,バブルの渦中にいた当時の人々が,何が正しいのか分からないまま資産価格の上昇に踊ったのも,無理がなかったといえるのかも知れません.

バブルかどうかを見分ける基準は,やはり"成長期待に永続性があるかどうか"です.バブル期には,本章4(1)でもお話ししたとおり,日本経済を巡る環境が大きく変わっていたのですから,本来ならば過大な成長期待を改める必要があったと思います.今から思えば,それを認識できなかったことが問題だったのです.このBOXで「バブルの経済学」の要点を正しく知った皆さんは,このポイントを忘れないようにしてください.皆さんが土地や株などの資産を買うときに,こうした知識は必ず役に立つでしょう.

将来の予測をすることは,相場のプロにとっても非常に難しいものです.ましてや,情報が錯綜していることも多いでしょう.その時には,永続性に関係する材料を集中的に集め,よく考えることをお奨めします.

おまけ：**失敗から学ぶことの大切さ**

　日本人には昔から「敗軍の将，兵を語らず」という考え方があります．あるいは，関係者を処分するとともに，失敗を隠蔽することもよくあります．これでは，失敗から学ぶことができません．失敗から学ぶことができなければ，同じ失敗を繰り返すことになります．失敗を失敗として正しく認識すること，そして失敗からその原因を正しく認識し，同じ失敗を繰り返さないように対応策を考えることが大切です．この点は，**5章4**(5)でお話しする「リスク管理のサイクル」にも通じます．

　この意味では，近年，畑村洋太郎先生が主唱しておられる「失敗学」は大変重要な考え方です．畑村先生の著書がたくさん出ていますので，皆さんにも是非お奨めしたいと考えています．失敗の原因を明らかにし，それを繰り返さないためにも，考える力を身につけることが大切です．

5章

日本の相対取引2
―― バブル後の問題と対応策 ――

1　金融機関の不良債権拡大

　資産価格が下落する中で，不良債権問題が脚光を浴びるようになります．この節では，不良債権の概念を詳しく説明したうえで，情報開示が拡大したこと，対応策などについて説明します．

(1) 貸出の焦げ付き発生
　バブルが崩壊すると，資産価格が下落したり，新規投資の赤字が溜まってきたりします．しかしながら，これらが直ちに金融機関の資産を悪化させる訳ではないことに注意しましょう．たとえば，資産の購入や新規設備投資の資金が投資家の自己資金で行われた場合には，こうした事態が発生しても金融機関に影響を与えることはありません．投資家の資産価値が減るだけなのです．
　また，銀行借入金を元手に販売用不動産や投資用株式を購入したり，設備投資したりした人の場合でも，借り手が資産価格下落に伴う損失額（リゾートなどへの投資の場合には赤字額）を支払うだけの余裕資金をどこかに持っていれば，貸し手の銀行等に迷惑をかけることはありません．また，銀行に利子を支払ったり元本の返済を行ったりするための資金を誰かが貸してくれれば，当初に貸してくれた銀行等に迷惑をかけることはありません．これに対し，そうした余裕資金や借金の目処がない借り手の場合には，バブルが崩壊すると資金繰りに困り，借入金に対して当初約定どおりの利払いや元本返済ができないことになるのです．
　このように，借入金を返せない企業が出てきた場合，現在では債権放棄など損を覚悟で銀行等が果断な処置をとることが多くみられます．しかしながら，

当時は地価下落といっても一時的なものに過ぎないとの見方が強くありました．土地の値段が上がりさえすれば，足元の損は取り返せる，と考えられたのです．これまでお話ししてきたとおり，高度成長期後の日本の地価は，一時的に下がることはあっても，上昇傾向を辿ってきたため，経験的には損をしないはずだ，と考えても不思議はないのかも知れません．

こうした希望的な観測に，担当者の自己保身が加わりました．たとえば，銀行の場合には，顧客との癒着や職員の不正を防ぐために担当者を2〜3年程度で交代させる慣習がみられます．そうすると，「せめて自分が担当している間だけは，自分の評価を下げる根本的な解決策を実施することを避けたい」あるいは「先送りしたい」という気持ちが働くのは無理がありません．

具体的な不良債権処理の先送り方法としては，① 金利減免，② 延滞の容認，③ 利息追い貸し，などがあります．①の「金利減免」とは，金利を低下させることで，たとえばもともと5％の貸出金利を4％に引き下げる場合などがそうです．②の「延滞の容認」とは，文字通り，当初約束した日に利子支払いや元本返済しなくても良いと，貸し手が猶予することです．③の「利息追い貸し」とは，利息を支払うための資金を新規に貸し出すものです．これらの手法を複雑に組み合わせたり，関連ノンバンクを通じて迂回融資をしたりして，銀行が巧妙に対応策をとることも多くみられました．いずれも，貸し手の収益や経営体力を損ないますので，安易に行うべきものではありません．とくに③については，貸し手の資産内容を一段と悪くしますので，本来貸してはいけないものです．

バブル崩壊に伴って不良債権問題が生じた根本的な原因は，借入金をもとに投資した資産の価値に元本保証がないのに対し，借入金については，資産側の価値が下がったからといって，借入額を減らしてもらえる訳ではないことにあります．バランスシートの負債側と資産側の対応が異なるために問題が生じるのです．この点，株式の新規発行で調達した資金で投資をした場合には，企業価値が下がることで投資者（債権者）が済ませてくれる点が大きく異なっています．

(2) 会計制度の抜け穴

日本では，会計制度の特性から，不良債権の実態が十分に企業損益に反映されないという問題がありました．不良債権処理の先送りが広く行われたことの

制度上の1つの背景と考えられます．いくつかの問題点についてみていくこととしましょう．

　まず，連結決算の活用が遅れたことがあげられます．連結決算とは，親会社だけの決算ではなく，子会社や関連会社も合算して決算をみようとする制度です．日本でも戦後に連結決算制度が導入されていたのですが，バブルが崩壊した当時，日本では単独決算が主で連結決算はあくまでも付け足しという位置づけでした（ただし，後述のとおり，2000年3月期からは連結が主で単独が従に変わりました）．当時は，連結決算の対象となる子会社の範囲も限られており，連結対象外の子会社に資金を貸して不良債権を買いとらせた場合もありました．また，子会社のノンバンクを使って，本体への返済資金を融資させる場合もあったのです．このようにすると，表面上は親会社への返済が行われますが，子会社のノンバンクからすると，返済の当てのない資金を貸したことになり，経営状態はますます悪化することになります．企業グループ全体でみると，中身は変わらないのです．また，子会社の赤字や不良債権は本体の単独決算には反映されないので，企業の経営や不良債権の実態が分かりにくくなるという問題も指摘されていました．

　こうした会計制度を悪用して，関連ノンバンクに不良債権を大量に買わせた銀行もみられました．破綻した北海道拓殖銀行，日本長期信用銀行，日本債券信用銀行などでは，関連ノンバンクを大量に設立し，取引先の不良債権を引き取らせたことが良く知られています．リース会社やファクタリング会社など，別の本業を持った子会社を使った場合もありましたが，帳簿上に存在するだけで，ほとんど社員がいないなど実態がない実質子会社に多額の融資を行い不良債権の受け皿としたケースも少なくなかったのです．

　また，貸出資産の内容が傷んだ場合には，本来ならば会計上，①資産額から引き落とす（「直接償却」ともいいます），②貸倒引当金を積む（「間接償却」ともいいます），のいずれかを行う必要があります．しかし，日本の場合，これらを行うことは困難だといわれていました．日本の会計制度では，税務会計と企業会計が分かれていて，企業会計上では経費と分類される項目でも，税務会計上では損金として計上することができず，利益としてカウントされる項目があるからです．銀行からすると，せっかく直接償却や間接償却を行っても，税務当局に損金として認定されなければ，利益とみなされて税金を課されることになります．損金としてみてもらえず，利益とみなされて税金をかけられる償却を

「有税償却」といいます．日本の法人税は5割近かったので，「有税償却」を行うと，銀行にとっては租税負担が大きくなるという問題点があったのです．

もっとも，一旦税金を納めた後で，有税償却した貸出先が倒産するなど，損金として認められる要件を満たすと，過去に払い過ぎた税金分の支払いを免除して貰えるという制度があります．将来の税金支払いの免除を勘案すれば，有税償却を行っても金利分の負担しかないはずなのですが，バブル崩壊の当初は有税償却に対する抵抗が強くみられました．ただ，当時は銀行の特例措置として「不良債権償却証明制度」というものがあり，大蔵省が認定した不良債権償却については，国税庁でも自動的に無税償却を認めることとなっていました．銀行は，倒産した貸出先など，かなり悪い貸出を大蔵省に申請して無税償却を認めてもらうのが一般的だったのです．

さらに，会計上の大きな問題がありました．本来ならば，企業会計が適正に行われているかどうかをチェックするのは，公認会計士の仕事のはずです．しかし，当時の公認会計士は，複雑な制度を持つ銀行決算について十分なチェック機能を果たしておらず，銀行と大蔵省が相談して決めた大筋を，追認することが多かったといわれています．

(3) ディスクロージャー制度の導入と限界

不良債権の問題が広く認知されるようになると，不良債権がどのくらいあるのかが問題となってきました．しかしながら，日本の会計制度では，上記の事情で不良債権の実態を反映していなかったので，別途不良債権額について情報開示すべきだという議論が高まりました．

ただ，一口に不良債権といっても，実は色々なタイプがあります．貸倒が確定してしまった真っ黒なものから，赤字が続いていることなどから長い目でみて貸出の回収に不安がある薄いグレーのものまで，かなり幅が広いのです．情報開示にあたって，どの程度の不良債権まで公表するのかが問題となりました．当初は，預金者の不安を煽ってはいけないということもあって，かなり濃いグレーのものくらいしか発表しなかったのです．これに対する批判もあって，次第に情報開示の範囲を拡大していきました．

図表5-1は，各銀行等が不良債権として開示した額を，金融庁が取りまとめたものです．一番下の太い線が都市銀行と長期信用銀行と信託銀行の合計(以下では「主要行」と呼びます)，真ん中の線が全国銀行（主要行のほか，地方銀行，第

二地方銀行を含みます）です．これに，信用金庫，信用組合，労働金庫，商工中金，農林系統（単位農協を除く）を加えたものが一番上の「預金取扱金融機関」です．1996年3月と1998年3月には，後述のとおり不良債権の定義が拡大されていますので，旧基準に比べて新基準では不良債権額がジャンプしています．

不良債権の額は1996年3月～1998年3月にかけて，当時の基準でみるといったん減少しました（預金取扱金融機関計では35兆円→25兆円）が，現行基準になった1998年3月～2002年3月にかけて急速に増加しました（同35兆円→53兆円）．その後は減少に転じて，2005年3月には預金取扱金融機関計で25兆円に低下しています．現在では，ピーク時の半分以下に低下しているのです．

情報開示の対象とされた不良債権の範囲を，時期別に簡単にまとめたのが，**図表5-2**です．

まず，1993年3月期から全銀協統一開示基準での不良債権の開示が始まりま

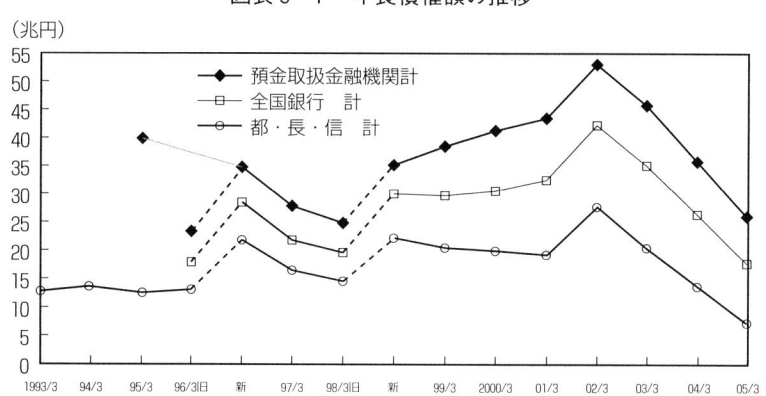

図表5-1　不良債権額の推移

（注）1　金融庁の資料（一部は大蔵省，金融監督庁）．96/3月，98/3月に不良債権の定義を拡大．
　　　2　破綻した金融機関の計数は除くベース．

図表5-2　不良債権の開示範囲

	1992～94年度	1995～96年度	1997年度～
不良債権	破綻先債権 延滞債権 ↑ 全銀協統一 開示基準　→	破綻先債権 延滞債権 金利減免等債権 経営支援先債権	破綻先債権 延滞債権 3カ月以上延滞債権 貸出条件緩和債権

した．ここでの「不良債権」の定義は，破綻先債権と延滞債権に限定されていました．このうち，「破綻先債権」とは，法的に破綻した企業（破産，更生手続開始，和議＜現在は民事再生＞開始，整理開始，特別清算開始など）への債権のことで，手形交換所の取引停止処分も含んでいました．また，「延滞債権」とは，未収利息不計上の債権のうち，利払いが6カ月以上延滞した債権のことで，破綻先債権など他の不良債権に該当するものは除いています．延滞期間が6カ月未満であれば延滞債権にカウントしなくても良いのですから，かなり甘い基準だという見方もできます．いずれにしても，この時期に開示の対象とした2つの債権は不良債権の中でも，かなり程度の悪い債権のことだといえます．限定的な不良債権開示だった面は否めません．

　1996年3月期からは，全銀協統一開示基準が改訂され，新たに金利減免等債権が追加で公表されるようになりました．ここで「金利減免等債権」とは，約定改定時の公定歩合以下の水準まで金利を引き下げた債権（金利減免債権）と，金利棚上げ債権として当局に申請して認められた債権のことです．当時の公定歩合は，コール市場で成立する金利よりもずっと低かったため，公定歩合以下の貸出金利というのは大変に優遇した金利ということを意味しています．借り手の返済能力が低くて当初に定めたとおりの金利を払えないため，仕方なくこうした優遇金利を認めたということです．もっとも，金利改定時に定めた金利が公定歩合を少しでも上回れば金利減免等債権にカウントしなくても良かった訳ですから，今と比べると甘い基準となっていました．このほか，同じ時期に，不良債権ではないとしつつも「経営支援債権」と呼ばれるものも参考として公表するようになりました．これは，再建・支援のため，税務当局の認定を受けて債権放棄等を行って経営支援している取引先への債権のことです．今から思えば，この経営支援債権の定義も曖昧で，かなりの部分，不良債権が紛れ込んでいたといわれています．せっかく開示の範囲を拡大したのですが，米国で公表されている不良債権の定義に比べて不良政権の情報開示の範囲が狭く，実態を反映していないと問題視されていました．

　そこで，1998年3月期から「リスク管理債権」の開示の範囲が一段と広がり，米国のSEC基準と遜色がないものに拡大されました．さらに，1999年3月期からは銀行法等でリスク管理債権額を開示することが義務付けられました．リスク管理債権のうち，**破綻先債権**の定義は変わりませんが，**延滞債権**には，延滞していない破綻懸念先債権が組み入れられる場合もあります．また，**3カ月**

以上延滞債権や**貸出条件緩和債権**という新しい項目も追加されました．このうち，「3カ月以上延滞債権」とは，元本または利息の支払いが約定支払日の翌日から3カ月以上遅れている貸出金(延滞債権は除きます)を指します．また，「貸出条件緩和債権」とは，債務者の経済状況の悪化のために金利減免・返済期限猶予など元利の支払条件を緩和した貸出金のことを意味しています．ここで，金利減免の定義が，金利減免等債権での"公定歩合以下"というかなり緩い条件から，"同じ条件の他の貸出金利等と比べて低い"という条件に厳格化されたことが大切です．改定時の金利が公定歩合より高くても，同じ信用度・期間の他の取引よりも低ければ，貸出条件緩和債権に含まれるようになったのです．また，当初の約定と比べてずるずると延ばすかたちの条件変更もよく行われていましたが，これも貸出条件緩和債権に入ることになりました．この点も，不良債権の概念を大きく広げたものといえます．

　現在では，1998年3月期以降の「リスク管理債権」の定義に基づいて各銀行等が自らの抱えているタイプ別の不良債権額を銀行法等に基づいて公表しています．また，金融再生法に基づいて1999年3月期（主要行）〜2000年3月期（協同組織金融機関）以降，金融再生法開示債権というデータも公表されるようになっています．リスク管理債権が貸出金を対象としているのに対し，再生法開示債権は，貸出金のほか，外国為替，未収利息，仮払金なども含めます．また，後者では不良債権の名称も異なり，「破産更生債権及びこれらに準ずる債権」，「危険債権」，「要管理債権」と呼ばれます．銀行等ごとに2種類の不良債権概念で開示を行っているのです．バブル崩壊直後に比べると，情報開示が画期的に広がっています．

　もっとも，こうした不良債権の中でも，担保や保証，さらには売掛金などから回収できるものもあります．上記の数字だけでは，不良債権の回収可能性が良くわからない面も否めません．また，個別の借り手の名前は開示されておらず，合計額だけが開示されています．世間で不良債権とみなされている企業が果たして不良債権に計上されているかどうか確認できません．さらに，"日本の不良債権の開示額が少ないのではないか"，という見方も根強く残りました．たとえば，利息追い貸しを行えば延滞債権から外すことができますし，短期貸出のロールオーバーを繰り返しているケースでは貸出条件緩和債権に該当するか否か灰色の場合もあるからです．こうした事情から，情報開示が1998年3月期以降本格化しても，不良債権問題に対する打ち止め感がなかなか出なかった

のです．

　もちろん，不良債権問題に対して，金融機関が手をこまねいていた訳ではありません．直接償却（貸出金償却という損失を計上して資産から抹消します），間接償却（マイナスの資産である個別貸倒引当金を積み，損失を計上します）やオフバランス化（バルクセールによる売却損などを計上して銀行等の資産から切り離す方法です）を随分実施しています．図表5-3は，金融庁が取りまとめた全国銀行の不良債権残高と毎年度の処理額を示したものです．この図では，毎年の不良債権処分損を棒グラフ（このうち，直接償却の額を薄い部分で示しています）で，不良債権の残高と貸倒引当金（間接償却に伴って拡大します）の残高を折れ線グラフで表示しています．ここで，直接償却やオフバランス化を行えば，資産サイドから落ちるので不良債権の額も減ることになる一方，間接償却の場合には，資産として計上を続けますので，不良債権の減少要因にはならないことに注意してください．1995～2000年度には毎年10兆円近い不良債権処分損を計上した結果，2002年度以降，不良債権残高が減少に転じています．とくに貸出金償却は2000年度から本格的に行われたことがわかります．なお，1992～2004年度の不良債権処分額の累計は金融庁の集計によると96.4兆円にのぼり，このうち直接償却等（貸出金償却やバルクセールによる売却損など）は45.2兆円に達しています．銀行等は，かなり大きな犠牲を払って不良債権処理を行ったことがわかります．

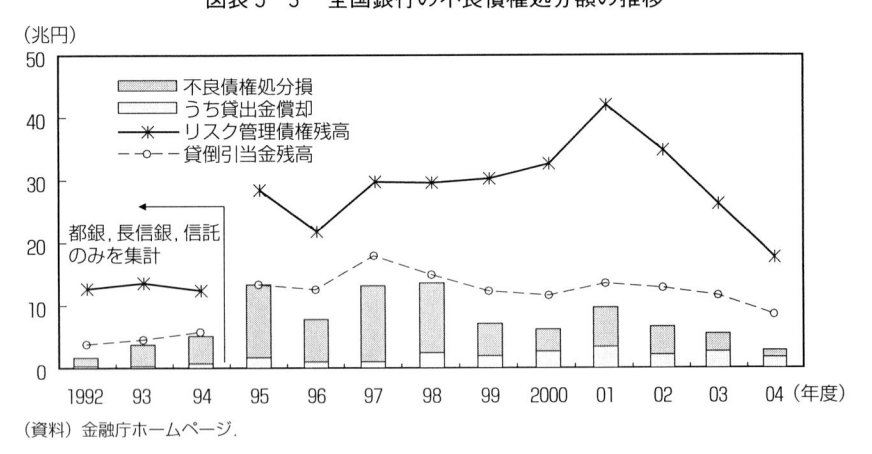

図表5-3　全国銀行の不良債権処分額の推移

(資料) 金融庁ホームページ．

(4) 住専と2信組の破綻

住専とは，住宅専門金融会社のことで，都銀，長信銀，信託，地銀，第二地銀などを母体に1970年代に相次いで8社設立されました．預金機能のないノンバンクで，金融機関から借り入れて資金を調達し，個人などに不動産融資を行っていました．当初は，母体行では手間隙のかかる住宅金融をさほど行っていなかったため，個人を相手に健全な経営を行っていました．しかし，2つのコクサイ化で説明したとおり，次第に貸出先を失っていた母体行は，コンピュータ化の進展で容易に住宅ローンを管理できるようになったこともあって，住宅ローンにも力を入れるようになりました．この結果，住専では次第に個人相手の取引が少なくなり，不動産開発業者への高額の貸付が増えてきました．

住専のうち農林系を母体とする1社を除いた7社の抱える不良債権が，バブル後の1993年頃から問題となりました．実情が明らかになるにつれ，住専7社の資産は額面で13兆円あったうち，6.4兆円の損失を抱えていたことが判明したのです．この6.4兆円の損失を誰が負担するのかで大問題となりました．1995年12月に政府の出した案は次のとおりとなっていました．

図表5-4　政府の住専処理案

	貸付金	負担金
母体行	3.5兆円	3.5兆円（全額）
一般行	3.8兆円	1.7兆円
農林系	5.5兆円	5,300億円の贈与
政府	――	6,850億円の負担

資本主義の原則でいくと，貸さなくても良い金を貸した以上，貸し手にも相応の責任があるはずです．もし住専が法的に破綻してしまえば，債権者平等の原則から，農林系が大きな負担を負うこととなったと思われます．しかしながら，体力の弱い農林系の金融機関は大きな負担を負えなかったため，こうした対応がなされたものだと考えられます．農林系の金融機関が政治力を使ってこの負担を低く抑えたともいわれています．また，メインバンク制度の慣習に従って，"メインバンクが破綻した債務者の面倒をみるべきだ"，という意識もありました．最終的には1996年にこの案どおり処理されたのですが，公的資金を投入したことに対する国内での反発は非常に強いものがありました．この結果，不良債権処理にあたって，公的資金を投入することはタブー視されるようになりました．

なお，住専7社の債権は，1996年10月，「住宅金融債権管理機構」（略称は住管機構．預金保険機構の子会社として1996年7月に設立されました）に譲渡されました．その過程で，一般行の負担は当初に比べ約1000億円増額され，1.79兆円になりました．最終的に住管機構に譲渡された債権額は，住管機構の精査の末に6.1兆円（うち貸出は4.7兆円弱）となりました．

　このように1995～96年には住専処理が政治的にも大問題となりましたが，その前の段階で，協同組織金融機関などの破綻が現実問題となっていました．上記の住専処理策が混迷する伏線にもなっていたため，紹介しておきます．1994年12月に，東京協和信用組合と安全信用組合が破綻しました（いずれも預金量1200億円強）．この2信組は合併相手が見つからず，銀行の不倒神話が崩壊したといわれることもあります．そこで，1995年1月，日本銀行などの出資により受け皿会社である東京共同銀行が設立されました．

　このうち，東京協和信用組合の理事長が一部の大蔵官僚を過剰接待していたことが公になって，官僚への批判が強まりました．また，当初の処理策では2信組の監督官庁である東京都も，損失負担のために公的資金を投入する予定だったのですが，公的資金への反発から都議会の了解を得られず，1995年春に反対派の新都知事が誕生したこともあって東京都の公的資金投入は困難となりました．

　2信組の後も中小金融機関の破綻が続き，1995年7月には東京のコスモ信用組合（預金量は4000億円強），同年8月には大阪の木津信用組合（同約1.2兆円）と神戸の兵庫銀行（同約2.5兆円）などが経営破綻しました．これらの資産のうち，コスモ信組分は東京共同銀行が，木津信組分は整理回収銀行（東京共同銀行の後身）が引き受け，兵庫銀行分は「みどり銀行」が営業譲渡を受けました（その後，「みどり銀行」は再度破綻し，1999年に阪神銀行と合併して「みなと銀行」になりました）．

　住専処理や中小金融機関破綻の混迷は，公的資金の投入が大変難しいという印象を与えました．さらに，金利低下により銀行が一時儲かったことや，銀行員の給料が高かったことに対する反発などもあって，銀行に対する世間の目は厳しいものがありました．本来ならば，金融機関が債務超過に陥ってしまえば，①債務である預金をカットする，②公的資金を投入して債務超過から脱する，といった対応策が必要ですが，どちらもタブー視されたのです．この間に，不良債権を巡る金融機関の経営実態は着実に悪化しましたが，不良債権の実態把

握は十分なされないまま時が過ぎていきました．

　もちろん，大蔵省などの金融当局は事態を大まかながらも把握していました．しかしながら，金融不安の連鎖（例えば銀行への取り付け騒ぎ）を恐れて対外公表を躊躇したこと，金融検査のインターバルが要員不足もあって当時は比較的長く（大手行では3～4年に1度）タイムリーな実態把握が難しかったこと，昭和初期の金融恐慌以降は大掛かりな破綻処理の前例がなかったため社会的なコンセンサスが得られていなかったこと，等から抜本的な対応策を取りにくい状態にあったのです．

　この時期，不良債権問題への対応で活躍したのは，前述の住管機構です．弁護士を社長に迎えて，積極的な回収を進めました．住管機構には，銀行などへの立ち入り調査権が親会社の預金保険機構経由で与えられていたほか，多数の弁護士や検察官などが出向し，国民への負担を少なくするために精力的に回収したといわれています．不良債権の大口借り手の隠し資産をみつけて不良債権を一部回収したこと，融資を紹介した銀行の責任を問い和解に持ち込んだことなど，住管機構の活躍ぶりはしばしばマスコミでも取り上げられました．なお，2000年4月に，この住管機構が整理回収銀行（東京共同銀行が1996年9月に名称変更）と合併して，現在の「整理回収機構」ができました．預金保険機構の子会社として，不良債権の回収業務で活躍しています．

(5) 株式の含み益内でのぬるま湯的な不良債権処理

　不良債権の処理にあたって，銀行は株式含み益を活用することが多くみられました．銀行は，高度成長期など早い時期に安い価格で購入した株を，高値で売却あるいはいったん売ってすぐに買い戻す操作（クロス取引とも呼ばれます）を行うことにより，株式の含み益を吐き出すことができたのです．例えば，1995年9月時点でも，全国銀行は株式などの上場有価証券含み益を18.7兆円持っていて，かなり余力があると認識されていました．

　バブル崩壊の当初，銀行はイメージダウンや信用不安となることを恐れ，赤字決算を発表することに消極的でした．このため，銀行は業務純益（当時，全国銀行全体では3～6兆円台）と株式売却益の範囲内の決算処理を進めようとしました．もっとも，「思い切って赤字決算をして膿を出し切った方がよい」という見方が次第に強まり，1996年3月期には，大規模な住専処理を抱えた大手銀行を中心に赤字決算を行う銀行が多くなり，全国銀行全体でも大幅な赤字決算

となりました．全国銀行の当期利益は，1995年3月期には0.2兆円の黒字だったものが，1996年3月期には−3.7兆円と大幅な赤字となりました．翌1997年3月期にはいったん0.3兆円の黒字となりましたが，1998年3月期，1999年3月期と4兆円台の大幅な赤字を記録しました．

もっとも，前掲図表5−3でみたとおり，当初は不良債権処理といっても間接償却が中心で，抜本的な処理を意味する直接償却は限定的なものにとどまっていました．不良債権処理を先送りしようとする動きもまだ強かったのです．

2　1997年秋からの金融危機と公的資金の投入

(1)　1997年11月に発生した4つの金融機関破綻

1997年11月には，日本の金融システムを揺るがす大きな破綻劇が4つもみられ，金融市場に不安が広がりました．以下ではその内容と影響を概観していきます．

まず，最初に破綻したのは準大手証券の一角を占めていた「三洋証券」でした．関連ノンバンクへの債務保証の問題を抱えていた三洋証券は，債務超過に陥っており，証券会社としては初めて会社更生法の適用を申請したのです．このとき，群馬中央信金がインターバンク市場で三洋証券に供与していた無担保コールがデフォルトしました．2章2(1)でお話ししたとおり，コール市場には有担保コールと無担保コールがあります．このうち，有担保コールは，借り手が仮に破綻しても担保を処分することにより資金を回収することができますが，無担保コールの場合，デフォルトするリスクがあります．三洋証券のこの破綻までは，無担保コールがデフォルトしたことはなく，返済は確実だとみなされていましたが，そのルールが始めて破られたのです．こうしたコール市場の仕組みを知っている人にとっては，由々しき事態だったはずですが，当初はさほど心配されていなかったのです．

群馬中央信金が無担保コール市場で損失を蒙ったことから，他の資金出し手は無担保コールの放出にあたって，借り手の銘柄を気にするようになりました．資金市場では，金融機関ごとに最大いくらまで貸しても良いかを定める「クレジットライン」を設定することが一般的で，信用リスクの大きな相手に対しては低いクレジットラインしか設定しません．三洋証券の破綻を受けて，クレジットラインを引き下げる動きがみられました．資金の出し手からクレジットライ

ンを引き下げられた金融機関は，資金繰りが苦しくなります．有担保コール市場で担保として差し出すだけの国債などをとっくに売り払っているような経営の苦しい資金の借り手にとって，無担保コールのクレジットラインを引き下げられることは，致命的です．

　その犠牲となった大手銀行が，北海道拓殖銀行（略して拓銀）でした．この銀行は，都市銀行としては最下位でしたが，戦前は国策銀行の1つであり，北海道では超一流企業とされていました．しかし，拓銀はバブルの時期に誤った経営方針をとったため，多額の不良債権を抱えてしまいました．地銀の北海道銀行との合併により救済しようということで1997年4月に両行の合併計画が公表されましたが，両行の発想や体質の違い，資産の傷み具合の深刻さ等からこの計画はうまくいかず，合併話は同年夏に白紙に戻りました．その後も，拓銀は何とか資金繰りを付けていましたが，預金の解約が進む中で貸出の回収が追いつかず，コール市場からの資金調達に依存するようになりました．拓銀は，三洋証券の破綻後，コール市場からの資金調達が困難となり，ついには破綻を余儀なくされたのです．さすがに都市銀行の破綻ということで，世間に大きな衝撃を与えました．なお，拓銀の債権のうち，北海道部分は地元の第二地銀の北洋銀行に，本州部分は中央信託銀行に譲渡されました．拓銀のこの破綻が北海道経済に大きな打撃となったという説もあります．

　次に問題となったのが，多額の簿外債務を抱えていた山一證券です．四大証券の1つということで，この自主廃業も大きな衝撃を与えました．山一證券は，バブルの崩壊に伴って大きな損失を蒙った投資家に対し，当初は損失補填を行っていましたが，不公平だということでそれが禁止されると，会計操作によって違法に簿外で補填するようになりました．山一證券の帳簿に出ていないこうした債務は2600億円以上にもなっていましたが，経営陣は隠蔽を続けていました．さすがに1997年になって大蔵省証券局にこの損失補填を報告しましたが，もはや救済してもらえる時代ではなくなっていました．1965年に田中角栄大蔵大臣（当時）の指示により救済されたのとは異なる時代になっていたのです．市場で簿外債務の噂が広がり，海外の格付会社が格下げしたことを機に，山一證券は自主廃業に追い込まれました．自主廃業の当初，山一證券は「債務超過ではない」といって2度目の日銀特融を受けましたが，その後清算してみたところ債務超過に陥っていたことが判明しました．このため，日本銀行からの特別融資のうち1500億円近くを返せなくなりました．日本銀行の損失は，国庫に

とって税外収入とされる日銀納付金の減少につながりますので，広い意味での国民負担となったのです．

4つ目に破綻したのが，仙台の第二地方銀行である徳陽シティ銀行です．以前から経営内容が悪化していることは知られていましたが，11月下旬になって破綻を余儀なくされたのです．このほか，破綻には至らなかったものの，地方銀行である足利銀行（栃木県）などでも悪い噂が流れ，店頭は一時騒然としました．この時期，大蔵省や日本銀行の関係者は，預金者に冷静な行動を呼びかけています．

(2) 預金保険制度の役割

預金保険とは，預金を取り扱う金融機関から預金保険料を集め，その金融機関の経営が破綻しても，一定額までの預金を破綻銀行の代わりに払い戻す制度のことです．米国で1930年代の大不況期に作られ，日本でも1971年に導入されました．当初は，金融機関が破綻することはなく，保険料から得られた預金保険機構の資産が積みあがる一方でした．日本の預金保険制度の枠組みを簡単に紹介すると，預金の元本1000万円までを保証しており，対象となる預金としては，普通預金や定期預金のほか，元本補填契約のある信託（ビッグ）を含んだものでした．その後，①元本1000万円分までの利息，②金融債，も預金保険の対象に追加されました．逆に，預金保険の対象外なのは，元本補填契約のない信託（ヒットなど），外貨預金のほか，外国銀行や民営化前の郵便貯金，独自の保険制度を持つ農協系金融機関の預貯金も対象外とされています．

ここで，預金保険とは，預金者を保護するものであり，銀行を保護するものではないことに注意する必要があります．しかしながら，預金保険があることで，銀行経営者にとって「モラルハザード」が生じ易いといわれています．モラルハザードとは，情報の経済学の中で明らかにされた概念です．銀行経営者が，万一自力で預金を払えなくなっても預金保険が代わりに払ってくれると思えば，ハイリターンの可能性のあるハイリスクな投資という一種の博打に走る可能性があります．預金者側も，危ない金融機関が高い利回りで無理やり資金を集めようとしていると分かっていても，預金保険で保証して貰えると思えば，その危ない預金に預けるかもしれません．1980年代に預金保険を議論する時には，このようなモラルハザードの問題が論じられることが一般的で，実際に預金保険を使うことがあるということは，ほとんど考えられていなかったのです．

バブル崩壊後になると，預金保険機構は大活躍するようになり，組織も人員も大幅に拡充されました．預金保険機構が預金者に払い戻すこと（ペイオフといいます）は2010年の一度（日本振興銀行）しか行われていませんが，受け皿となった金融機関に資金援助を行ったり公的資金を投入したりするかたちで，大活躍しているのです．ペイオフを行うよりも，資金援助を行う方が安上がりの場合，預金保険が資金援助を行うことが合理的です．こうした資金援助による預金者救済は，日本に限らず，米国でも広く行われています．

金融機関の破綻が相次ぐようになると，預金保険機構の資金が不足するようになり，その拡充が必要となりました．このため，相次いで預金保険法が改正され，業務範囲が拡張されたほか，資金調達の多様化も進められました．この結果，日本銀行から特別な融資を受けるほか，民間金融機関から借入れることも可能となりました．

ペイオフについては，法律の上ではかねてより実施できたのですが，「日本の預金者，特に個人の預金者はペイオフに慣れておらず，それに備えた金融機関の選択も行っていないことから，時期尚早だ」という見方も強くみられました．そこで，大蔵省は1995年6月に「金融システムの機能回復について」というペーパーを出し，「できるだけ早期に，遅くとも5年以内に，預金者についても自己責任原則を問い得る環境整備を完了することが適当と考えられる」と述べています．これは，向こう5年間はペイオフを行わないという宣言だと受け取られ，2001年4月にペイオフ解禁といわれるもとになりました．同ペーパーはペイオフ凍結の理由として，① 善意の預金者に損失を求めることにつき明確な国民的なコンセンサスが形成されていないこと，② 金融機関が不良債権問題を抱えて信用不安を醸成しやすい状況にあること，③ ディスクロージャー（情報開示）が実施過程で自己責任を求めるに足る情報が提供されていないこと，の3点を挙げています．いずれももっともな話です．

ペイオフの解禁はその後さらに1年延長されて，2002年4月に定期預金を対象に実施されました．ただ，普通預金等については，決済性があるということで更に3年間全額保護が続きました．このため，2002年頃には定期預金を普通預金に預け換える動きがみられました．普通預金なども2005年4月にペイオフが解禁されました（ペイオフの完全実施と呼ばれることもあります）．もっとも，当座預金など金利のつかない決済預金については，引き続き全額保護されています．銀行が決済業務という重要な仕事をしていて，一部の預金の返済不能が他

の決済に悪影響を及ぼす恐れがありますので，全額保護には大きな意味があります．

なお，ペイオフが解禁された後もペイオフが行われた金融機関は2010年の1件だけとなっています．米国でも，ペイオフはほとんど実施されておらず，ごく小規模の金融機関で使われているだけですので，当然のことかも知れません．

預金保険の拡充の関連では，1998年3月に実施された資本注入についても触れておきます．1997年11月の金融危機を経て，不良債権問題の深刻さがようやく社会的に認識されるようになり，やはり公的資金を投入しなければ解決できないというコンセンサスが得られました．もっとも，どのくらいの公的資金を投入すればよいのかという点については，明確なコンセンサスが得られたわけではなく，小出しの資金投入が図られたかたちとなりました．具体的には，1998年2月に成立した「金融機能の安定化のための緊急措置に関する法律」に基づき，預金保険機構は，整理回収銀行を通じて公的資金を投入できることになりました．このときには，"大手行の中で抜け駆けして公的資金借入を行わず，経営の健全性をアピールする銀行が出てくれば他行も対抗上借りようとしなくなって改善しないので，全行で借り入れよう"ということになりました．この結果，預金保険機構の審査を経て，大手行18行と，横浜，足利，北陸の地銀3行，合計で21行に公的資金が投入されました．

その後も，公的資金の投入にあたっては，預金保険機構が活躍しています．こうした公的資金の投入や資金援助を通じて，預金保険機構は日本の金融機関にセーフティ・ネットを提供しているのです．

(3) **金融機能再生法・金融機能早期健全化法の成立**（1998年10月）

前述の1.8兆円の公的資金導入後も，金融不安は続きました．1998年5月頃から日本長期信用銀行（略して長銀）の抱える不良債権が問題となり，長銀自体の信用度が問われるようになりました．一時期は，大手の信託銀行と長銀の合併という構想もありましたが，長銀の資産内容をみたその信託銀行が合併に否定的となり，救済が困難となりました．北海道拓殖銀行の預金量7兆円余に比べて，長銀は総資産が24兆円（1998年9月末）もありましたので，新たな破綻処理の枠組みが必要となったのです．

そこで新たに作られたのが，「金融機能の再生のための緊急措置に関する法律」（略して金融機能再生法）です．このとき，前述の金融機能安定化法は廃止さ

れました．この法律では，破綻処理の方法として，金融再生委員会が金融整理管財人を派遣して管理させるという方法と，大きな影響を与える場合には「特別公的管理制度」(いわゆる一時国有化) という選択肢が提供されることになりました．

また，この法案の審議過程で金融機能安定化法の自己資本充実策では不十分という批判が強まり，「金融機能の早期健全化のための緊急措置に関する法律」が成立しました．預金保険制度を改正して，公的資金の投入枠の拡大を図るものです．金融機関は，公的資金の投入を受ける際に，「経営健全化のための計画」を金融再生委員会に提出しなければなりません．ここでは，経営の合理化，財務内容の健全性の確保等の方策を定めなければならず，金融機関に相応の努力を求めるものです．

これらの法律により，公的資金の投入枠として用意された金額は，合計で60兆円に達しました．その内訳は，金融機能早期健全化勘定の保証枠25兆円，金融機能再生法に基づく保証枠18兆円，特別資金援助を目的とした17兆円 (交付国債7兆円と政府保証10兆円) です．このように巨額の公的資金投入の枠組みができたことから，さしもの金融不安も沈静化しました．

(4) 日本長期信用銀行・日本債券信用銀行の破綻

金融機能早期健全化法の成立を受けて，10月中に日本長期信用銀行が特別公的管理に移行しました．また，日本債券信用銀行は，金融監督庁の検査後の12月に，債務超過に陥る見込みとされて，特別公的管理に移行しました．

両行が破綻してから，不良債権の実情が明らかになりました．長銀の場合，1999年2月に出された「資産判定結果」によれば，資産24.6兆円のうち，19.4兆円が「適切」と判断されました．逆にいえば，2割以上の5兆円もが新銀行の引き継ぎに不適切な資産とされたことになります．また，後に破綻した百貨店のそごうが「適切」な資産のうちに入っていたことに注意する必要があります．実際の不良債権は，大変な金額に上っていたことがわかります．

一時国有化された日本長期信用銀行と日本債券信用銀行の引き受け手はなかなか現れず，また候補として名乗りを上げたところも，二次ロスの発生を恐れてなかなか交渉が決着しませんでした．そこで，「瑕疵担保特約」という特約が出てきました．買収時から3年以内に2割以上のロスが生じたもののうち，譲受け時に瑕疵があったものについては，預金保険機構が簿価で買い戻すこと

で損失補填を行う,という特約です.

こうした特約をつけることで,ようやく引き受け手がみつかり,日本長期信用銀行は2000年3月に外資系ファンドに譲渡されました.同行は同年6月に「新生銀行」と名前を変え,2004年には東京証券取引所に上場するとともに長期信用銀行から普通銀行に転換しました.瑕疵担保特約を活用して多額の利益を得たことや,東京証券取引所に上場したときに多額の上場利益を得たことでも知られています.

他方,日本債券信用銀行は日本の投資グループに2000年9月に譲渡され,2001年1月に「あおぞら銀行」と名称を変更しました.2006年には長期信用銀行から普通銀行に転換しました.

(5) 貸し渋りの発生

金融不安が発生した時期に,貸し渋りという現象が発生しました.マスコミ等では,資産査定の厳格化などで自己資本比率が低下した金融機関が,分母の側の資産圧縮に走ったため貸し渋りが発生したといわれています.また,金融不安の影響で流動性が足りなくなった金融機関が,資産運用の1つである貸出を絞ったことも一因ともいわれています.

そこで,マクロの貸出額の前年比を見たものが**図表5-5**です.このうち,太い線が国内銀行全体の計数です.ここで,国内銀行とは,全国銀行のほか新

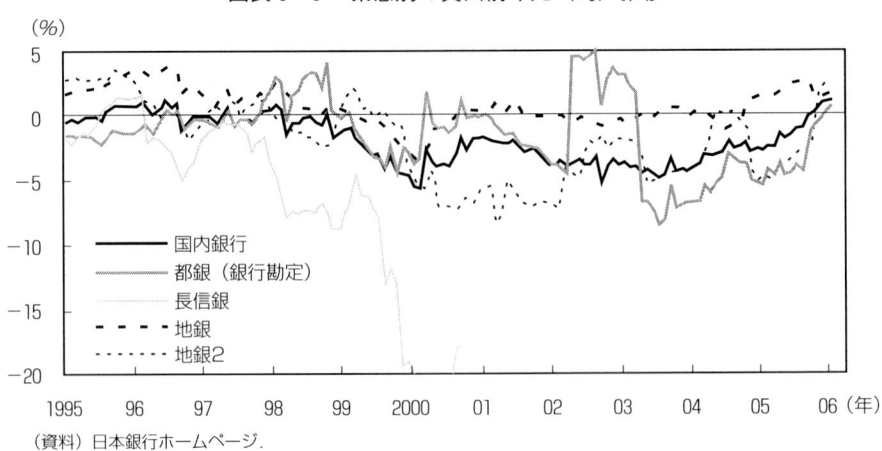

図表5-5 業態別の貸出前年比(%)推移

(資料)日本銀行ホームページ.

しく作られた業態別子会社などを加えた計数です．1997年頃まではゼロ近辺で推移していましたが，1998年に入って前年割れとなることが多くなり，1999〜2005年にかけて大きなマイナスが続きました．これを業態別にみると，都市銀行（細い実線）や地銀（太い点線）は1998年一杯くらいまでプラスでしたが，長期信用銀行（薄い実線）が1996年頃からマイナスに転じ，1997年終盤から急減しています．地銀2（細い点線）も低調に推移しました．

この結果，とくに中小企業に対する「貸し渋り」「貸し剥がし」が生じたといわれています．しかしながら，本当に貸し渋りが激しかったか，統計的に確認することは容易ではありません．確かに，中小企業向け貸出の統計は存在しますが，人数の少ない不動産会社向けや大企業の関連会社向けの貸出も中小企業向けとカウントされるという難点があります．中小企業向け貸出を抑制したのか，不動産会社向け貸出を抑制したのかよく分からないのです．因みに，当時の銀行は，"信用リスクの高い取引先への貸出を抑制しているだけで，貸し渋っている訳ではない"と主張していました．

もっとも，多くの中小企業が資金繰りに対して不安を持っていたのは事実です．日銀短観の資金繰り判断DI（「楽である」－「苦しい」）をみると，全国短観の全企業で，1998年12月には，現状が－20のボトム，先行きも－28を記録しています．金利低下局面では異例のことで，当時の資金繰りに対する不安感がいかに大きかったかが伺えます．

このような貸し渋りに対する不安への対策として，1998年8月の「中小企業等貸し渋り対策大綱」などで，**信用保証協会の特別保証制度**が設けられるなど，中小企業向け融資が奨励されました．同年秋からは，保証協会が中小企業向けに保証した融資が大量に実行されました．なお，その後の一時的な株価の上昇（ITバブルともいわれます）に，この特別保証制度が寄与したとの声も聞かれました．

このほか，1999年3月には，**本章2**(3)でお話しした金融機能早期健全化法に基づき，大手行15行に，公的資金7.5兆円が注入されました．いずれも，リストラなどの経営健全化計画を作成して，提出しています．3月時点の具体的な対象先は，東京三菱を除く都市銀行，日本興業銀行，5信託，横浜銀行の15行です．その後，公的特別管理を終えたばかりの日本長期信用銀行・日本債券信用銀行のほか，地方金融機関も資金注入を受けました．

(6) なかなか減らない不良債権

　銀行等はバブル崩壊後に，株式含み益などを吐き出すかたちで不良債権処理を進めていましたが，不良債権処理の過程で肝心の株式含み益が減少してきました．

　図表5-6は株式含み益の時系列を示したものです．有価証券含み益を左目盛り，日経平均株価の推移を右目盛りで示しています．このうち，一番下の細い実線が主要行の合計，真ん中の四角いマーカーが全国銀行，一番上が預金取扱金融機関全体を示しています．いずれも日経平均株価とほぼ連動していますが，右下がりの傾向が伺えます．1998年9月末には全国銀行ベースでもいったんマイナスに陥った後，株価の一時的な回復で10兆円近くまで持ち直しましたが，また減少傾向に転じています．なお，日経平均が同水準だった1999年9月と1995年9月を比較すると，含み益の水準が大きく下がっています．金融機関の益出しにより，有価証券の簿価が切りあがり，株式含み益の水準が低下したことを示唆しています．

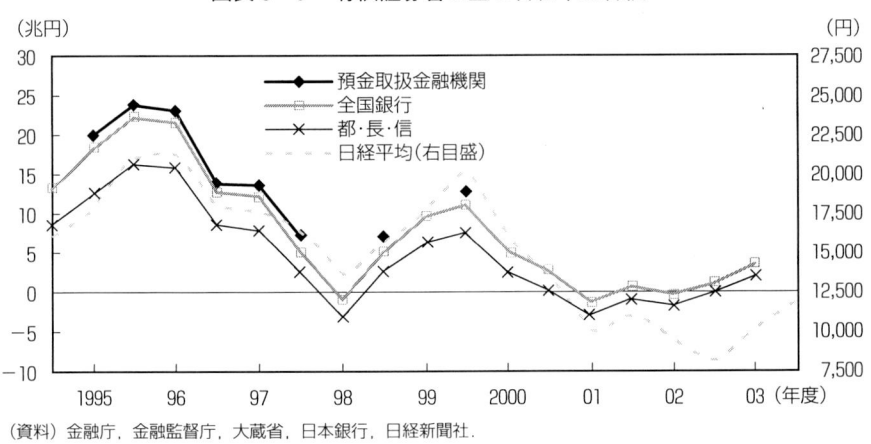

図表5-6　有価証券含み益と日経平均株価

(資料) 金融庁，金融監督庁，大蔵省，日本銀行，日経新聞社．

　他方で，不良債権の額はなかなか減らず，前掲図表5-1で示したように，2002年3月期まで不良債権は増加します．後述のように，不良債権をみる目が年々厳しくなったことに加え，当時の景気の低調から不良債権の額が増えている面も指摘されています．さらに，後述のように，会計制度の変更や早期是正措置の導入により，企業や銀行のバランスシートの透明性が向上して，不良債

権とみなされるものが明らかにされるようになった面もあるでしょう．従来，バランスシートに十分反映されていなかった経営上のマイナス情報が反映されるようになり，それが結果的に不良債権を増やした面もあります．

(7) 昭和の金融恐慌との類似点と相違点

よく，"バブル後の不良債権問題と，昭和の金融恐慌の時代が似ている"といわれることがあります．確かによく似ていると感心する部分があると同時に，違う部分も目に付きますので，ここで簡単に整理しておきます．

昭和の金融恐慌とは，昭和2（1927）年，数次にわたって銀行に対する取り付け騒ぎが発生し，金融モラトリアム（支払い猶予のことです）も発動されたことを指しています．当時の銀行には不良債権が多く，破綻した銀行では預金の一部カットなども行われました．そもそもの発端は，第一次世界大戦と戦後復興の過程で，戦場となった欧州から日本に大量の物資の需要が発生し，日本国内でバブル的な好景気が発生したことです．1920年にかけて，国内では投資や投機が活発になされました．ただ，そうした景気は永続性のあるものではなく，欧州経済が第一次大戦後に復興してくるにつれ，剝げ落ちてきました．この結果，強気の投資や投機が裏目に出ることとなり，投資家や投機家に資金を供給した銀行等が多額の不良債権を抱えることになったのです．その不良債権拡大に輪をかけたのが，1923年の関東大震災です．金融恐慌当時，銀行の不良債権の多くは「震災手形」と呼ばれていましたが，実は，大正末期のバブル崩壊に伴う投資や投機失敗のツケがかなり含まれていたといわれています．その意味では，バブル経済崩壊後の現代の日本経済とダブってみえる点もたくさんあります．なお，金融恐慌は1927年の銀行法改正により鎮静化しました．有担保原則を広げるなど，画期的な制度変更が行われた結果，世の中の不安を鎮めることができたのです．この点も，1998年の金融二法による公的資金注入枠の確保等に伴う金融不安の沈静化とよく似ています．

また，緊縮財政や経済改革に対する人気が高かったことも，当時との共通点です．金融恐慌から少したった1930年，浜口雄幸内閣は金解禁に踏み切りました．当時の世界標準と目されていた金本位制度に，第一次世界大戦前の平価（金と各通貨＜日本では円＞の交換率，1ドル＝約2円）で復帰したのです．日本の国内では，第一次世界大戦後にインフレが発生し，かつての平価での金本位制復帰では円が割高だったのですが，"産業界のスリム化のためには金解禁が不可欠

だ"と主張されました．この結果，輸出産業が大打撃を蒙ったほか，財政支出の削減や公務員給与の引き下げなどのデフレ政策が強力に推進されました．現代でも，橋本内閣の下で財政構造改革法が成立したり，小泉政権下で経済改革や財政再建キャンペーンが行われたりしていて，似た側面を感じます．

他方，相違点もみられます．金融恐慌当時は，機関銀行と呼ばれる銀行が特定の企業に多額の貸し込みを行っていた事例がたくさんありました．現在では，銀行法が改正されて大口融資規制などが行われたため，特定の企業の財布代わりという意味での機関銀行はありません．検査の緩かった信用組合のレベルでは，グループ企業を集計すればそれに近い場合もあったようですが，信用金庫以上の業態では検査で厳しく調べられることから，相応の分散化が図られています．ただし，現代の金融機関をみると，個別企業には貸し込んでいなくても，業種でまとめてみると，「横並び意識」もあって特定業種に貸し込んだ銀行等も少なくありません．不動産，建設，ノンバンクなどに貸し込んで，バブル崩壊の痛手を蒙っている銀行等が少なくないのです．その意味では，昭和初期の機関銀行に似た行動がみられたともいえましょう．

また，昭和初期にはなかった預金保険制度のようなセーフティ・ネットが存在していることも大きな相違点です．これがなかった時代に預金者が銀行の不良債権と聞いて浮き足立つのも無理ありませんが，今日では幸いセーフティ・ネットが用意されているため，無用の混乱を避けることができています．

もう1つ，不況を分析した経済学である「ケインズ経済学」があることも，当時との大きな違いです．世界金融危機前の景気の良かった米国ではケインズ経済学は不人気で，"ミクロ的な基礎がないから経済学として失格だ"とする風潮すらみられました．日本でも，それを真似している経済学者もいましたが，現代の日本経済が直面している困難を乗り切る上では，ケインズ経済学の深奥を究めていくことも大切なのではないかと考えています．

3　早期是正措置の導入

バブル崩壊後の不良債権処理を促進する過程で，早期是正措置が導入され，金融制度が非常に大きく変わりました．バブル後の不良債権処理が遅れたことに対する反省もあって，バランスシートの透明性を高めるための画期的な措置といえます．多数の制度のパッケージとなったもので，資金の貸し手にも借り

手にも非常に大きな影響を与えています．もともと，早期是正措置とは，自己資本比率が不足した銀行等に不足する程度に応じて対応策を命令するという金融行政手法ですが，その大前提として，画期的な変更が行われたのです．この節では，その早期是正措置の体系を説明し，それが日本の金融制度に与えた意義について説明していきます．

(1) 自己査定制度の導入：早期是正措置の前提その1

早期是正措置の大前提は，自己責任原則に基づいて銀行等が**自己査定**を行うということです．銀行等は，早期是正措置が導入されるまで，金融当局の検査あるいは日本銀行の考査があったときに受身で資産の全面的な見直しを行うだけで，後は倒産したり傾きかけたりした企業の個別資産をみるというのが一般的でした．大手の銀行の場合，検査・考査のインターバルはそれぞれ3～4年と長く，原則交互に入ったとはいえ，約2年に一度の計算になります．銀行の経営者自身が自らの資産の内容を十分見直していなかった訳で，その経営姿勢には大いに疑問があります．

皆さんは，「孫子の兵法」をご存知でしょうか．単に軍事問題を扱った兵法書ではなく，心理的・政治的な駆け引きや人間関係の機微にも言及した書物です．日本の経営者の中では高く評価している人が多いので，名前を覚えておくとよいでしょう．その中に，「彼を知り己を知れば百戦殆（あやう）からず」という大変有名なフレーズがあります．戦うに当たっては，ライバルのことを知るとともに，自分自身のこともよく知っておかなければ危険だ，ということです．後ほど説明するリスク管理にあたっても，大変重要な言葉です．己を知ることが，色々な戦略を練るときの重要な課題なのです．

銀行経営者にとっても自行の資産内容を知ることは大変重要であり，正しい自己認識を踏まえて経営戦略をたてる必要があるはずですが，早期是正措置が導入されるまでは十分できていなかったのです．自己査定制度が導入されたことにより，自らが直面している信用リスクを自らの手でチェックするという発想が部分的にも根付きました．このことは，銀行経営にとって画期的な変化であったといえます．

現在では，全国銀行は年に2回，信用金庫や信用組合は年に1回，必ず自己査定を行っています．銀行では毎年6月末，12月末時点の全ての資産を洗い出し，その後3カ月の変化を織り込みながら，貸出が約定どおり返済されている

か，担保の状況に変化はないか，等を厳しくチェックしています．このように，定期的かつ網羅的に資産内容をチェックすることは，己を知るという意味でも，大変重要な変化です．「銀行員にとって負担が大きい」という声もありますが，預金者から預かった大切なお金を運用している以上，資産内容をきちんとチェックするのは当たり前です．今までやっていなかったこと自体が，今から思えばプロ意識に欠けた行為だったといえます．

　次に，自己査定を行うにあたって，査定の基準があまりにバラバラでは困りますし，金融機関や地域別に特性の違いがありますので，あまりに杓子定規で画一的に査定するのも問題です．そこで，査定の大枠を1999年に導入された「金融検査マニュアル」（あるいはその前身の「資産査定について」）の中で示す一方，細目については個別の金融機関の裁量に任せ，個々の金融機関に「自己査定基準書」を作らせることになっています．

　自己査定は，まず銀行等の営業店レベルで「自己査定基準書」に基づいて査定したものを，本部の与信審査管理部署がチェックして組織決定されるのが一般的です．その自己査定結果を，会計監査人と金融当局が二重にチェックすることにより，牽制を効かせる仕組みになっています．会計監査人の場合，従来は銀行の出した決算関連計数を追認するケースが多かったのですが，早期是正措置が定着するにつれ，そういう追認は少なくなっているといわれています．その背後には，①いい加減な会計監査をしていると，株主などから会計監査人に損害賠償請求が行われる恐れが出てきたこと，②早期是正措置の考え方の中で，会計監査の位置づけが明確になったこと，③日本公認会計士協会が相次いで監査指針を発表したため，準拠すべき基準が次第にはっきりしてきたこと，などがあります．

　自己査定制度を導入しただけでなく，そのチェック体制を二重で作ったということも，制度上の大きな工夫です．自己査定だけですと査定結果が甘くなり，預金者や株主に迷惑をかける恐れがありますが，そのリスクを抑制するための考え方が組み込まれているのです．近年，企業統治が話題となり，コンプライアンスやコーポレート・ガバナンスのあり方が議論されますが，その際にもこうしたチェックの必要性が指摘されています．

　こうした制度変更に伴って，銀行等の信用リスク管理が厳格化しています．信用リスクの管理は奥が深く，更なる高度化の手法が多々ありますが，まず出発点として，自分の資産内容を特定時点で輪切りにした情報が必要です．自己

査定制度の導入は，そのための大きな一歩だったといえます．さらに高度な手法としては，①債務者の格付を設定し，運用・管理する，②債務者の信用度（格付など）がどのように変化するかという遷移確率を把握し，分析する，③貸倒れや倒産の実績データを細かく集め，業種や格付等との関連を分析する，などの手法があります．これらのデータを集める前提として，自己査定制度を活用することもできます．

(2) 金融検査マニュアルの導入

かつて，金融当局の査定基準は対外秘の扱いとなっていました．従来の大蔵省検査に当たっては，大蔵省の内規というかたちで検査の基準に関する規程があることは知られていましたが，具体的な基準は公表されていなかったのです．1996年12月に早期是正措置の導入が発表された後，1997年3月に大蔵省の資産査定の考え方を明文化した文書「資産査定について」が発表されました．それを大幅に拡張した「**金融検査マニュアル**」が公表されたのです．

また，この金融検査マニュアル（正式には業態別に作成された金融検査マニュアルのうち「預金等受入金融機関に係る検査マニュアル」のことです）は，金融庁のホームページに掲載されていて，誰でも全文を読むことができます．また，金融検査マニュアルは大企業を中心としたもので，中小企業に機械的に適用するには問題があるという批判もありました．そこで，2002年に「金融検査マニュアル別冊［中小企業編］」が導入されました．中小企業で働く人にとっては，銀行等の出方を考える上で，このマニュアルを読むことも大切な時代になっています．

この「金融検査マニュアル」は，金融機関のリスク・カテゴリー毎に検査時の注目点をまとめたもので，「信用リスク」「市場関連リスク」「流動性リスク」「事務リスク」「システムリスク」などに分かれています．米国の会計監査の考え方を取り入れたといわれ，日本にあっては画期的なものです．かつて，日本の銀行等は「1円でも計算があわないと帰れない」といわれるほど特定のリスク管理に細かい反面，銀行の命運を左右する筈の大きなリスクに対する認識と対応策については，性善説に基づく緩い管理が一般的であるなど，お粗末な面がありました．たとえば，信用リスク面では既存の貸出の定期的・網羅的なチェックが行われていないこと，市場関連リスク面では国債・株式・外国為替などの金融商品の価格乱高下についてのリスク認識とその対応策策定が不十分なこと，事務リスク面では職員に不正を起こさせないためのルール作りとその

運用が不十分なこと，システムリスク面ではシステムがうまく作動しないときのリスク認識とその対応が不十分なこと，などの問題を抱えていました．こうした問題点を銀行に気づかせるという意味でも，「金融検査マニュアル」が果たした役割は大きかったと考えています．

この金融検査マニュアルの中では，検査が銀行等の不正や問題点を摘発するだけ，というのではなく，各金融機関が自発的に自らの問題点を検討して正していくことや，外部の専門家の目からチェックすることを求めています．自ら襟を正すということは，自己査定のチェックに限らず，とても大切なことです．1つの組織にどっぷり浸かってしまうと，つい当たり前だと思ってしまうことが，世間では当たり前ではないことが少なくありません．そうした問題点を見出す上でも，外部の目は大切なのです．日本の金融機関には，「金融検査マニュアル」対策という面もあって，内部監査や外部監査を重視する動きが広がっています．かたちから入るのでも構いませんので，今後是非とも実効を挙げて欲しいところです．

(3) 資産査定の考え方

資産査定とは，貸出などの資産を，**回収の可能性**によって**分類**するものです．大蔵省時代からの分類方法に従って，ローマ数字のⅠ～Ⅳに分類されています．日本銀行の考査では，かつてはこれにほぼ対応する別の表現を用いていましたが，今では同一の方式を用いています．

資産査定の第一歩として，まず債務者の状況に応じて，**債務者の区分**を行います．金融庁が毎年発行している「金融庁の1年」では，5つの債務者区分を，それぞれ概要，**図表5-7**のように定義しています．

なお，④の要注意先のうち，「3カ月以上延滞債権」にかかる債務者と「貸出条件緩和債権」にかかる債務者を，**要管理先**と呼ぶことがあります．要注意

図表5-7 債務者区分の定義

① 破綻先：法的・形式的な経営破たんの事実が発生している先（……）
② 実質破綻先：（……）深刻な経営難の状態にあり（……）実質的に経営破綻に陥っている債務者
③ 破綻懸念先：（……）経営難の状態にあり（……）今後，経営破綻に陥る可能性が高いと認められる債務者
④ 要注意先：（……）貸出条件に問題のある債務者，（……）履行状況に問題がある債務者のほか，業況（……）又は財務内容に問題がある債務者など今後の管理に注意を要する債務者
⑤ 正常先：業況が良好であり，かつ，財務内容にも特段の問題がないと認められる債務者

先の範囲が広いので，より深刻な債務者のことを要管理先と呼んでいると考えればよいでしょう．

このように，債務者区分を書き分けることは簡単なのですが，とくに③の破綻懸念先と④の要注意先，あるいは④の要注意先と⑤の正常先とを切り分けることは必ずしも容易ではありません．検査の際には，これらの債務者区分の判断について議論が分かれるようです．銀行等は，長い付き合いのある取引先についても，"財務諸表に出ていない長所がある"等として甘めの債務者区分を行いがちです．その際には，根拠のある議論をしないと，会計監査人や金融当局を説得することはできません．銀行等では，債務者と協力するなどして，必要な情報を揃えておくことが大切です．

債務者区分が決まった後は，個別の貸出案件ごとに回収可能性に基づいて，**債権分類**を行います．第Ⅰ分類が「正常債権」，第Ⅱ分類が「回収に注意を要する債権」，第Ⅲ分類が「回収に重大な懸念のある債権」，第Ⅳ分類が「回収不能債権」を意味しています．回収可能性を判断する際には，担保や保証の存在と債務者区分が大きな判断材料となります．個々の債権の担保や保証のあり方を勘案し，原則として**図表5-8**のようなかたちで債権分類を行います．

図表5-8　債務者区分と債権分類の対応関係

	優良担保・優良保証	一般担保・保証		担保なし
		処分可能見込額（評価額の7割）	評価額と処分可能見込額の差額	
正常先	Ⅰ	Ⅰ	Ⅰ	Ⅰ
要注意先	Ⅰ	Ⅱ	Ⅱ	Ⅱ
破綻懸念先	Ⅰ	Ⅱ	Ⅲ	Ⅲ
実質破綻先	Ⅰ	Ⅱ	Ⅲ	Ⅳ
破綻先	Ⅰ	Ⅱ	Ⅲ	Ⅳ

(資料)「金融庁の1年」(各年版)．

ここで，**優良担保**とは，預金や国債などの信用度と回収可能性の高い担保のことを指します．これに対し，**一般担保**とは，不動産や株式などの担保を指します．一般担保は価格変動のリスクが大きく，売り急げば買い叩かれる恐れがあります．また，**優良保証**とは，保証協会の保証など，保証の履行が確実なものです．これに対し，**一般保証**とは，個人保証など，保証の履行に不確実性のあるものを指します．

優良担保や優良保証がついている場合には，その金額までは債務者区分が何であろうと自動的に第Ⅰ分類となります．もっとも，優良担保・保証が少しでもついていれば，債権全額が第Ⅰ分類となる訳ではありません．優良担保・保証の額が上限となります．

一般担保・保証については，処分可能見込額の7割程度の範囲内については，要注意先以下の場合でも第Ⅱ分類となります（正常先は第Ⅰ分類です）．不動産の時価の7割程度であれば回収できる可能性が高いことに着目したものです．評価額と担保処分可能見込額の差額（評価額の残り3割に相当します）については，破綻懸念先以下の場合でも第Ⅲ分類ということになります（正常先は第Ⅰ分類，要注意先は第Ⅱ分類です）．ここで注意することは，担保がついていても，評価額が上限になるということです．仮に不動産担保が100億円ついていても，評価額が60億円の場合には，処分可能見込額が42億円，評価額と処分可能見込額との差額が18億円となり，担保の残り40億円分については無担保扱いとなります．

無担保分については，破綻先・実質破綻先の場合が第Ⅳ分類，破綻懸念先の場合が第Ⅲ分類，要注意先の場合が第Ⅱ分類，正常先の場合が第Ⅰ分類となります．第Ⅳ分類については，担保処分や保証の履行によって回収することが期待できませんので，会計上の処理が必要になります．

本章1(3)でお話ししたリスク管理債権と債務者区分の関係をみると，破綻先への債権は破綻先債権と対応します．実質破綻先〜要注意先への債権は，延滞債権，3カ月以上延滞債権，貸出条件緩和債権のいずれかに分類されることが多いでしょう（厳しい金融機関は，破綻懸念先では延滞していなくても延滞債権とすることもあります）．もちろん，いずれにも該当しない場合もあります．また，正常先への債権は，定義上，リスク管理債権に該当することはありません（リスク管理債権が少しでもある債務者は，正常先とは区分されないからです）．

リスク管理債権と債権分類の関係はさらに複雑になります．破綻先債権，延滞債権，3カ月以上延滞債権，貸出条件緩和債権とも，担保や保証や債務者区分によって第Ⅰ〜Ⅳ分類となります．

預金者や株主にとっては，各銀行等の資産査定額を知りたいところですが，個別行の資産査定額は公表されていません．また，全国銀行などの集計値については，金融庁や日本銀行が2002年3月分までは公表していましたが，近年では公表されていません．図表5-9は，全国銀行の集計値の推移をみたものです．第Ⅳ分類については，後でお話しするとおり，期末に償却しなければなら

図表 5-9　資産査定額（全国銀行計）

(単位：兆円)

	Ⅰ	Ⅱ	Ⅲ	Ⅳ	計
1998年3月末	576.5	65.8	6.1	0	648.5
1999年3月末	487.5	61.0	3.2	0	551.8
2000年3月末	472.4	60.5	2.8	0	535.8
2001年3月末	470.7	63.1	2.6	0	536.3
2002年3月末	440.5	67.8	3.3	0	511.6

(資料) 金融庁, 金融監督庁, 日本銀行.

ないため，0となっています．

(4) 査定に基づく償却・引当：早期是正措置の前提その2

　早期是正措置では，**自己査定結果を織り込んだ正しい償却・引当を行うこと**が求められています．銀行等のバランスシートを正確なものとするのです．日本の金融機関は，税務当局に認められる無税償却を原則とする償却方針（**本章**1(2)でお話ししました）から，税制に関わりなく，資産の実態を正しく反映するための償却方針へと変更しなければならなくなったのです．実際に，有税償却が盛んにおこなわれるようになったことは画期的な変化です．

　まず，償却の概念については，**本章1(2)**などでお話ししたとおり，不良債権を資産サイドから引き落とす「直接償却」と，資産価値が毀損された分に備えるために貸倒引当金（マイナスの資産と位置づけられています）を積む「間接償却」の2種類があります．いずれも，損益計算書の上で損失を計上しなければなりません．貸借対照表で左側の資産が減る訳ですから，右側の資本部分を損失によって減らさないと左右のバランスが取れなくなるためです．

　なお，貸倒引当金については，個別の貸出に対して引当金を積む「個別貸倒引当金」と，貸出を特定せずに引当てる「一般貸倒引当金」の2種類があることを知っておくとよいでしょう．正常先や要注意先であっても，狂牛病の被害など突然の事件・事故などで借金が返せなくなることもありますので，一般貸倒引当金を積む必要があるのです．過去の貸倒実績に基づいて一般貸倒引当金を積むことが必要ですが，いろいろな理由を付けて，本来積むべき一般貸倒引当金を十分積まないケースもあったといわれています．

(5) 早期是正措置：行政プロセスの透明化

　早期是正措置では，正しいバランスシートに基づいて計算された自己資本比率を基準にして，資本不足の銀行等に行政命令を出します．そこで，以下では，自己資本比率の計算方法などについて説明し，次に行政措置の種類についてお話しします．

　自己資本比率の定義は，分子が「広義自己資本」，分母が「リスクアセット」です．この広義自己資本の定義は，「基本項目＋補完項目－控除項目」ということです．ここで，銀行等のバランスシートの資本勘定に近い「基本項目」だけでなく，有価証券や不動産の評価益の45％や一般貸倒引当金，劣後債務（劣後ローンや劣後債）などを含む「補完項目」を付加していることに注意する必要があります．逆に，銀行同士で株を持ち合いしている場合には広義自己資本から控除されるという決まりもあります．自己資本比率の分子は，決して自己資本ではないのです．

　次に，分母のリスクアセットですが，銀行等の資産額そのものではありません．個々の資産額にそれぞれの危険度（リスク・ウェイト）を掛け合わせたものを集計して算出します．たとえば，国債のリスク・ウエイトは０％，信用保証協会の保証のある債権は10％，金融機関向け債権は20％，住宅ローンは50％，通常のローンは100％，といった具合です．国際基準行については，信用リスクのほかに，市場リスクについてもリスクアセットに加算する必要があります（国内基準行は2007年３月から加算するようになりました）．

　このようにして計算された自己資本比率を，海外営業拠点（海外支店や現地法人）のある国際基準行は８％以上，営業拠点のない国内基準行は４％以上とすることが求められています（現在では銀行法とその関連の告示で定められています）．ここで，国際基準行については，BISのバーゼル委員会で合意した国際統一基準の８％と一致しています．いわゆるBIS規制と呼ばれるものです．国際基準とは別に，日本では国内基準という第二の基準を設け，銀行等の海外営業拠点の有無によって使い分けています．これは，国内基準という緩い基準を設けていることを意味しています．不良債権処理の過程で自己資本比率が低下した国際基準行が海外営業拠点を閉鎖して，国内基準行になる事例が多くみられました．今では，日本の銀行等で国際基準行は20行もありません．日本ではあまり知られていませんが，このような二重基準は欧米の先進国ではみられないことに注意する必要があります．発展途上国でも，国際基準に一本化する動きが

広がっています．不良債権問題が重石であるかぎり国内基準を厳格化することは難しいでしょうが，今後は問題になる可能性があります．

早期是正措置では，金融庁が上記の**自己資本比率規制を守れなかった銀行等に行政措置を行います**．その際の目安について，銀行法の体系の中で明記したことが大きな変化点です．国際基準行については，自己資本比率が4～8％の場合，経営改善計画の提出及びその実行命令が出されます（国内基準行は各々半分の比率）．2～4％の場合，資本増強計画の提出及び実行，配当などの禁止又は抑制等の命令などが出されます．総資産の圧縮，高金利預金の受入の禁止，営業所の廃止などの選択肢もあります．0～2％の場合，自己資本の充実等を選択した上でそれに係る措置を実施する命令が出されます．大幅な業務の縮小，合併又は銀行業の廃止等の措置という選択肢もあります．0％未満となると，業務の一部又は全部の停止命令が出されることがあります．このように，自己資本比率が低いほど厳しい行政措置が講じられる仕組みになっているのです．

(6) 関係機関の早期是正措置への対応

銀行等は免許業種ですので，法令を遵守する意欲を持っています．金融検査マニュアルを強く意識して社内体制を整備しています．しかしながら，金融検査マニュアルの字面だけを追っている面も否めません．なぜ金融検査マニュアルにある事項が書いてあるのか，その目的を実現するためには，現場で何をすれば良いのか，ということを十分考えていない事例もあるようです．

会計監査人については，早期是正措置の導入決定後，公認会計士協会が各種実務指針を公表するなど，積極的に関与する動きが広がっています．ただ，法的責任の有無が不明確であることもあって，古い意識がすぐには変わらず，徐々に変わりつつあるように思われます．銀行の自己査定に基づく償却・引当の内容についてチェックするのが会計監査人の仕事です．会計監査人は自己査定の中身については比較的少量のサンプルチェックを行うだけで，さほど大掛かりなチェックを行っていないこともあって，早期是正措置の導入当初は，銀行のバランスシートの精度が期待されたほどには向上しなかったようです．ただ，2003年にりそな銀行に公的資金が投入され，同年に足利銀行が特別危機管理に移行した際にも，会計監査人が銀行側の決算案を否認したことが引きがねになっています．また，2003年の公認会計士法改正によって，同一の公認会計士が7年までしか監査できなくなりましたので，会計監査人のチェックが一段と

有効性を高めていくことが期待されます.

さらに, 銀行等の決算については, 金融当局による検査・考査も行われます. この過程で, 銀行等の自己査定と金融庁の査定の乖離が小さくなってきています. 金融庁の公表資料「主要行における自己査定と検査結果との格差について」によれば, 金融検査マニュアルに基づいた第1巡目の主要行との検査（2001年9月期まで）では平均して検査後に貸出金分類額が36％, 償却・引当額が47％増加していましたが, 第3巡目の検査（2004年3月期まで）では貸出金分類額が6％, 償却・引当額が14％増加したにとどまっています. この間に, 金融庁が不良債権処理を加速するために検査の基準をより厳しくしていたことを考えますと, 自己査定と検査結果との格差が急速に縮まっていることがわかります. 検査を重ねることによって, 自己査定が検査並みに厳格化しつつあることを意味しています. なお, 早期是正措置が導入された当初は, 金融機関検査の十分なノウハウを持った検査官の数が, 米国に比べて1割にも満たないなど非常に少なく, 検査の実効性を疑う声もありました. そこで金融庁では, 公認会計士の資格を持つ人や, 税務署で税務調査の経験者などを大量に採用しており, 毎年着実に検査要員を増やしています. 行政改革にあたって公務員の数を減らしさえすれば良いという声もありますが, この検査官の拡充の事例は, 必要な人員であれば拡大しなければならないことを示していると思います.

日本銀行も, 当座預金取引先の金融機関を対象に, 日本銀行法に基づく考査を行っています. 日本銀行の目的の1つに,「資金決済の円滑の確保を図り, もって信用秩序の維持に資することを目的とする」ことが明記されているためです. 早期是正措置の導入前には, 日本銀行独自の基準で資産査定などを行っていましたが, 現在では金融検査マニュアルに準拠して考査を行っています. 会計監査人と意見交換を行うなどして, リスク管理の厳格化に努めています.

銀行の借り手にとっても, 早期是正措置の導入に伴って, 環境が大きく変わりました. 従来は銀行の本音が良くわからなかったでしょうが, 現在では金融検査マニュアルを読めば, 銀行やその背後にいる会計監査人や金融当局の考え方がある程度わかるようになりました. 借り手の債務者区分を銀行から聞いたり, 金融検査マニュアルを読んで予想したりすれば, 銀行の融資方針を予想できるようになったのです. 破綻懸念先に該当しているような企業の場合には, 銀行が背任になることを恐れて, 追加融資が非常に難しくなるでしょう. 要注意先であっても, 高めの金利を求められたり, 貸出条件が厳格化されたりする

ことが考えられます．1つの対応策は，債務者区分を引き上げることです．破綻懸念先であれば要注意先に，要注意先であれば正常先になる方法を考えることが大切です．確実性の高い経営再建計画を立て，着実に履行していくなどの対応が考えられます．現実性の乏しい計画や不十分な実績では，銀行，会計監査人や金融当局を説得することはできません．どのような資料を用意して関係者に理解してもらうか，よく考える必要があります．また，情報開示についても積極的に考えることも必要になるでしょう．金融論の知識が大切な時代になってきたのです．

4　金融機関のリスク管理の重要性と今後の課題

この節では，バブル期の反省も含めて，金融機関のリスク管理の重要性についてみていきます．また，金融機関のリスク・カテゴリー別に，今後のリスク管理面の課題について説明していきます．

(1) バブル期の金融機関経営の問題点

これまで話してきたとおり，バブル期における日本の金融機関のリスク管理には，今から思えば色々な問題点がありました．**リスク管理全般が甘かったのです**．その背景として，第1に，成功体験への拘泥が挙げられます．一度成功体験が脳裏に刻みこまれると，なかなかその枠組みから離れられないのは，洋の東西を問いません．日本の金融機関では，たとえば，土地担保をもとに貸出を行っておけば，当初の資金使途が計画通りいかなくても，土地担保を処分すればうまく回収できたという成功体験を重ねてきました．このため次第に，ワンパターンで，土地担保さえあれば貸し込んでもよいと考えるようになりました．こうした過去の成功例を踏襲することは，日本のサラリーマン社会ではかなり有力な「生きるための知恵」であり，失敗したとしても，「前例のなかったことですから」といえば許される雰囲気がありました．本来ならば，前例が成功した環境と現状の類似性を確認する必要があるのですが，冷静な分析は軽視され，ひたすら前例に従うのがよいという雰囲気があったのです．特に，答えの用意された○×式テストの世界で勝ち進んだ人は，「環境に応じて正解が異なる」という柔軟な発想ができず，過去の成功例に安易に正解を求める傾向があったようです．

第2に，経営陣（経営トップや役員など）のリスク管理への関与が薄い点も問題です．自らの金融機関がどういうリスクに晒され，それをどのように主体的に管理していくか，という意識が希薄で，リスク管理を担当者任せにしているケースが少なくなかったといわれています．サラリーマン世界の常ですが，担当者は，自分の担当分野に限ったリスク管理に精を出しがちで，なかなか全体をみることができません．これでは自分の軒先をきれいにできても，全体を改善することは難しいのです．

これとも関連しますが，第3に，日本の企業はリスクを網羅的・横断的に把握し，全体像をつかんだうえで，優先順位をつけて対応しようとの意識が希薄でした．「群盲象を撫でる」という諺があります．目の不自由な人が象のしっぽを触って「象は細長い動物である」と思ったとしても，全体像を正確に把握したとはいえません．全体像を理解しないまま，場当たり的なリスク管理対策を行ったとしても，リスクを十分にコントロールできないのです．

次に，より具体的な問題行動をみると，まず**土地担保に安住した資産保全策**を指摘できます．確かに，バブル期までの金融機関にとって，資産保全のための有力な手法は土地などを担保としてとることでした．土地神話が成功体験を通じて一段と強まるにつれ，資金使途の収益性などを分析する審査能力は，多くの銀行で軽視され，弱体化していきました．また，製造業を中心とした大企業からの資金需要が減少傾向を辿る中で，不慣れな業種や不慣れな企業に対する貸出を拡大していきました．ボリュームを拡大すれば収益がついてくるという，これも成功体験があったことから，土地担保をとった貸出に力を入れることになった面もあります．

また，**資産ポートフォリオに対して，十分な関心を持っていなかった**という面も大きな問題行動です．日本企業の場合，同業者間の横並び意識が強く，他社がうまくやったことに，すぐ追随する傾向があります．他の銀行がノンバンク・建設・不動産に貸出して業績をあげれば，自行も同じように貸出そう，負けてはなるものか，という意識がありました．この結果，銀行業全体でみたノンバンク・建設・不動産向け貸出が拡大していったわけです．それに伴って**集中のリスク**が高まったのですが，残念ながら十分な関心は払われなかったのです．貸出企業のみならず貸出業種を分散させることでリスクを軽減できるという金融論の基本的な原理が，十分理解されていなかったのです．

さらに，日本の金融機関の**内部管理体制**が，第三者からのチェックがかかり

にくいものとなっていた点も問題です．そうした中で，性善説に基づいた甘いチェック体制が温存されたのです．数年に一度，大蔵省の検査や日本銀行の考査が入るほか，たまにコンサルティング会社のコンサルティングを受けることはありましたが，大きな意識改革は難しかったようです．さらに株主総会は非常に短く，株主からの牽制も効きにくい企業体質となっていました．これでは，環境変化に主体的に対応するのは難しかったことでしょう．

以下では，リスク・カテゴリー別に，リスク管理面の今後の課題をみていくことにしましょう．

(2) 信用リスク管理の課題

信用リスクの管理の面では，なんといっても，**自己査定制度を定着させる**ことが大切です．それをベースに，適切な償却・引当を行って，バランスシートの透明化を図ることが肝要です．その過程で，不良債権を適切に処理していくことが望まれます．

次に，各貸出先に対して，行内での格付けを付与することも，多くの銀行で行われるようになっています．こうした格付けは**内部格付**と呼ばれますが，このシステムを導入した銀行等は，一段と精緻化していく必要があります．また，いくら立派な内部格付け制度を持っていても，個別企業の格付けが合理的でなければ意味がありません．しっかりした制度を築くとともに，厳格に運用していくことが望まれます．さらに，データの蓄積が進むにつれて，格付と倒産確率の関係をチェックするなどして，内部格付の信頼性を高める努力を続けることが望まれます．

第3に，各銀行が貸出の入り口である**案件審査力を強化**することも大切です．また，いったん貸出した案件については，これまで，問題が表面化するまであまり熱心にチェックしない傾向がありましたが，事後フォローを厳格に行うことも重要です．大企業の借入が減少する中で，ウェイトが高まっている中小企業向け貸出については，取引先数が多いので一々手間隙かけて見るのは難しい，という面もあるでしょう．しかし，変化の兆候を見逃さないようにする工夫も大切です．借り手の経営状態について早期警戒警報を発するシステムを構築するなど，いくつかの手法があります．

事後フォローの一環で，不動産担保の評価額についてよく考える必要もあります．近年では，収益還元法（DCF法とも呼ばれます）という手法で，将来の地

代の割引現在価値を一定期間分について加算することによって資産価格を算出する考え方があります．2章4(3)i)でお話ししたことを応用するかたちで，地代 d と割引率 r を用いて資産価格を計算します．このとき，割引率 r として何を用いるかが大変重要となります．当然リスクプレミアムがつくので，低水準の国債金利を r として用いる訳にはいかないでしょう（地価が高くなりすぎる恐れがあるからです）．妥当な割引率 r としては，3％，7％など色々な考え方がありますが，どれが正しいかについて，よく考える必要があります．これとは別に，不動産鑑定士に鑑定を依頼し，そこで得られた価格全額を資産査定の際の担保価値としてみる，という手法も行われています．この方式の場合，鑑定士によって鑑定価格にバラツキがある上，鑑定時期が古くなれば資産価値が減少してしまうリスクがあります．不動産鑑定のインターバルについてよく考える必要があります．

　第4に，**貸出のポートフォリオについても十分考える必要**があります．銀行については，大口融資規制（1974年に銀行局長通達で始まり，1981年から銀行法で規制）がバブル以前からあり，特定の貸出先に対して自己資本対比で多額の貸出はできなかったのですが，バブルの時には，同質の企業に多額の貸出を行うことによって，大きな不良債権を抱えることになりました．単に同じ貸出先かどうかをチェックするだけでなく，リスク特性からみて，同質的な貸出かどうかを考える必要があったのです．たとえば，個々の貸出資産の価値が，地価の下落というリスクに対して，どの程度の分散・共分散を持つのか想定した上で，貸出ポートフォリオ全体にどれだけのリスクがあるのか，を考える必要があったのです．次の市場リスクの項目で説明する VAR という手法を，貸出ポートフォリオに適用するという手法もみられます．

　第5に，**信用リスクを銀行本体から切り離す**ための手法が現在色々整備されています．こうした手法を上手に活用することも，今後の重要な課題です．たとえば，3章2(1)でお話しした ABS を発行して投資家に証券を販売し，その銀行の資産から外すことが可能です．また，債権譲渡という手法もあり，信用リスクを譲渡先に移転することもできます．但し，これらの手法を用いる場合，契約の詳細によっては，信用リスクを投資家または譲渡先に完全に移転できない場合もありますので，注意する必要があります．また，バルクセールといって，多数の不良債権をまとめて販売する手法もあります．同セールの買い手には，サービサーと呼ばれる回収業者のほか，米国系の投資ファンドが出てくる

こともあります．これらの不良債権は，帳簿価格に比べて大幅安で販売されるのが一般的です．

　第6に，銀行が経営再建計画に積極的に関与したり，顧客や取引先を紹介して再建に協力したりするなど，**取引先の信用リスク軽減のための措置を講じる**ことも1つの方法です．もちろん，取引先の自助努力が第1ですが，こうした手法により信用リスクを軽減することも可能です．元来，借り手がメインバンクに期待する機能の1つとして，営業面での協力もあった訳ですから，借り手にとっても有利な対応といえるでしょう．

(3) 市場リスク管理の課題

　市場リスクについては，自己査定のような明確な管理手法が義務付けられているわけではありません．しかしながら，多くの金融機関では，金融検査マニュアルに書かれていることもあって，「ALM委員会」などの市場リスク管理のための組織を作り，経営陣が出席して報告を受けるようになっています．市場リスクについては，専門的な知識が必要な分野というイメージが強いため，とかく担当者任せとなりがちです．しかしながら，銀行経営に大きな影響を与える分野だけに，経営陣がリスク管理に積極的に関与することが求められます．

　市場リスク管理の手法としては，いろいろなものがありますが，現在では主要行や大手地方銀行の間で，**バリュー・アット・リスク**（VARと略称されることもあります）と呼ばれる手法がよく用いられるようになってきました．VARは，「保有期間中に一定の確率でポートフォリオに発生しうる最大損失額を統計的に表示したリスク指標」とされています．リスク要因として何を想定するのか，その変動についてどのようなシナリオを置くのか，具体的にどのような手法で計算するのか，等によってその結果は大きく変わってきます．ALM委員会に出席した経営陣は，こうした指標の有効性と限界についてよく知った上で，適切な判断を行うことが求められます．"**文科系の出身者**だから**数学や統計学は理解できなくても良い**"といっていられる時代ではないのです．そうした理解力のない人は，そもそも経営陣になっては困る時代なのです．

　また，現在では金融派生商品（デリバティヴズ）を組み込んだ商品を中小金融機関が保有するケースも増えています．ノックアウト条項（オプションの一形式です）などのかたちで，それとなく組み込まれている商品も少なくないだけに，そうした商品についてのリスク評価を慎重に行う必要があります．

会計の透明化の一環で，時価会計が導入されていることへの対応も大切です．従来は，低価法ということで，個別の有価証券の時価が簿価を下回った場合，その有価証券の簿価を低い時価に書き換える，という変則的な方式が取られていました．ここでは，有価証券含み益というバランスシートに反映されない資産が存在したのです．これを，原則としてバランスシートの資本項目に反映させようというのが時価会計です．これに伴って，資本勘定が増減することになりましたので，株価下落の影響がバランスシートに鮮明に出るようになったのです．こうした会計上の変化も念頭に置いた市場リスク管理が求められます．

なお，現在の大手銀行にとって最も大きな市場リスクは，①持ち合い株式の価格動向と，②国債の価格動向です．こうしたリスクを回避するためには，大手行の場合，持ち合い株式を減少させる必要が指摘されています．国債についても，2005年3月末現在で，全国銀行は約100兆円も保有しており，国債の金利が上昇して国債価格が下落すれば，大きな打撃を被ることになりかねません．市場リスクの性格を正しく理解したうえで，適切な管理を行うことが求められます．

(4) 事務リスク管理の課題

事務リスクについては，従来は現場の問題だという見方が強く，「事務リスクで倒産した金融機関はない」という安易な見方も根強くありました．しかしながら，この考え方は間違いであることが判明しました．1991年に発覚した東洋信用金庫の架空預金証書発行事件により，この信用金庫は破綻し，事業の譲渡・都銀等への吸収合併というかたちで処理されたのです．ある支店長がこっそりと多額の預金証書を偽造して，それが融資の担保に使われたという事件です．預金証書の発行というリスクの高い事務は，通常は単独では認められず，複数の関係者が関与して相互牽制をかけるのが一般的なのですが，この事件ではこうした基本動作を外したため，悲惨な結果を招いたのです．

事務リスクは，今でも経営陣から軽視される傾向がありますが，決して馬鹿にはできないものです．また，銀行本体がいくら厳格に事務を進めても，外注先などアウトソーシングを受けた企業が対応を誤ると，銀行本体の責任を追及されることも少なくありません．「別会社がミスしました」と謝罪したところで言い訳にならず，使っている会社の監督責任が厳しく追及されるのです．このため，**銀行本体のみならず，関連会社やアウトソース先も含めて，事務リス**

クを削減するための施策を講じる必要があります．

　事務リスクを軽減するための1つの有力な方策は，**内部統制**を高めることです．独立した監査部署による検査・監査や，自店検査などを行って，帳簿や伝票のチェックを行い，過去の仕事振りを見直すことは，不正の余地をなくす上で大切です．また，防犯カメラなどを設置して，必要な記録をとることも1つの方法です．写されるほうは愉快ではないでしょうが，自分の無実を証明することができるという側面もあり，却って身を守ることになる点も考慮する必要があります．

　また，"あの人に任せれば大丈夫"などというかたちで，「**性善説**」に基づいたリスク管理を行うことも避けなければなりません．最近では，夏休みなどの際に1～2週間の連続休暇取得を義務付ける金融機関も多くなりましたが，本人の健康を配慮しただけでなく，行員間の相互牽制を強め，不正を防止する効果を期待したものでもあります．また，多くの金融機関が人事異動のインターバルを2～3年と比較的短くしているのも，不正防止を狙ったものです．このように相互牽制を強め，不正がなされにくい事務体系を作り上げることが大切です．

　また，大掛かりな事務ミスが発生した場合の**緊急時対応計画**を，予め定めておくことも有効です．人間はいざという時には慌ててしまうため，波及効果を十分考えなかったり，基本動作を誤ったりすることがあります．簡単なことであっても，対処方針を事前にある程度定めておくことが望ましいのです．このような緊急時対応計画を英語ではコンティンジェンシー・プランと呼びますが，欧米の金融監督当局は，こうした計画の整備を求めることが多くなっています．日本でも近年重視されるようになっています．

　オペレーショナルリスクの計量化については，**4章3(6)**でお話しした BIS 規制の見直し論議（バーゼルⅡ）の中で，大きなトピックスとなりました．日本の金融機関の場合，事務ミスが非常に少なく，職員の士気や事務レベルが高いのですが，欧米では必ずしもそうではありません．こういった国の事務リスクと，日本の事務リスクを同一の基準で見るのは，どうみても不自然です．各銀行の事務ミス発生確率を統計的に計測し，それに基づいた対応をとることが日本の金融機関にとっては有利だと思われます．実際，こうした統計処理については，日本の金融機関や日本銀行が意欲的に取り組んでおり，世界での議論をリードしました．データに基づいた対応策の大切さを教えてくれています．

(5) システムリスク管理の課題

"現在の銀行業はシステム産業の様相を呈している"といっても過言ではありません．このため，システムリスクの管理に経営陣が積極的に取り組むことが望ましい時代となっています．少し古い話になりますが，1999年頃にコンピュータ2000年問題で大騒ぎしたことがありました．2000年になった途端にコンピュータが誤作動することで，預金等のデータが消えたり，社会インフラが混乱したりするのでは，と危惧されたものです．事前に対応が進められたこともあって，幸い大きな問題は起こらずに済みました．この対応の過程で，金融機関でも経営陣が積極的に関与して，問題発生の予防や緊急時対応計画の策定に努めました．こうした経験を活かし，システムリスクの管理に経営陣が積極的に関与することが望まれます．

システムリスクを管理する方法としては，システム開発の担当者と本番システムの運用に当たる人を分け，システム開発者が不正をできないようにする手法がよく行われます（「**開発と運用の分離**」と呼ばれます）．また，担当者が代わってもシステムのつくりが簡単に分かるようにドキュメントと呼ばれる文書を作成して適切な場所に保管し，常に最新版を揃えておくことも大切です（「**ドキュメントの整備**」と呼ばれます）．さらに，一部のシステムがダウンしてもすぐに切り替えできるようにバックアップのセンターを設けたり，コンピュータや回線を二重化したりすることも良く行われています（「**バックアップ体制の整備**」と呼ばれます）．いざという時に備えて，緊急時対応計画を作成し，必要な場所に備えておくことも大切です．2001年の米国同時多発テロの時，NYの倒壊したビル内にあった金融機関はシステムが動かずに一時困りましたが，事前にバックアップ体制が整備されていたこともあって，大いに威力を発揮して混乱を短期間で終息させることができました．緊急時の対応計画が非常に重要な時代になっています．

個人情報保護法の制定もあって，**情報セキュリティの確保**も重要な課題です．第三者に不正に侵入され，データが覗かれたり持ち出されたりすること，システムをダウンさせられること，第三者になりすまして資金を盗まれること，などの危険が銀行業でも高まっているからです．たとえば情報漏洩が起きると，新聞等に企業名が出て，大きな痛手を被ることがあります．こうしたことを起こさないよう，情報セキュリティを確保するための全社的な取り組み方針を定めるとともに，アウトソーシング先も含めて全ての従業員に周知徹底し，定め

られたルールをきちんと守らせることが大切です．内部統制の強化など，ルールを遵守させるための制度作りも欠かせません．

システムリスクに限らず，「リスクの管理サイクル」ということが良くいわれますので，皆さんも覚えておくと良いでしょう．まず，現状の問題点を把握した上で対応策を立案 (Plan) し，その対応策を実行 (Do) します．その結果を多角的にチェックして再び問題点を考え (See)，洗い出された問題点をベースに新たな対応策を立案する (Plan) というサイクルです．See の部分をチェック (C) とアクション (A) に分けて，PDCA サイクルと呼ぶこともあります．どんなに立派な Plan を立てても，環境が変化すれば有効性が薄れることがあります．あるいは，Plan と Do の間の費用対効果を検討し，効果の乏しい Plan を見直すことも大切です．バブルが崩壊して暫くするまで土地担保重視という Plan を見直せなかったことは，日本の銀行の大きな失敗です．戦前の日本の軍部の行動様式を振り返ってみても，See の機能が十分働いていたとはとても考えられません．See の機能を疎かにすると，悲惨なことになりかねないのです．皆さんの日常生活にもこのリスク管理のサイクルは十分応用できますので，しっかりと実践してください．

システムリスク管理にあたって，See の機能を担っているのが**システム監査**です．システムがきちんと開発されたか，システム運用は厳格に行われているのか，リスク軽減策はきちんと実行されているか，リスク管理体制はきちんと機能しているのか，などをチェックします．こうしたチェックを内部的に行うことで，組織的にきちんとした対応を行うことができます．自己査定のシステムリスク対応版，と考えれば分かりやすいでしょう．最近では，システム監査の重要性が認識されるようになっていますが，十分機能している銀行はまだ少ないようです．自行にノウハウがない場合には，コンサルタント会社に依頼して外部監査を受けることも，1つの方法です．内部のシステム監査が機能している金融機関であっても，第三者の目で見ると改善点がある場合も少なくありません．定期的 (例えば3年に1度) に外部監査を受けることも有益です．

(6) その他リスク管理の課題

本章 4(2)〜(5)でお話しした各種リスクのほかにも，銀行等は色々なリスクに直面しています．まず，**流動性リスク**が問題になります．いざという時に支払い資金を調達できないというリスクです．信用度が高い銀行であれば，コール

市場などで調達できるのですが，北海道拓殖銀行のように調達できなくなって破綻に追い込まれた事例もあります．親密な取引先からクレジットラインを事前に確保しておくこと，緊急時の借入を前もって契約しておくこと，など色々な対応がなされています．

　風評リスク（レピュテーション・リスクとも呼ばれます）もあります．本当は悪くない銀行でも，「あそこは危ないらしい」という風説が流布された場合，預金者が慌てて預金を引き出すことなどによって，その銀行の経営が本当に揺らぐリスクが大いにあります．こうした事態に備えて，日頃から自行の状況について的確に情報開示を行ったり，前もってインターネットのホームページを開設しておき，好ましくない風説が流れればそれを否定する対外公表文をすかさず掲載したりするなど，色々な対応策を考えておくことが望まれます．

　法令遵守（コンプライアンスと呼ばれることもあります）を考えることも大切です．雪印乳業・食品や三菱自動車がコンプライアンスに失敗して世間から厳しく指弾されましたが，決して銀行業もひとごとではありません．法令を守らない金融機関だというレッテルを貼られると，経営上大きなマイナスになる可能性が高いからです．一部営業停止などの行政処分を受ける可能性がありますし，その銀行を見限った顧客が他行に預金を預けかえるリスクもあります．このため，法令違反を行わないように，きちんとした内部チェック体制を作っておく必要があります．

　近年では，大手の金融機関の合従連衡や，地方の金融機関の経営統合の動きがみられます．こうした**経営統合**の際には，2002年のみずほ銀行のように，大掛かりなシステム障害をおこす場合もあります．現在の銀行システムは非常に複雑なため，十分に考え抜いたテストを十分な回数実施しなければ安心できないのですが，みずほ銀行が十分対応できていたとは思えません．また，システムだけではなく，取引先から貰った磁気テープの店の番号を徹底するなど，事務面のバックアップも大切なのに，十分対応できていなかったようです．統合に伴う細かな事務処理の重要性を上層部が十分理解していたようにはみえません．その結果，システムリスクと事務リスクの両方が表面化して，混乱に拍車をかけたのです．銀行の統合にあたっては，こうした混乱が生じないように，万全の準備をしておくことが求められます．

　予防策を考えるだけでなく，**緊急時対応**も考えておく必要があります．なんらかの事情で混乱が生じた場合には，積極的な情報開示により，信頼を回復し

ていくことが大切です．日本人の場合，とかく臭いものには蓋をしがちですが，全体像が分からないときには疑心暗鬼を生じやすく，混乱に拍車をかけることになりがちです．こうした混乱を防ぐためにも，必要な情報をインターネットなどで適時適切に公表し，信頼の回復に努める必要があります．

(7) 収益管理等の課題

　銀行は経営体である以上，リスク管理とともに，収益管理を行う必要があります．収益管理の手法も色々ありますが，倒産確率などを含めてグループ別の採算をはじくことも大切な方法です．リスク管理が徹底していないと，まともな収益管理ができないのです．日本の銀行は信用リスクに見合った金利が取れていないといわれています．信用リスクの管理ができていなければ，儲かるはずのないビジネスモデルなのです．こうした問題を克服するためにも，信用リスクをはじめ各種のリスク管理手法を高度化していくことが求められます．

　税効果会計への適切な対応を図ることも大切です．税効果会計とは，**本章1** (2)でお話しした企業会計と税務会計の乖離を埋めるために導入された会計手法です．税務会計では損金（経費ともいいます）として認められず，有税償却した不良債権が，後に無税償却として認められれば，税金を払いすぎていた分だけ将来の税金の支払いを免除してもらえます．払いすぎた税金を，一種の資産としてバランスシート上に計上することを認めたのが税効果会計です．バランスシートには繰延税金資産という名称で資産計上されます．ここで，将来税金の支払いを免除してもらうためには，将来税金を払うだけの収益がなければならないことに注意する必要があります．将来赤字で税金を支払えない場合には，過去に払いすぎた税金は戻ってこないからです．1999年3月期に税効果会計が導入されてからは，将来の収益を甘く推計して，多額の繰延税金資産を計上する銀行があり，問題視されていました．2003年にりそな銀行に公的資金が投入され，同年に足利銀行が特別危機管理に移行した際も，繰延税金資産の過大計上が問題とされ，会計監査人の同意を得られなかったのです．バランスシートを正しく計上するためにも，将来の収益についてきちんと管理することが必要な時代になっているのです．

　なお，前述のりそな銀行や足利銀行の場合，銀行が将来の収益を過大に推計することにも大きな問題がありますが，不良債権関連の税制についても検討の余地があります．取りすぎた税金を将来の税金の免除というかたちではなく全

額返すようにすること（かつて返していた時期もありました），税務会計で不良債権処理の損金計上の範囲を拡大して税金を取り過ぎないようにすること，などの対応策が考えられるからです．"国の財政赤字が大きい中で抜本的な改革は難しい"という意見もあるでしょうが，今後検討する余地があると思います．

参考文献

まず，不良債権問題や金融危機について詳しく知りたい人は，以下①〜④の本が役に立つでしょう．

① 日本経済新聞社編『金融迷走の10年――危機はなぜふせげなかったのか』日本経済新聞社（日経ビジネス人文庫），2002年．
② 北海道新聞社編『解明・拓銀を潰した『戦犯』』講談社（講談社文庫），2000年．
③ 読売新聞社会部編『会社がなぜ消滅したか――山一証券役員たちの背信』講談社（講談社文庫），2001年．
④ 箭内昇『メガバンクの誤算――銀行復活は可能か』中央公論新社（中公新書），2002年．

次に，早期是正措置や金融検査マニュアルについて詳しく知りたい人は，以下⑤〜⑦の文書が役に立つでしょう

⑤ 金融庁「金融庁の1年」各年版，金融庁のホームページ（http://www.fsa.go.jp/）の「白書・年次報告」のリンクに掲載．
⑥ 金融庁「預金等受入金融機関に係る検査マニュアル」，1999年（時々改訂されます），上記の金融庁のホームページの「金融制度・検査・監督の枠組み一覧」のリンクに掲載．
⑦ 金融庁「金融検査マニュアル別冊［中小企業融資編］」2002年（時々改訂されます），金融庁のホームページの⑥と同じリンクに掲載．

6章

日本の相対取引 3
──新しい可能性──

1　金融ビッグバンなどの制度改革：新しい可能性 1

　北海道拓殖銀行が破綻し山一證券が自主廃業に追い込まれる前年の1996年に，金融ビッグバン構想が打ち出され，世間では大きな話題となっていました．この構想では，理念を明確に打ち出したほか，具体的な金融改革のスケジュールを明示し，計画通り自由化措置を進めていきました．今では，こうしたスケジュールを示した手法は当たり前になっていますが，当時としては斬新な手法でした．日本型の金融制度を時代にあった市場原理重視のものに変えようとしたもので，大変大きな意義があったと考えられます．

　この節では，金融ビッグバンをはじめとする金融制度の大きな改革について説明していきます．

(1)　**金融システム改革：フリー・フェア・グローバルの3原則**

　「ビッグバン」の語源は，天文学の用語で，宇宙の始まりとされる最初の大爆発のことです．大掛かりな変化という意味で，1986年に英国で実施された証券市場改革もビッグバンと呼ばれました．英国でのこの改革は，英国の証券市場を活性化し，国際金融市場としての位置づけを確固とする上で，大きな役割を果たした改革だといわれています．

　日本では，1996年11月に，橋本龍太郎首相（当時）が金融ビッグバンの構想を提唱しました．この構想は当時，橋本内閣の6大改革の1つである「金融システム改革」と呼ばれていました．バブル崩壊後に金融センターとしての相対的なシェアの下がった東京市場を，国際金融市場として名高いNY（ニューヨーク），ロンドン並みにしようとするもので，「2001年にはNY，ロンドン並みの

国際市場に」という目標が掲げられていました．また，具体的な施策としては，後でお話しするとおり，各種規制の緩和等を目指していました．

　この改革では，タイムスケジュールが明確化されたほか，**図表6-1の3つの原則**が掲げられ，利用者の視点も重視されました．日本の中央官庁をみると，国民全体を考える建前の食糧庁が，生産者の都合を重視する農林水産省の下に長らくおかれ，2003年に廃止されるなど，消費者よりも生産者・供給者を向いた行政が多数を占めています．これに対し，金融ビッグバンは**消費者を重視**した点でも，画期的な政策だといえます．図表6-1の3原則の後のカッコ内の言葉は，当時の大蔵省のホームページに出ていたものです．また，その現実的な意義については，右端に書いたとおりです．

図表6-1　金融ビッグバンの3原則

| 3原則 | Free（市場原理が働く自由な市場に）……各種規制の緩和（護送船団行政からの決別）
Fair（透明で信頼できる市場に）……行政や制度などの透明性の向上
Global（国際的で時代を先取りする市場に）……日本型金融システムの大幅な見直し |

　なお，5章3でお話しした早期是正措置の導入（1998年4月）も，Fair という意味では大きな施策であり，金融ビッグバンの一例として挙げられています．

(2)　業態間の垣根の低下

　金融ビッグバンには，いくつもの目玉商品がありますが，そのうちでも重要なものが**業態間の垣根の低下**です．ビッグバンの前も1993年の金融制度改革法により，銀行の証券子会社や，銀行・証券の信託子会社を作れるようになっていましたが，業務への制限が多く，使い勝手がよいものとはいえなかったのです．それに対する制限を緩和したこと，銀行の窓口で投資信託などの販売を出来るようにしたこと，などが主要な変更点です．

　また，金融持ち株会社を解禁することにより，業態間の垣根が低くなり，グループとして競争力を高めようとする動きも出てきました．三和銀行グループがUFJグループ＜現在は三菱東京UFJグループ＞を形成したのが一例です．また，生き残りの戦略として，外資との提携を深めたり（日興證券），業態を越えた連携を強化したり（大和證券―住友銀行＜現在は三井住友銀行＞，第一勧業銀行＋富士銀行＋日本興業銀行などでみずほグループ），グループとして業態横断的に結束を固める動き（三菱東京銀行を中心としたMTFG＜現在は三菱東京UFJグループ＞）も出てきました．

(3) 扱える金融商品の多様化

　金融ビッグバンが実施されてから，各業態の金融機関が取り扱える商品が拡大したことも，大きな特徴です．

　まず，**銀行の投資信託販売**が**解禁**されたことが注目されます．2章4(5)でお話ししたとおり，投資信託（略して投信ともいいます）とは，投資家が株式あるいは公社債への投資をファンドに信託する仕組みのもので，信託受益権を得ることができます．投資の対象が株式のみのもの，公社債のみのもの，両者を一定の比率で組み合わせたもの，ファンドが拡大していくオープン型，いったん設定したファンドが変わらないクローズド型など色々なタイプがあります．中期国債ファンドやMMFも投信の一種です．ビッグバン以前は銀行で投信を購入することは出来なかったのですが，まず1997年12月から銀行の店舗内で別会社の人が投信を販売できるようになり，1998年12月からは銀行員が投信を販売できるようになりました．現在では，投信の販売の4割以上が銀行経由となっています．このうち，株式投信については5割以上が銀行経由です．

　また，**外為法**が**大幅に改正**され，1998年4月から外為業務が幅広く行えるようになったことも大きな特徴です．外為法の正式名称は，改正前の「外国為替及び外国貿易管理法」から「管理」の2文字が取れています．それだけ，外為業務の自由度が大きくなったのです．従来でも，外国為替公認銀行（略して為銀とも呼ばれました）や両替商の認可を受けると，外為業務や両替業務をかなり幅広く行うことができましたが，為銀や両替商の制度がなくなり，こうした業務への参入が容易になりました．また，外貨建て決済（輸出企業が部品メーカーにドル建てで支払うことなど）や海外にある銀行への預金，外貨のネッティング決済も容易になりました．従来は外為法上，許可または届出を受ける必要があり，手間がかかった（手間を省けば外為法違反で捕まる恐れもありました）のですが，これらは自由に行えるようになり，多様な外為業務が可能になったのです．もっとも，外為法の改正により目覚しい変化が起きたという統計はあまりありません．4章2(3)でお話ししたとおり，外為法自体は1980年の段階で原則として自由化されており，投信のような影響が出にくいのです．

　証券市場についても，金融ビッグバンで大きな変化が多数生じています．株式売買委託手数料が自由化されたこと，証券の取引所集中義務が撤廃されてPTSとよばれる私設の取引システムが登場したこと，証券会社が免許制から登録制に変ったこと，証券会社が投資顧問業務を行うことなどが可能になったこ

と，等の変化が挙げられます．

　また，資産担保証券（ABS）などを発行しやすくするための法整備も進められました．ABSとは，3章2(1)でお話ししたとおり，リース債権，クレジットカード債権，住宅ローン債権，自動車ローン債権，不動産などの債権を担保に証券を発行し，受益権を投資家に渡すものです．リース会社などは資産を圧縮する一方で，資金を調達することが可能となり，債務の軽減を図ることができます．資産・負債の再構成が容易になるという意味では，こうした法整備の意義は大きいものがあります．資産担保証券は，日本の不動産市場の活性化に有益だという見方もあるだけに，今後の市場の発展が期待されます．

(4)　メガバンクの登場

　最近では，銀行持ち株会社などが一般的になっていますが，これも金融ビッグバンで推進された重点項目の1つです．従来は，"戦前の財閥本社のような純粋持ち株会社が出てきて市場支配を行うのは好ましくない"という発想もあって，独占禁止法で純粋持ち株会社を禁じていました．金融ビッグバンでその規制を緩和することになり，**金融持ち株会社の設立が可能**となったのです．

　メガバンクは，最初4G（グループ）が構成されました．このうち，みずほGは第一勧業銀行，富士銀行，日本興業銀行の3行，MTFGが東京三菱銀行，三菱信託の2行，UFJGが三和銀行，東海銀行，東洋信託銀行の3行，三井住友銀行が住友銀行とさくら銀行が母体となっています．このうち，三井住友銀行の場合，住友財閥系と三井財閥系の合併であり，日本を代表する2大財閥の壁を超えた再編成であるところが注目されています．

　その後，UFJGとMTFGが統合され，三菱東京UFJグループになりました．現在の都市銀行は，メガバンクの3グループ（4行）と，りそなグループ（2行）の計6行に再編されています．

　メガバンクが統合メリットを活かすためには，統合銀行の強みを活かすための経営戦略が必要です．あまり知恵を使わない方法としては，要員や店舗を削減し，規模の経済性を追求するという方法があります．また，経営統合が完成すればシステム開発の負担が小さくなることも，大きな魅力となっています．もっとも，システム統合については，時間がかかるケースが多く，その間は統合の準備に経営資源が使われて，本来必要な前向きの投資ができず，新旧両システムを維持するためのコストがかかる，という問題があります．

地域金融機関についても，統合の動きが出てきています．地方銀行と第二地方銀行の合併など，業態を超えた統合も行われています．

(5) 外資系金融機関の活躍

金融ビッグバンの結果，**外資系金融機関のプレゼンスが大きくなっているのも，大きな特徴です**．先輩格の英国のビッグバンでも，海外の金融機関の活動が高まりました．開催地は英国ながら，活躍する選手は外人が多いウィンブルドンのテニス大会と同じだという意味で，「ウィンブルドン現象」と呼ばれることもあります．日本でも小規模ながらウィンブルドン現象が起きているようにみえます．

外資系金融機関の強みとしてよく指摘されるのは，デリバティブズ（金融派生商品）の活用，IT技術の活用，高度なリスク管理手法，高い格付の利用といった側面です．まず，ロケット工学とも呼ばれるデリバティブズを組み込んだ金融商品を売買していることが多い点が特徴です．こうした金融商品の中には，日本の金融機関はなかなか値付けに参加することが難しいものもあります．また，高度なIT技術を用いている事例もあります．海外で開発したITシステムを持ち込んだり，パッケージ・ソフトを用いて安価なシステムを構築したりしたものです．また，リスク管理の高度な手法を売り物にする証券会社やコンサルタント会社などもたくさん活躍しています．また，日本の金融機関よりも圧倒的に高い格付を利用して収益機会を得ている事例も多くみられました．

外資系金融機関の場合，人事面の対応が国内金融機関と異なる面も多くみられます．たとえば，積極的に中途採用しているのも1つの特徴です．日本では，今でも自前で新入社員を育てようという意識が強くみられますが，外資系の場合は，実績のある人を引き抜こうという考えが強いようです．また，破綻した日本の金融機関から人材を受け入れたケースも多くみられます．山一證券の社員のかなりの部分を外資系の証券会社が引き継いだ事例もあります．このように外資系金融機関のウェイトが高まってくれば，日本の終身雇用制を見直す動きが強まるかもしれません．

バブル崩壊後に日本の株価が低迷していた時期には，日本の投資家はリスク回避的で，日本経済の成長を阻害しているといわれたこともありました．この当時，日本の株価を下支えしたのは欧米の投資家からの買いです．外資系の金融機関は，こうした欧米の投資家が日本の金融・資本市場に入ってくる際の窓

口となっている側面もあります．

外資系の金融機関は，少なくとも一部の取引ではシェアをかなり拡大しているようです．たとえば，株式市場や国債市場などでは，外資系金融機関のシェアが高まっているといわれています．それに伴って，日本の大手証券会社から外資系証券会社に移った職員も多いといわれています．

(6) 日本銀行法の改正

金融ビッグバンの品揃えの中には入っていませんが，第二次世界大戦中の1942年にできた日本銀行法（カタカナ法）が全面的に改正され（ひらがな法），1998年から施行されたことも日本の金融・資本市場に大きな影響を与えています．この点についても，この節で要点を説明します．

今回の改正では，**中央銀行の独立性**が格段に高まったことが1つの大きな特徴です．インフレの苦い経験を積んだ先進国の間では「中央銀行の独立性が大切だ」という認識が高まっていました．とくに旧西ドイツの中央銀行であるブンデスバンクは強い独立性を持っていることで有名でした．政府や国会議員は選挙のことなどを考えて金融緩和を好みますが，金融緩和が行き過ぎたり，金融引き締めのタイミングを失ったりするとインフレを起こしてしまいます．こうした苦い経験を積み重ねた歴史の知恵として，欧米では民主主義に一種の例外を設け，中央銀行に独立性を与えて通貨価値の安定を目指すようになったのです．日銀法改正前の日本でも，建前では「金融政策は日本銀行総裁の専管事項」といわれていましたが，旧日本銀行法には大蔵大臣に業務命令権を，内閣には役員の解任権を認めていました．実際，バブル期の終盤に日本銀行が遅まきながら利上げをしようとしたと報じられたとき，橋本龍太郎大蔵大臣（当時）の一言で利上げ時期が遅れた事例もありました．

新しい日本銀行法では，政府の業務命令権や解任権は廃止されました．また，政策や業務運営の自主性も尊重されるようになりました．改正前は，"建前では専管事項といっても，解任権や業務命令権を行使されれば日本銀行は抗えない"というイメージが付きまといました．日本銀行と政府の意見が異なる場合には，"結局日本銀行が譲歩するだろう"という見方が少なくなかったのです．改正後には，こうした見方が少なくなりました．

第2に，独立性が高まったことの反面で，**説明責任**が高まったことも大きな特徴です．政策委員が開く会合のうち，金融調節等に絡む会議の議事録を公表

することが必要になりましたほか，国会に報告したり，参考人などとして呼ばれて答弁したりすることも多くなっています．昔の日本銀行には，かつてのイングランド銀行（英国の中央銀行）流に「中央銀行は，行動すれども弁明せず」という雰囲気がみられましたが，現代では，極力分かりやすい言葉で市場関係者に説明することが求められるようになっています．金融政策の透明性を高める上でも，日銀法の改正は，大きな進歩であったと考えられます．

日本銀行の最高意思決定機関である政策委員会のメンバーも大きく変わりました．従来は7人のメンバーのうち，日本銀行プロパーの出席は総裁だけで，官庁委員が2人いた（大蔵省と経済企画庁，但し議決権はありません）ほか，大手銀行代表1人，地方銀行代表1人，商工業代表1人，農業代表1人，という割り振りになっていました．もっとも，政策金利の変更は，総裁が決断すれば追認することがほとんどだったといわれています．新しい日本銀行法では，総裁と副総裁2人のほか，審議委員6人の計9名がメンバーとなりました．現在では，高名な経済学者も審議委員になっていますほか，エコノミストや実業経験者もいます．

政策委員会のうち，金融政策を議論する**金融政策決定会合**を定例化し，会合の日程（原則として月2回）を事前に発表するようになったのも大きな違いです．それまでは，いつ政策委員会が開催されるか分からず，極端にいえば，いつでも政策金利が変わり得る状態にありましたが，現在では，定例の会合で決めることが慣例化しています．これは，米国のFOMC（連邦公開市場委員会）が事前に会議の日程を公表しているのに倣ったもので，金融政策の透明性を高めるための有力な手法であると考えられます．

なお，金融政策決定会合の直前に，「金融経済月報」を公表し，日本銀行の景気判断を示すようになったことも1つの大きな変化です．従来は，四半期に一度，情勢判断と呼ばれる景気判断を行っていましたが，そのインターバルが短くなったほか，金融政策決定会合での議論のたたき台となるという位置づけもはっきりしました．米国のFOMCの前に，地方連銀が景況を取りまとめて発表するベージュブック（あるいはタン・ブックと呼ばれます）と似た機能を果たしています．市場関係者や日銀ウォッチャーと呼ばれる人々からは関心をもってみられています．

(7) 金融監督庁→金融庁の設立

金融ビッグバンの中には入れられませんが，金融行政・監督の体制が変わったことも大きな変化です．従来は，大蔵省の中に銀行局と証券局があり，金融行政・監督を行っていましたが，大蔵省から金融部門が分離されることになったのです．

5章1(4)でお話ししたように，住専問題や二信組問題のあとに官僚批判が高まった時，大蔵省に財政と金融の両部門があることが大きな問題と見られるようになりました．財政の論理と金融の論理が異なる場合があるほか，財政と金融の間で利益相反を起こしやすい環境も問題だとされたのです．当時の政権の政治的判断もあって，原則として金融部門は大蔵省から分離することになり，例外的に破綻処理など財政資金の投入を伴う部分は大蔵省金融企画局に残すことになりました．分離された金融部門は，1998年に金融監督庁になりました．この金融監督庁は，国税庁よりも独立性の高い官庁とされ，大蔵省関係者だけでなく，検察関係者なども入ってスタートしました．また，公認会計士など専門知識を持った検査官も採用し，監督官庁としての戦力アップを図っています．金融監督庁は，約2年後に大蔵省金融企画局を統合して，金融庁となりました．また，2001年1月の省庁再編の時には，金融再生委員会と統合し，内閣府の外局として位置付けられました．

新たに発足した金融監督庁やその後身である金融庁では，**検査要員を増強**しています．行政改革への国民的なニーズが高く，国家公務員の定員削減が進められている中で，例外的な取扱です．また，検査対象に2000年から信用組合を含める(従来は，殆どの信用組合を都道府県庁が検査)など検査対象を拡大したほか，主要行に対して毎年のように検査に入るなど，検査頻度を高めています．不良債権問題が大きな国民的課題となる中で，「金融庁は生ぬるい」とか「金融庁は自分の失敗を隠すために公的資金の注入に消極的であり，けしからん」などといった批判もありますが，予算や要員など各種制約が強い中で，末端の検査員は良く頑張っていると思います．

また，大蔵省時代とは異なり，透明性を高める手法をとっている点も，金融庁の特徴です．本書でも説明したとおり，早期是正措置，金融検査マニュアルなど，行政の透明性を高める手法を数多くとっています．これらのほか，対外公表物は，すべて金融庁のホームページに掲載されていて，その意味でも努力しています．ただ，ある程度の予備知識がないとホームページは読みにくいだ

ろうと思いますので，本書を読み返すなどして，理解を深めてください．

(8) 会計ビッグバン

　金融ビッグバンのあと，透明性を高める方向で，会計制度についても画期的な見直しが行われています．これを「会計ビッグバン」と呼ぶこともあります．従来とかく不透明だった日本の会計制度を，米国流の会計原則に近づけた訳で，大きな意味があります．

　5章1(2)でもお話ししたとおり，近年では**連結決算**が重視されるようになったことが大きな意味を持っています．日本でも戦後に連結決算制度が導入されましたが，税制の問題もあって単独決算が重視され，連結はおまけ程度の位置づけとなっていました．また，連結対象が限定されていたこともあって，連結非対象の関連会社に不良債権を飛ばすことが少なくなかったのです．それを改めて，2000年3月期から連結決算を重視することになりました．また，連結対象の子会社の範囲も拡大されました．企業グループの実態を見るうえで，連結決算を行うことは大変重要なこと（己を知ることになります）ですので，画期的な変化といえます．

　また，**時価会計**が2001年9月期から本格導入されたこと（1年間先行して導入した銀行も多くみられました）も大きいところです．売買目的の有価証券か否かによって会計上の対応が異なりますが，時価会計では，資本勘定の中に「株式等評価差額金」を計上します．5章4(3)などでお話ししたように，時価会計の導入によって含み損益などバランスシート外だった要素をバランスシートに取り込むようになったことは，透明性を向上させる上では大変有意義なことです．ただ，良いことばかりではありません．保有株式の価格変動がダイレクトに資本の増減に影響しますので，銀行経営面では扱いが難しい点には注意が必要です．

　さらに，**退職給付会計**が2000年度から導入されたことも銀行決算に影響を与えています．退職給付会計とは，日本的雇用慣行の下で将来支出することがわかっている退職金への備えが不十分であっても，バランスシート外の扱いとなっていたものを，会計に正式に反映させようとしたものです．銀行に限らず，多くの企業がこの会計制度変更に伴って赤字を計上しました．

　また，5章4(7)でお話しした**税効果会計**も大きな会計上の制度改革です．一言でいえば，企業会計と税務会計の乖離を埋めようとする会計処理のことです．

法人所得税の損金として認められるまでに時間がかかる不良債権処理損等については，納税時にいったんは利益から支出した扱いとみなします（有税償却とよばれます）が，あとになって損金と認められれば，払い過ぎた税金分だけ，将来支払う税金が免除されるものです．この効果をあらかじめ会計上の資産である繰延べ税金資産などとして計上するものです．不良債権処理を進める上では重要な会計制度変更ですが，将来の利益動向によっては，取らぬ狸の皮算用になる恐れもあります．確実性が高くないものをバランスシートに計上することには問題があるとの指摘もあり，限定的に適用しようとする動きがあります．

2　金融面での新しい動き：新しい可能性２

本章１でお話した金融システム面の大きな変化のほかにも，大きな変化がみられます．この節では，公的金融の見直し論のほか，IT革命の金融面への影響，コンビニ・バンキング，新しいタイプの銀行などの動きについて説明していきます．

(1)　公的金融の見直し論

日本の公的金融については，１章３(1)～(2)でみたように，資本主義国としては例外的に大きな存在となっています．小泉内閣では，郵政民営化論議とともに，公的金融のあり方が議論されてきました．

公的金融の事例としてよく話題になるのは，郵便貯金，簡易保険と住宅金融公庫です．2005年３月末の残高をみると，郵便貯金は211兆円ありますが，民間銀行全体の個人預金332兆円の６割を超える規模に相当します．地方銀行64行の法人預金を含めた預金合計の188兆円を上回り，都市銀行７行の法人預金を含めた預金合計の260兆円に近い水準です．簡易保険も責任準備金（保険金などの支払いのために積み立てている資金）が115兆円あります．生命保険協会が集計・公表している民間保険会社の責任準備金は合計額が166兆円ですので，簡易保険はその７割近い規模になっています．住宅金融公庫は55兆円の貸付金等残高がありますが，資金循環統計の民間金融機関の住宅貸出130兆円と比べると４割程度の規模に相当します．いずれも，１つの金融機関として，いかに大きな存在であるかがよくわかります．

このうち，郵便貯金と簡易保険は，かつての国営から2003年に発足した郵政

公社に変わっていましたが，政界を揺るがした2005年の**郵政民営化法**可決により2007年10月から分割民営化されることになりました．郵便貯金は株式会社ゆうちょ銀行に，簡易保険は株式会社かんぽ生命保険になりました．また，住宅金融公庫については，3章2(1)ⅲ）でお話ししたとおり，このところ資産担保証券（ABS）関係の業務に力を入れてきましたが，2007年4月に独立行政法人住宅金融支援機構に変わりました．機構になったあと，直接融資業務を原則として廃止しています．

郵便貯金，簡易保険のほか，公的年金で集めた資金は，かつては1章3(1)でお話しした財政投融資制度により大蔵省資金運用部を通じて，住宅金融公庫，政府系銀行や各種公庫，公社・公団などに流れていました．2001年4月から資金運用部への全額預託という制度がなくなりましたが，従来の借り手機関の信用度に基づいた財投機関債の発行はまだ少なく，政府保証のついた財投債のかたちで発行されるものが多くなっています．資金の入り口の民営化については社会保険を除いて進んできましたが，これから資金の出口の側の民営化が検討課題となっています．

また，公的金融では資金の入口と出口が分離されていることから，リスク管理が非常に難しくなっている点も大きな検討課題です．民間金融機関の場合には，預金と貸出の両方を行っているため，短期の貸出が増えれば短期の預金をとり，長期の貸出が増えれば長期の預金をとることにより，運用・調達期間のミスマッチに伴うリスクを回避できます．これに対し，公的金融機関では，とくにそのようなリスク管理は行われていないようです．民間金融機関の場合には，資産・負債の期間構成のミスマッチ等の問題があれば，金融検査マニュアルによって厳しく改善を求められますが，公的金融機関については，2003年から金融庁の検査が始まったばかりということもあって，限定的な検査にとどまっているようです．信用リスク管理面でも，不良債権処理が民間金融機関に比べて甘いことが懸念されています．また，民間金融機関のような自己資本比率規制というバッファーもありませんので，いざというときの経営体力にも不安が残ります．民間金融機関並みの厳しい査定を行って必要な償却・引当を行うほか，政策意図と実績の整合性などについても，きちんとチェックしていくことが望まれます．

もっとも，公的金融機関が民営化されれば，新しい競争が生まれる可能性があります．これとは逆に，国民生活金融公庫や中小企業金融公庫がかなり低い

金利で貸し出すことが，民間銀行等のリスクに見合わない低金利貸出の重要な要因である，という見方もあります．民営化が進むことに伴って，市場原理と異なる状況が変わり，新しい金融秩序を確立できるかもしれません．今後の民営化論議の進展が注目されます．

(2) IT革命の波及効果

今日では，急速に進むIT革命が金融機関経営にも大きな影響を与えつつあります．金融業というものは，もともと巨大なデータ産業であり，利便性を高める上でIT化に乗りやすい産業だといえるからです．

典型的なIT利用業務として，証券会社の**インターネット・トレーディング**や銀行の**インターネット・バンキング**が挙げられます．このうち，インターネット・トレーディングは，証券会社が店舗を設置して顧客と取引する場合に比べ，メンテナンス・コストが劇的に下がるため，手数料を引き下げる余地が出てきます．また，証券会社と従来型の取引を始めると，営業担当者の相手をするのに時間や神経を使うこともありますが，インターネット・トレーディングならば，自分の好きな時間に好きな銘柄を気軽に購入できる，というメリットもあります．

インターネット・バンキングでも，メンテナンス・コストの低下と手数料の引き下げという点については，インターネット・トレーディングと同じ経済メカニズムが働いています．また，通常の銀行窓口（午後3時には閉鎖）や店舗外ATMに比べ，利用可能な時間帯が拡大し，24時間使える金融機関も出てきています．通信回線を通じて指示さえすれば，わざわざ店舗やATMに出向いたり待たされたりしなくてもよい，というメリットもあります．さらには，普及が著しい携帯電話を経由して，インターネット・バンキングと同様のサービスを提供するモバイル・バンキングも広がっています．

このように，IT化が進展した背景には，金融機関や顧客が使う情報システムの性能が向上する一方，価格が劇的に安くなったことが挙げられます．たとえば，分散型システムと呼ばれるサーバーを用いるタイプのシステムは，処理能力を急速に高めるとともに，信頼性を大きく向上させています．

こうした環境のもとでは，金融機関にとって**情報戦略の重要性**が高まっています．たとえば，CRM（Customer Relation Management）と呼ばれる手法では，顧客の個人情報を活用して，営業成績を上げようとします．家を持っている人に住

宅ローン新規借入を勧誘するダイレクト・メールを送っても全く意味がない反面，住宅を買いたそうな年齢・住宅事情の人の場合，同様のダイレクト・メールの効果は大きくなるでしょう．このように，顧客情報に基づいて勧誘する商品を変えれば，コストを抑制しながら収益を拡大することが可能になります．情報を賢く利用する金融機関が成功する時代になっています．

　また，金融機関が顧客のニーズを十分知ることにより，顧客の囲い込みも可能になります．たとえば，ペイオフの金額を超えたような顧客に対しては，国債や投資信託を勧めることもできます．むやみやたらに商品を販売するのに比べ，より深い取引を構築することが可能となるでしょう．また，銀行の場合，勘定系と呼ばれる大型システムのほかに，情報系と呼ばれるシステムを保有しているのが一般的です．勘定系は，銀行口座の動きを大型システムで管理しているのに対し，情報系では，顧客の各種の属性データを入力していることが多くなっています．最近では，安価な分散系のシステムを組み合わせることによって情報系のシステムを構築する事例が増えています．こうした分散系システムの機能度や有効性が金融機関経営に大きな影響を与える時代なっています．

　ただし，IT化を進めるにあたっては，5章4(5)でもお話ししました**新しいリスク面での課題**に対応していく必要があります．「なりすまし」「改竄」（かいざん）「業務妨害」などのほか，個人情報の漏洩に気をつけなければなりません．また，なりすましを防ぐための手段として暗号化を組み合わせた「電子認証」が有力だといわれていますが，金融機関にとってコストがかかるほか，顧客にとって不便となる面もあります．どの程度強い電子認証とすべきかについては，各金融機関の経営判断が求められます．近年では，指の静脈などの生体認証を取り入れる動きもみられますが，各行がバラバラで統一的な手法は形成されていません．今後の展開が注目されます．

　なお，インターネットの活用は，**情報開示の手段**という意味でも有用です．今日では，決算短信やディスクロージャー誌をホームページに掲載する銀行が一般化してきていますが，もしこれを紙で用意すれば，流通・保管にかなりコストが必要になるでしょう．もちろん，インターネットを活用する場合には，① 掲載したデータがクラッカーなどに改竄されないように工夫すること，② 最新情報を逸早く掲載すること，③ ホームページを分かりやすくするよう工夫すること，などの新たな努力が求められます．しかしながら，トータルでみても安価な情報伝達手段であることは間違いありません．従来は情報伝達のコ

ストが非常に大きいため市場メカニズムが働きにくかったのに対し，IT化によって市場メカニズムの働きやすい環境が形成された，といっても過言ではないでしょう．

(3) コンビニ・バンキングの拡大

　最近では，IT技術の発展もあって，コンビニエンス・ストア（以下ではコンビニと略称します）にATMを設置する事例が増えています．従来は，自行専用のATMを人が集まりやすい場所に単独で設置し，限定的な利用時間で運営する方式が一般的でしたが，今日では複数の銀行のATMを兼ねる機械も登場し，発想の転換が進んでいます．コンビニの場合は，若い人を中心に夜中でも利用する人が多いほか，人が集まりやすいという特徴があります．それだけに，コンビニ内のATMの利便性が極めて高いことが指摘できます．また，店舗外ATMを単独で設置する場合，専用の空調設備を入れたり，防犯カメラを独自に設置したりするコストが馬鹿になりませんが，コンビニにはもともと空調や防犯カメラがついているため，追加のコストが比較的安くすむ点も大切です．「範囲の経済」が働く可能性が高いのです．

　このうち，**利便性**に関しては，インターネット・バンキングに限らず，コンビニ・バンキングでも24時間利用できる銀行が増えています．また，銀行がネットワーク化を進める上で，コンビニの拠点が多いことも，大きな意味を持っています．また，顧客側の"コンビニでの買い物のついでに現金を引き出したい"あるいは"その買い物で不足したお金を引き下ろしたい"というニーズにも対応することができます．

　もっとも，コンビニ内でのATM設置はまだ知名度が低く，一部の銀行を除いて，十分な手数料収入が得られていないようです．また，現金引き出し時の手数料収入だけでなく，小口の個人ローンの利用拡大による収益も期待しているようですが，金利が高い消費者金融とは顧客層が異なっているようで，まだ個人ローンで収益をあげる段階にはきていないようです．

　今後，コンビニ・バンキングがコンビニ経営とのシナジー効果を発揮するためには，コンビニ・バンキングの認知度を上げていくこと，防犯面での安全性やシステムの安定性を高めていくこと，顧客の手数料への抵抗感をなくしていくこと，などが必要であると思われます．

(4) 新しいタイプの銀行の登場

　かつては，銀行業の新規参入はほとんどなかったのですが，近年では，インターネット専業銀行や，流通業者や製造業の子会社としての銀行など，新しいタイプの銀行が新規参入しています．設立当初は赤字だった銀行も多かったのですが，黒字転換する銀行も増えてきています．いずれもバブル期の不良債権の重石のない銀行ですので，今後の新しい業務展開が注目されます．インターネットの利用が拡大しているなか，新しいニーズをどのように取り込んでいけるのか，興味深いところです．

　このほか，信託銀行などの資産管理業務を本体から切り出して，複数の金融機関分の信託業務をまとめて受託（再信託とも呼ばれます）する「**日本版マスタートラスト**」と呼ばれる信託銀行も登場しています．こうした新たな信託銀行の場合，預託する金融機関が個別にシステムを構築・運用するよりも安上がりで済むうえ，複数の預託金融機関分の運用成績などの情報を取りまとめることもできます．預託金融機関に資金を信託している投資家からすると，複数の金融機関から別々に運用成績を送られてくるよりも，一覧表の形式で送られた方が分かりやすいというメリットもあります．このように日本版マスタートラストは大変便利な反面，事務面やシステム面で巨大な問題を起こしたとき，決済システムなどに大きな影響を及ぼすリスクも懸念されます．しっかりとしたリスク管理体制と業務継続策を構築しておくことが求められます．

　こうした新しいタイプの銀行は，銀行業務の**新しいビジネスモデルを体現**したものともいえ，非常に興味深いものです．たとえば，インターネット専業銀行では，実際の店舗はほとんど持たずインターネット・バンキングを中心とした経営をおこなっています．低コストであることを活かして高めの預金金利を提供したり，送金手数料を割り引いたり，インターネットでの各種売買の口座として売り込んだりしています．また，少額の決済業務に主眼を置いた決済専業銀行もあります．逆に，都市銀行の中でも運用コストの高額な決済（外為円決済，内国為替など）業務を地方銀行など他の金融機関から請け負うというビジネスモデルを実現している事例もみられます．かつての銀行は，横並び意識もあって，どこの銀行も同じような経営方針だったのですが，近年ではそれぞれの強みを活かした経営戦略で臨む銀行が増えています．

　こうした新しい動きをみていると，各金融機関が持つ金融機能を分解して再編しようとしているようにみえます．銀行の場合，従来は，預金・貸出・決済

などのサービスをフルラインで提供する経営戦略が一般的だったのですが，現代ではそれらの機能を分解して得意分野に特化する動きが広がっています．すべての業務をワンセット自前で持つことが割高となったことから，得意分野と不得意分野を分けて，得意分野に経営資源を集中するという「選択と集中」のメカニズムが働いているものと思われます．

(5) システム運用面での新しい動き

IT化の進展は，新しいタイプの金融機関を登場させていますが，既存の金融機関のシステム運用にも大きな影響を与えています．

従来の金融機関の場合，システム経験20年とか30年といった超ベテランのシステム要員を自前で養成するのが一般的で，5章4(5)でお話ししたコンピュータ2000年問題のようにシステムの履歴が問題となる場合には大きな力を発揮していました．日本型雇用システムのもと，金融機関が社員を解雇することがほとんどなく，従業員側の転職意欲も低かった時代には，こうした要員養成が可能だったのです．しかしながら，現在のようにシステムの変化が早くなると，古いタイプのシステムを長く経験しただけの社員では使い物にならない時代となったほか，システムの開発・運用にかかる事務負担も大きくなったことから，合従連衡の動きが強まっています．銀行間でシステムを共同開発する事例や，他行のシステム運営を引き受けることで収益を上げようとする銀行も出てきています．

また，インターネット・バンキングのように，特殊なノウハウが必要なものについては，情報の出入口にあたるシステムの運営を他の会社にアウトソースし，自分の銀行の勘定系との情報のやり取りだけチェックする，という方式も増えてきています．

このほか，従来のような自社専用のソフトにカスタマイズせず，パッケージ化されたソフトをそのまま使う，という考え方の銀行も出てきています．外国で開発された安価なパッケージ・ソフトを使って最小限のシステム変更で済ました事例もあります．インドや中国など高度なソフトを安価に開発できる国で汎用ソフトを作れば，安上がりとなります．これも，今後のシステム戦略のありかたの1つです．

また，従来の大型の汎用コンピュータを用いたシステムから，クライアント・サーバー型の分散系システムに移行する動きも強まっています．通常の銀行で

は，勘定系のシステムは信頼性の問題もあって大型の汎用コンピュータを使うことが多いのですが，情報系については，小回りのきくクライアント・サーバー型の比重が高まっています．

システムの分野でも，「選択と集中」の動きが強まっていることも指摘できます．この背景には，システム・コストを削減したいという金融機関側の思惑があるほか，ノウハウが多様化して全てのシステム分野で自前のシステム要員を養成することが困難になったこと，技術進歩が激しいためせっかく養成したシステム要員の陳腐化が激しいこと，などの事情があります．

(6) **直接金融チャネルの拡大**

資金の流れに目を転じると，**直接金融のチャネルが拡大**していることも，最近の大きな特徴です．

新興企業にとっては，2章4(1)でお話ししたとおり，東京証券取引所のマザーズや大阪証券取引所のヘラクレスなどができたことから，**上場のチャンスが増えてきています**．投資家の側からみても，多様な投資が可能になった訳で，新興市場が整備された意義は大きいといえます．ITバブルの頃に，やや怪しい企業が上場して人気となったものの，その後に株価が暴落した苦い経験をしたため，こうした市場を敬遠する投資家もいます．ただ，従来は一般投資家に閉ざされていた新興企業向け投資が可能になったことは，長い目でみると，日本経済の活性化に役立つものと期待されます．

直接金融という意味では，3章2(1)でお話しした**資産担保証券**（ABS）の発行が増えてきたことも，大きな変化です．クレジットカード，リース，自動車ローンなどの債権を持つノンバンク等にとっては，資金調達の幅が広がっています．また，投資家サイドでも，多様な債券を持つことが可能となり，資金運用の幅が広がります．さらに，3章2(1)ⅱでお話しした優先—劣後構造を活用すれば，多様な格付けの債券を提供することが可能になるというメリットもあります．もっとも，資産担保証券の場合，リスクの切り離しがどの程度進んでいるかについて，冷静に判断する必要があります．2001年に破綻したスーパーのマイカルは資産担保証券を発行していましたが，自社のある店舗の売り上げを担保としていたため，本体の破綻とともに担保からの収入が予定通り得られず，価値を損ねてしまったことがありました．この証券の購入者や，この証券を組み込んだ投資信託を購入した投資家に大きな迷惑をかけました．本体

の倒産のリスクから，担保がどれだけ保護されているのかをしっかりと見極める必要があります．

(7) 新しいリスクへの目配り

こうした新しい金融の流れが進むのに伴って，新しいタイプのリスクが発生していることに気をつける必要があります．

まず，5章4(5)や**本章**2(2)でお話しした**情報セキュリティ・リスク**が挙げられます．なりすまし，改竄，業務妨害などのリスクです．こうしたリスクを防ぐ手段としては，ファイア・ウォール（不正侵入や情報漏洩などを防ぐためのシステムです）を構築する，ウィルス対策用のサーバーを設ける，暗号化を組み合わせた電子認証の仕組みを活用する，等の施策があります．また，全社的に情報セキュリティ・リスクをどのように管理するか，を記した「情報セキュリティ・ポリシー」を作る，ということも大切です．5章4(5)でもお話しした「リスク管理のサイクル」を活用して，次々に出てくる新しい問題点をクリアしていくことが望まれます．

IT化の進展に伴って，**システム障害のリスク**も高まっています．システムに依存する部分が増えていること，経営統合などでシステムを変更する機会が増えていること，通信回線等を通じて他のシステムとつながるオープンなシステムが増えていること，などが理由として挙げられます．こうしたシステム障害のリスクを防ぐには，まず性能評価や，移行に当たってのテスト等が重要です．たとえば，証券取引所やインターネット・バンキングの場合，何らかの事情で取引量が急激に拡大し，システムがダウンすることがあります．どのくらいのアクセスがあり，サーバーの処理能力がそれに見合っているのか，などといったことを調べるのが性能評価です．この評価に失敗すれば，システム障害が発生しやすくなります．また，システムやデータの移行にあたって，十分なテストを行うことも大切です．みずほ銀行の場合，こうしたテストが不十分であったことについては，5章4(5)でお話ししたとおりです．このほか，コンピュータ2000年問題の経験を活かすことも大切です．コンティンジェンシー・プランをきちんと作成して必要な訓練をしておくことや，データの隔地保管などのバックアップ体制を整備すること，役員が経営として関与することなどが大切です．

決済リスクに関する対応も大切です．日本版マスタートラストのような金融

機関が登場した場合，非常に大きな資産の管理を行うことになります．もし，その金融機関のシステムが動かなくなった時などには，金融市場に非常に大きな影響を及ぼすことになりかねません．市場での決済は，B社がA社からの入金を当てにしてC社に支払う予定である場合，A社からの資金が入ってこなければ，B社はC社への支払いが出来なくなります．C社は，B社からの資金をD社に支払うつもりだったかも知れません．決済はこのような連鎖になっていることが多く，1つの決済不能が，多くの金融機関に伝播することになります．このように，決済不能のドミノ倒しが続くことを，「システミック・リスクが発生した」といいます．こうしたリスクを防ぐためにも，大型の金融機関は，厳格にリスク管理することが望まれるのです．

最後に，**新しいリスクの評価やリスク管理体制の重要性**について指摘しておきます．どのようなリスクが発生しているかについては，絶えずアンテナを高くして情報収集しておく必要があります．また，どのようにすれば，そうしたリスクを防げるか，についても日頃から良く考えておくことが必要です．ここでは，対応策を考える時に重要な3点を挙げておきます．

経営陣がひとごとのように思っていると，正しい情報が入らず，気が付くと大きな問題が発生していたということがよくあります．経営陣は，各種のリスクを自分のことと考えて，必要な情報が上がってくるような仕組みを構築するとともに，健全な想像力でリスクの所在を考える必要があります．

経営陣が自分で全てのチェックをできないときには，内部統制の強化を図ることが必要です．内部統制とは，自分ですべてを見られない場合に，"どのような仕組みを作ってリスクを押さえ込むか"ということをデザインすることです．誰がどのようにチェックすればよいのか，それをどのようなインターバルで誰が確認するのか，といった仕組みを考えることです．米国では，内部統制を重視していたはずですが，それでもエンロンやワールドコムのような不正経理事件が発生しています．完璧な対応だと安心せず，よりよい仕組みの構築を目指していく必要があります．

第3に，外部監査の活用も良い考えです．外部監査とは，自分の尺度だけで見るのではなく，第三者の目を通じることです．自らに欠けていた視点を補うことが可能になります．岡目八目という言葉もあるとおり，自分のやっていることは，思い入れや思い込みがあって，案外冷静にみられないものです．あるいは，専門家の話を聞くことで，世の中の平均的な動きを知ることもできるで

しょう．

　こうした手法を駆使して，己を知る努力，あるいは自らがおかれた環境を知る努力を続けることが大切です．

📖 参考文献

金融の新しい動きについて詳しく知りたい人は，以下の①〜②の本が役にたつでしょう．
① 日本銀行銀行論研究会編『金融システムの再生にむけて』有斐閣，2001年．
② 翁百合『金融の未来学——小さなセーフティネットをめざして』筑摩書房（ちくま新書），2002年．

やや専門的になりますが，一歩進んでリスク管理の重要性やバーゼルⅡについて詳しく知りたい人は，以下の③の本が有益です．
③ 樋渡淳二・足田浩『リスクマネジメントの術理——新BIS時代のERMイノベーション』金融財政事情研究会，2005年．

7章

貨幣と金融政策の基礎

　この章では，視点を変えて，日本銀行が行っている金融政策を中心に説明していきます．金融政策は財政政策と並ぶ代表的な経済政策の1つです．この金融政策を理解する前提としては，皆さんにとっても身近な貨幣（通貨とかマネーと呼ばれることもあります）の役割と機能について理解することが欠かせません．次いで，金融政策を実現する上で重要な役割を果たしている準備預金制度についてお話しします．本題の日本の金融政策については，近年の実験的な金融政策の前史を説明します．

1　貨幣の需要と供給を巡る議論

(1)　貨幣の3つの機能

　皆さんの生活では，買い物などをするときに，普通はお金またはそれに代わるものを使いますね．お金などのことを，経済学では貨幣とか通貨と呼びます．皆さんの日常生活において，貨幣はなくてはならないものです．経済活動における血液のようなものだといわれることもあります．

　そこで，貨幣の無い社会での生活を考えてみましょう．貨幣とモノとの交換ができない訳ですから，物々交換ということになります．そのとき，自分が「欲しいモノ」（買いたいモノ）を持っている相手の欲しいモノと，自分の「手放すモノ」（売りたいモノ）が同じであるという保証はありません．たまたま売り手と買い手の間で両者が一致すれば，めでたく交換が成立します．これを「欲望の二重の一致」といいます．しかし，このように一致することは非常に稀ですので，満足のできる交換はなかなか成立しないのです．

　たとえば，Aさん，Bさん，Cさんの3人が交換しようと相手を探しているとしましょう．図表7-1のようなモノの交換を3人が望んでいるとしましょ

図表7-1　物々交換が成立しない例

	欲しいモノ	手放したいモノ
Aさん	米	肉
Bさん	肉	魚
Cさん	魚	米

う．

　この3人の欲しいモノと手放したいモノは，3人合計でみると幸い一致しています．しかしながら，米が欲しいAさんの手放したいモノは肉でして，米を手放したいCさんの欲しい魚とは違います．これでは，CさんはAさんとの交換に応じないでしょう．欲望の二重の一致は成立していないのです．このときには，せっかく肉や魚を手放そうと思っているBさんやCさんは，自分の食料を腐らせてしまうことでしょう．

　世の中が少し進歩して，米が貨幣の代わりに使われる社会になったと考えてみましょう．米さえ持っていれば，何にでも交換できると人々が思うような社会です．そのときは，**図表7-1**でも，Cさんが米でBさんから自分の欲しい魚を買い，BさんがCさんとの物々交換で得られた米でAさんから自分の欲しい肉を買う，ということが可能になります．米のおかげで，交換がスムーズに行われるようになるのです．何だか机の上で作りあげたような話だと思われるかも知れませんが，決して空想の世界の産物ではありません．日本でも，江戸時代には米が非常に重要な役割を果たしていました．当時も金・銀・銅の貨幣があることはありましたが，大名など武士の世界では，〇〇石などという米の生産高や支給額で経済力が表現されていたのです．「加賀前田の百万石」などという言葉を聞いたことがある人も少なくないでしょう．

　世界史的にみると，貨幣の代わりを務めたものは，社会によって異なりますが，価値が長持ちするものが多かったようです．腐りにくい穀物，貝殻，石，錆びにくい金属などが使われました．現在の経済学の用語である財，貨幣，売買などの漢字をよくみると，文字の構成のなかに貝が入っていることに気づかされます．これも，漢字を作り上げた古代中国の経済・社会で貝が重要な役割を果たしていたことの名残です．

　次に，この社会に貨幣が導入されたとしましょう．**図表7-1**の交換は容易に行われます．市場に行って，Cさんは米を売って貨幣を得て，その貨幣でBさんから魚を買います．Bさんは魚を売って得た貨幣でAさんから肉を買いま

す．Aさんは，肉を売って得た貨幣で米を買うのです．もっと複雑な経済であっても，交換が成立しやすくなるのです．

　さらには，貨幣にはもっと高度な機能も期待できます．現在得られた貨幣を使いきらず，将来のために保存することもできるのです．異なる時点の間での取引もできるようになったのです．

　これらの例からも分かるように，貨幣には以下の3つの機能があります．第1に**価値尺度**の機能です．貨幣との交換比率がモノの値段ということになり，手放したいモノや欲しいモノの価値を貨幣で示すことができます．貨幣が無いときには，米と肉の相対価格，肉と魚の相対価格，魚と米との相対価格ということで，3組の相対価格が必要でした．貨幣があるときには，貨幣と米，貨幣と肉，貨幣と魚ということで3組の価格が必要になります．モノが3個ならばまだ良いのですが，取引されるモノが増えてくると，モノ同士の相対価格は膨大なものとなります．取引されるモノがn個あるとき，モノ同士の組み合わせは，$n(n-1)/2$個になります．たとえば，100種類のモノが取引される場合には4,950個の相対価格が必要となります．これに対し，貨幣を用いれば，100個の価格があれば大丈夫です．モノ同士の交換比率は，貨幣とそれぞれのモノとの間で成立する価格を用いれば容易に決めることができるのです．

　第2に，**交換手段**としての機能があります．貨幣を媒介にして，スムーズに交換を行うことができます．欲望の二重の一致という物々交換の制約をクリアすることができるのです．特に，商人のような人が現れて，モノの転売を目的に貨幣を使って購入する人が出てくれば，よりスムーズに交換が進みます．

　第3に，**価値の保蔵手段**としての機能があります．自分の生み出した価値を使い切らず，将来のためにとっておくという機能です．予想外の物価上昇が起きれば，将来思ったほどの価値を使えないことになりますが，物価が安定していれば，将来収入が減っても手持ちの貨幣を取り崩すことで消費を行うことができます．このように，貨幣というかたちで価値を残しておくことにより，将来の消費も含めて，より好ましい組み合わせを選択できるようになるのです．将来のためにとっておくだけでしたら，貨幣のほかにも，社債や株式といった証券を使うことができます．ただ，証券の場合には，物価が安定しているときでも価格変動のリスクがあるため，将来になって使いたいときには思ったほどの価値がないという危険性もあります．貨幣は価格変動のリスクがないため，安全資産だといわれることもあります．

(2) 貨幣需要の3つの動機

貨幣には，上記の3つの機能があります．こうした機能に着目して，人々は貨幣を保有しようとします．貨幣需要(貨幣を保有しようとすること)の動機には，どのようなものがあるのでしょうか．

第1に，**取引動機**があります．これは，交換手段としての貨幣を持ちたいという動機です．経済活動が活発になれば，交換のために必要となる貨幣が増えることになります．取引動機による貨幣需要も拡大することになるのです．

第2に，**予備的動機**があります．予期せぬできごとに備えて貨幣を保有しようという動機です．病気や怪我で将来の所得が減るかも知れませんし，思わぬ多額の出費が必要なこともあるでしょう．そうしたときに備えて，価値保蔵手段としての貨幣を持とうという動機です．

第3に，**投機的動機**があります．証券などをいったん持ってしまうと，価格変動のリスクにさらされてしまいます．証券を持って金利などのリターンを得ることよりも，今は貨幣をもっておいて，タイミングを見計らって証券などに投資したい，と考えている人が貨幣を持つのです．将来，金利が上がると思っているひとは，証券を持つよりも当面は貨幣を持ちたいと思うでしょう．金融資産の選択肢の1つとして，当面は貨幣を持ちたい，という判断があり得るのです．逆に，これから金利が下がると思っている人は，金利の高いうちに金融資産を購入しようとして，貨幣の手持ち残高を減らそうとするでしょう．この動機の場合には，金利の水準もさることながら，将来の金利がどうなるかについての金利観によって大きく左右されるのです．

(3) 日本の貨幣供給

日本の貨幣量についての統計は，日本銀行が作成・公表しています．日本銀行のホームページ(http://www.boj.or.jp/)に詳しいデータが掲載されていますので，チェックしてみるとよいでしょう．

貨幣とは，集計対象の金融機関が負債としている通貨性のある金融商品のことを指します．集計対象の金融機関や，通貨性のある金融商品については，定義によって異なることについて注意して下さい．

一般に，

$$貨幣＝現金通貨(紙幣＋硬貨)＋預金$$

というかたちで定義されます．ここで，紙幣と呼ばれる日本銀行券（千円札，二千円札，五千円札，一万円札）と硬貨やコインと呼ばれる補助通貨が貨幣であることについては，多く人が当然だと思うでしょう．正当な紙幣で支払いを行った場合，受け取る側は拒否できませんし，法律的にこれで支払いが終わったことになります．こうした紙幣の機能を法貨（リーガルテンダーともいいます）と呼びます．硬貨の場合は，20枚以下の場合には法貨としての機能を果たしますが，それを越えると法律的にも受け取りを拒否することができますので，完全な法貨とはいえません．補助的な貨幣だということになります．

次に預金ですが，なぜ貨幣に入れられるのか不思議に思う人もいるでしょう．日本と違って米国では普通の人でも小切手をよく使いますし，日本でも会社で働いている人は小切手や手形で支払うことをよく行います．ここで手形や小切手とは，当座預金などを渡すための指図を行う書類のことを意味しています．現金通貨の代わりに手形や小切手を受け取った人は，一種の貨幣として振出人の預金を使っているのです．また，近年では，銀行のキャッシュカードを使って買い物ができる「デビットカード」が広がっています．買い物をした人の普通預金口座から，売ったお店の口座にお金を振り込む仕組みになっています．ここでも，預金が貨幣としての機能を果たしているのです．

ここまでお話ししますと，「貨幣として機能するのは当座預金や普通預金のような特殊な預金だけではないか」と思う人がいるかも知れませんが，正しくない場合があります．定期預金であっても，必要に応じて解約して現金通貨に換えられる形式が一般的です．また，「総合口座」という定期預金から資金を調達する取引も広く行われています．この総合口座とは，普通預金と定期預金をセットにした契約で，定期預金の残高の一定範囲までであれば，普通預金の残高がマイナスでも，その定期預金を担保に低金利でお金を借りられるという口座のことです．定期預金も貨幣としての機能を持つことがあるのです．

貨幣量のことを，日本銀行ではマネーサプライと呼んでいましたが，2008年6月からマネーストックに名称を変更しました（定義も少し変更）．マネーストッ

図表7-2　マネーストックの定義

M1＝現金通貨＋預金通貨　　　預金通貨とは要求払い預金のこと
M2＝現金通貨＋預金　　　　　預金には定期預金やCDを含む（対象は国内銀行や信用金庫等）
M3＝M2＋ゆうちょ銀行・農協・信用組合等の預貯金
広義流動性＝M3＋金銭の信託＋投資信託＋金融債＋社債＋国債・T-bill＋外債等

クには，**図表7-2**のように，色々な定義のものが存在しています．

　マネーストック統計では，預金のうち，銀行，信用金庫，ゆうちょ銀行，信用組合，農協等の負債である要求払い預金（普通預金や当座預金のように期間の定めがなく預金者の必要に応じて支払いが行われるもの：流動性預金とも呼ばれます）のことを「預金通貨」と呼んでいます．この預金通貨を現金通貨（金融機関保有分は除きます）に加えたものがＭ１と呼ばれています．ここで，わざわざ"負債である"と表現したのは，銀行等が資産として持っている預金については定義上マネーサプライに含まないことを意味しています．

　銀行および信用金庫等に限って，現金通貨と預金（定期性預金やCDを含みます）を加えたものをＭ２と呼んでいます．Ｍ２に，ゆうちょ銀行・信用組合・農協などが負債とする定期性の預貯金を加えたものをＭ３と呼んでいます．Ｍ３とＭ１の集計対象の金融機関はＭ２よりも多いことに注意して下さい．Ｍ３に，金融機関が資産としていない金銭の信託，投資信託，金融債，社債，国債・T-bill，外債，金融機関発行CPなどを加えたものが広義流動性です．日本の国債のうち，１章２(2)ⅱ）でもお話したとおり，かなりの部分は金融機関が保有していますので，広義流動性にカウントされる国債・T-billは100兆円程度です．

　これらのうち，金融指標として最も注目されているのは，Ｍ２（かつての「Ｍ２＋CD」とほぼ同じ）です．ちなみに，2010年12月の平均残高（季節調整前）をみると，現金通貨が76兆円，Ｍ１が501兆円，Ｍ２が782兆円，Ｍ３が1083兆円，広義流動性が1443兆円となっています．日本の１年間の国内総生産が500兆円くらいですから，いかに大きな金額かがわかると思います．

(4) 貨幣数量説

　こうした貨幣の数量と経済変数の間には，安定的な関係があるということが経済学の世界では古くから議論されてきました．代表的なものを２つ紹介します．

　まず，**フィッシャーの交換方程式**と呼ばれる式が有名です．これは，米国の経済学者アービング・フィッシャーがいったものです．貨幣の流通量を M，貨幣の流通速度を V，一般物価水準を P，経済全体の実質取引量を T とすると，「$MV=PT$」という関係式が成り立つ，という考え方です．ここで，貨幣の流通速度 V が一定の場合，貨幣 M を増やせば，一般物価 P か取引量 T が増加することになります．さらに仮定を強めて，取引量 T が貨幣数量に影

されない場合には，貨幣の増減と物価の増減が比例することになります．たとえば，貨幣が5％増えれば一般物価も5％高くなる，という関係です．

もう1つの有名な考え方は，**ケンブリッジ方程式**と呼ばれるものです．英国のケンブリッジ大学で議論されていたものです．貨幣の流通量を M，名目国民所得を PY とすると，「$M=kPY$」という関係式が成り立つ，というものです．ここで k は「マーシャルの k」と呼ばれます．マーシャルの k が安定していれば，貨幣の数量と名目国民所得は比例関係にある，ということになります．さらに仮定を強めて，実質国民所得は貨幣量に左右されないとすれば，貨幣の数量と **GDP** デフレーター（一般物価の有力な指標の1つ）が比例関係にある，ということになります．

この2つの考え方は，どちらも一定の仮定を追加すれば，貨幣の数量と一般物価が比例する，という結論になります．経済学者のうちでもマネタリストと呼ばれる人たちは，物価の変動は主として貨幣量の変動で説明できる，と主張しています．

もっとも，貨幣の流通速度 V やマーシャルの k が本当に一定かどうかについては，後からお話ししますが，大きな疑問があります．また，貨幣の数量と実質国民所得や取引量が無関係であるとは限りません．貨幣数量説がある程度正しいとしても，必ずしもマネタリストが正しいとは限らない点に注意しましょう．

(5) 貨幣需要関数

戦後の経済学界で一世を風靡したケインズ経済学では，財市場の均衡条件である IS 曲線と，貨幣市場の均衡条件である LM 曲線を重視していました．IS 曲線と LM 曲線の交点で生産高（あるいは所得）や金利が決まると考えました．本書では IS-LM 曲線の詳細については触れませんが，そのエッセンスを皆さんの基礎知識としてお話しします．

LM 曲線の議論の背後には，貨幣需要関数という考え方があります．ケインズ経済学では，貨幣需要を流動性選好理論により説明します．貨幣の量を M，物価を P，所得を Y，金利を i，貨幣需要関数を $L(\cdot)$ とすると，以下の式が成り立つと考えるのです．

$$M/P = L(Y, i)$$

ここで，左辺の M/P は，貨幣の実質残高を指します．一般物価の水準で調節した貨幣の残高です．仮に，貨幣の量 M が1.5倍になっても，物価が1.5倍になっていれば，貨幣の実質残高は一定ということになります．

次に，右辺は，貨幣の需要が所得 Y と金利 i の関数であることを意味しています．**本章1(2)**でお話しをした貨幣需要の動機からみますと，**取引動機**による貨幣需要 $L(\cdot)$ は，金利 i が一定でも，**所得 Y が増えれば増加する**ことになります．また，**投機的動機**による貨幣需要 $L(\cdot)$ は，本来は将来の金利の変化方向に関する見通しによって変わるのですが，一般には簡略化して，"所得 Y が一定でも**金利 i が低下すれば増加**する" とみなします．もう１つの**予備的動機**ですが，金利 i は将来のために貨幣を保有する機会費用と考えられますので，金利 i が高いときには，貨幣ではないかたちで予備的な資金源を持とうとします．逆に**金利 i が低下すれば，予備的動機による貨幣需要 $L(\cdot)$ が増加する**と考えられます．投機的動機と同じ結果になるわけです．これらを纏めますと，貨幣需要 $L(\cdot)$ は，所得 Y が増えたとき，あるいは金利 i が低下したとき，増加することになります．

貨幣の実質残高 M/P が一定の時には，所得 Y が上昇すれば，金利も上昇しなければなりません．LM曲線（貨幣の実質残高 M/P が一定のときの所得 Y と金利 i の組合せ）が一般には右上がりになる，というのはこういうメカニズムによるものなのです．

伝統的なケインズ経済学では，簡単化のために，貨幣の実質供給量である M/P は，中央銀行が自由に決めることができると考えます．金融政策は，与

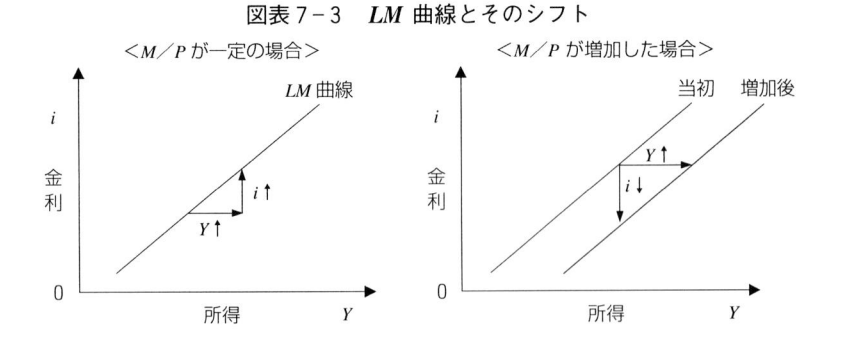

図表7−3　*LM* 曲線とそのシフト

えられた $L(\cdot)$ の下で，中央銀行が貨幣の実質残高 M/P を操作することだと考えられています．ここで，貨幣の実質残高 M/P が増加したとしましょう．貨幣市場で過不足のない状態になるためには，$L(\cdot)$ も増加しなければなりません．金利 i は低下する方向に，所得 Y は増加する方向に働きます．こうした関係を，グラフで書くと**図表 7-3** のとおりとなります．

初級のマクロ経済学の教科書では，このような考え方に基づいて，金融政策や財政政策の果たす役割を考えていこうとしています．この考え方によれば，景気が悪いときには，金融政策で実質貨幣残高を増やすか，財政政策で政府支出の拡大または減税を行う，という議論につながっていきます．

(6) 貨幣需要や貨幣供給を巡る論争

伝統的なケインズ経済学の議論の枠組みでも，金利があまりにも低くなると，流動性選好が特異なかたちになるのではないか，という考え方があります．所得 Y が一定の場合，貨幣需要 L と金利 i の対応関係をみると，一般には右下がりとなりますが，金利が非常に低くなると，状況が変わってきます．もし金利がマイナスならば，人々は争って資金を借りて，少なく返せばよいことになります．お金を借りることで資産運用ができるためです．こうしたおかしなことは考えにくいため，金利は原則としてマイナスになることはないとされています．マイナスにならないまでも，金利がゼロに近づいてくると，貨幣を保有するコストが低くなりますから，貨幣と金融資産との境目が薄れ，非常に多くの貨幣を持ってもよいと考えるようになるでしょう．**図表 7-4** の右側の図のようなケースです．

ある一定の金利水準の下では，貨幣需要が水平軸と平行となる場合があり得

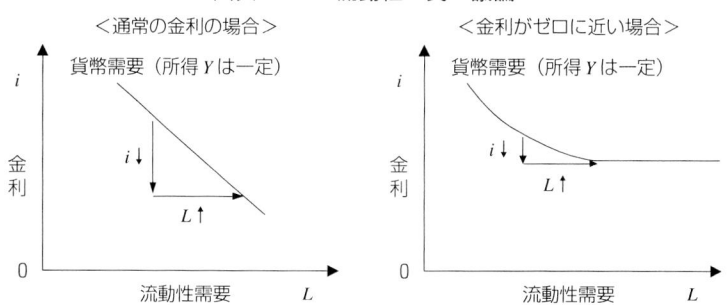

図表 7-4　流動性の罠の議論

ます．その状態では，人々が無限に貨幣を持とうとしていることを意味しています．こうした事態が発生すれば，中央銀行がどんなに実質貨幣残高 M/P を供給しても，金利を下げることができなくなります．こうした水平状態では，所得 Y がいくら増えても，金利 i が変わらないのです．このような場合，LM 曲線は前掲図表7-3とは異なり，水平となってしまいます．こうした状態は，マクロ経済学で**流動性の罠**と呼ばれます．この流動性の罠が発生すれば，金融政策で実質貨幣残高 M/P をいくら増やしても，金利が変わらず，所得 Y を増やすことはできません．金融政策は有効性を失い，財政政策によって景気拡大を図るということになります．日本経済が不振だった時期には，この流動性の罠が実現したのではないか，という議論がありました．これについては，経済学者の中でも意見が分かれているところです．

　また，**IS-LM** 曲線の議論に基づいて政策提言をするときには，安定的な貨幣需要曲線を前提に行われることが多いのですが，そもそも貨幣需要曲線が安定か否かについては，きちんと調べる必要があります．金融自由化・制度改革や金融技術革新の過程で，貨幣需要関数の安定性が損なわれている可能性があるからです．米国では，こうした要因から貨幣需要関数が安定的でないとの議論があります．4～6章でお話ししてきたように，日本でも，2つのコクサイ化以降，色々な制度変更が行われていますので，貨幣需要関数が変動していることは大いに考えられます．貨幣需要関数がどの程度安定的なのかについては，経済学のなかの実証分析という手法によって確認することが必要です．

　このほか，中央銀行が自由に実質貨幣残高を動かせるという仮定にも疑問があります．この点については，8章1で詳しく触れることにします．

2 準備預金制度

　世界のほとんどの国では，中央銀行という組織があり，自国通貨の発行を独占的に行ったり，金利や貨幣量を操作する金融政策を行ったりしています．この節では，中央銀行の機能と，金融政策の大前提となる準備預金制度についてお話しします．

(1) 中央銀行の3つの機能
　皆さんのお手元の紙幣をみてください．どの紙幣にも「日本銀行券」と書い

てありますね．日本では，日本銀行が独占的に紙幣を発行しているのです．1882年に日本銀行が設立されるまでは，多数の民間銀行（明治期には，銀行券を発行する民間銀行を国立銀行と呼んでいました）が銀行券を発行していた時代がありました．その時代には，インフレが起きるなど色々と問題が発生したため，欧州の中央銀行制度を導入するかたちで，日本銀行が設立されたのです．因みに，米国の中央銀行である連邦準備銀行（FRB）が設立されたのは1913年ですので，日本よりも新しい中央銀行です．また，欧州で共通通貨ユーロを導入した12カ国（ドイツ，フランス，イタリア，スペイン，オランダ，ベルギー，ルクセンブルグ，オーストリア，フィンランド，アイルランド，ポルトガル，ギリシア）では，共通の中央銀行である欧州中央銀行を1998年に設立し，共通の紙幣を2002年から発行しています．このほかにも，中央銀行は色々な業務を行っています．

　中央銀行は，通常以下の3つの機能を持っています．この3つの機能については，2章2(2)ⅱで簡単にお話ししていますが，ここでは，もっと詳しく説明します．

　第1は，**発券銀行**という機能です．日本では，銀行券を発行することができるのは，日本銀行に限られています．日本銀行は，自らの負債として日本銀行券を発行しているのです．日本銀行を除いた経済主体は，全て日本銀行券を資産として持っているのですが，日本銀行だけは日本銀行券を負債としています．日本銀行では，発行業務の一環として，焼けて灰になったり破れたりした紙幣の交換も行っています．こうした発行関連業務のほか，戻ってきた日本銀行券の中に偽札がまぎれ込んでいないかを厳密にチェックすることも行っています（こうしたチェックのことは鑑査と呼ばれています）．偽札が横行して，銀行券による決済に世の中の人々が不安を抱くようになると非常に不便なため，偽札の横行を防ぐ必要があるからです．因みに，紙幣の偽造は大変重い罪になりますので，**皆さんも決して偽造と疑われる行為をしてはいけません**．社会人としてのリスク管理を行う上で，とても大切なことですので，この点は良く覚えておいてください．

　第2は，**銀行の銀行**という機能です．日本銀行は，民間銀行や信用金庫などに当座預金口座を提供しています．民間銀行等は，この当座預金口座を用いて，日本銀行券を引出・預入したり，銀行間の決済を行ったり，政府や日本銀行とお金をやり取りしたりしています．やや詳しく説明しますと，民間銀行等は，日本銀行当座預金口座から日本銀行券や補助貨幣を引き出す一方，余ったり古

くなったりした日本銀行券等を日本銀行当座預金に預けています．また，民間銀行等は，集中決済システムを用いた銀行間取引の決済尻，コール市場など短期金融市場での資金貸借取引，国債流通市場での取引などについても日本銀行の当座預金勘定を通じて決済しています．また，後で述べる政府の銀行としての機能や日本銀行の金融調節の関係でも，当座預金口座を用いてお金を動かしています．2005年の平均では，1日あたり片道88兆円もの資金がこの当座預金口座を経由して決済されています．この当座預金の残高については，民間銀行等は「準備預金制度」によって，一種の緩い下限が法律上課されていますので，民間銀行等としてはその法律を守らなければなりません．この仕組みを用いて，日本銀行は短期市場金利などをコントロールしているのです．日本銀行が金融政策を行うことができるのは，この「銀行の銀行」という機能を持っているからといっても過言ではありません．

　第3は，**政府の銀行**という機能です．日本銀行は，政府預金と呼ばれる政府の預金口座を提供しています．企業や個人が国税を納める場合には，取引先銀行等の預金口座から引き落として，政府の預金口座に振り込むことになりますが，そのときには，いったん取引先銀行等の持っている日本銀行当座預金を減額して，同額だけ政府預金を増やす，という操作を日本銀行が行っているのです．逆に，政府が企業などに支払いを行うときには，政府預金を減額して，同額だけ企業などの取引先銀行等が持っている日本銀行当座預金を増額します．取引先銀行等は，自らの資産である日本銀行当座預金の残高が増加した分だけ，自らの負債である企業などの預金を増額するのです．政府とのお金のやり取りは，国債の発行市場・利払い・償還などでも発生します．国債が発行されて民間銀行等が購入する場合には，民間銀行等が持っている日本銀行当座預金を減額して，政府預金を同額だけ増額します．利払いを行ったり償還を行ったりするときには，政府預金を減額して，民間銀行等が持っている日本銀行当座預金を同額だけ増額するのです．

(2) **民間銀行等からみた日本銀行当座預金口座の役割**

　今度は視点を変えて，日本銀行と取引を行っている民間銀行等からみた日本銀行当座預金口座の役割について整理してみましょう．日本銀行の金融調節を理解するうえで大切だからです．

ⅰ）民間銀行等の間での取引

　まず，民間銀行等の間では，2章2(1)でもお話ししたとおり，コール市場で資金に余裕のある銀行等が資金運用を行い，資金が足りない銀行等が資金を調達しています．このとき，資金に余裕のある銀行等は，自らの持つ日本銀行当座預金残高を減額して，同額だけを短資会社経由または直接に資金の足りない銀行等の持つ日本銀行当座預金残高を増額させます．これが，コール市場の背後で行われている決済なのです．他の短期金融市場でも，同様の取引が行われています．

　また，皆さんが取引先のA銀行経由で，B銀行の特定の預金口座に振込みを行うことがあるでしょう．A銀行からすれば他行への支払い，B銀行からすれば他行からの受取，ということになります．内国為替の全銀システムに加入している各銀行は，他行から受け取る額がいくらか，他行に支払う額がいくらか，を毎日のように集計します．そして，支払い額と受取額を比較（決済尻を計算するといいます）し，支払い額のほうが多ければ，内国為替の全銀システムの口座にその額だけ支払います．逆に，受取額の方が多ければ，内国為替の全銀システムの口座からその額だけ受取ります．なお，当然のことですが，全ての加盟行の受取額の合計は支払い額の合計と一致します．東京手形交換所など，全国の有力な手形交換所でも，同じような計算が行われていて，日本銀行本支店の当座預金口座を活用して資金の決済を行っています．外国為替円決済システムなどの集中決済システムでも，日本銀行本店と同様の決済が行われています．このように，集中決済システムとの決済を行ううえでも，日本銀行当座預金口座は重要な役割を果たしています．

　また，国債流通市場で国債の売買を行うときにも，日本銀行当座預金口座が用いられます．国債の買い手と取引している銀行等の日本銀行当座預金口座からその金額を減額し，その国債の売り手と取引している銀行等の日本銀行当座預金口座にその金額を増額するのです．

　さらに，民間銀行等は，日本銀行の複数の本支店と取引していることがあります．そして，お金の余った本支店の日本銀行当座預金口座を減額し，お金の足りない本支店の同口座を増額することも行っています．

ⅱ）政府との取引

　皆さんが銀行等の窓口をみると，日本銀行歳入代理店とか，日本銀行国債代理店と書いてあることがあります．そうした銀行等では，国税の支払いや国債

関連業務で預金口座を用いることができます．日本銀行の政府の銀行としての機能を，そうした銀行等では代理店として分担してくれているのです．

　本章2(1)でお話ししたことを簡単にまとめると，税金を支払うときや，発行市場で国債を購入するときには，そうした経済主体と取引をしている銀行等の持つ日本銀行当座預金口座を減額する一方，政府預金の口座を増額します．逆に，政府から支払いを受けるときや，国債の利払いや償還を受けるときには，政府預金の口座を減額する一方，そうした経済主体と取引をしている銀行等の持つ日本銀行当座預金口座を増額します．

ⅲ）**日本銀行との取引**

　日本銀行との取引では，まず，日本銀行券等の引き出し・預け入れがあります．ATMや民間銀行等の店頭で必要となるきれいな日本銀行券を，各民間銀行等が持つ日本銀行当座預金口座から引き出すことができます．日本銀行と取引していない金融機関は，日本銀行と取引している銀行等を経由してきれいな日本銀行券を手に入れることになります．逆に，古くなった日本銀行券や，季節的に過剰となった日本銀行券などを，日銀当座預金口座に預け入れて，口座の残高を増やすこともできます．

　また，2章2(2)ⅱ）でお話ししたように，日本銀行が金融調節を行うことがあります．政府とのお金のやり取りや，現金の引き出し・預け入れの動向によっては，日本銀行当座預金全体の残高が大きく変動することがあります．あるいは，量的緩和政策を実施していた当時は，目的とする日本銀行当座預金残高を実現するために，取引先の民間銀行等に資金を供給する必要が生じることがありました．こうしたときに，公開市場操作などを通じて資金の供給や引揚げを行うことがあります．日本銀行がある金融資産を民間銀行等から購入すれば，民間銀行等が持つ日本銀行当座預金口座が増額されます．逆にそうした金融資産を売り戻したときには，民間銀行等が持つ日本銀行当座預金口座が減額されます．

(3)　**準備預金制度**

　日本では，「準備預金制度に関する法律」（1957年）に基づいて，準備預金制度が導入されています．この準備預金制度を用いて，コール市場などの短期金融市場の金利がコントロールされています．

　準備預金制度では，毎月16日から翌月の15日までが準備預金の積み期間とさ

れています.この期間中の日本銀行当座預金（金利はつきません）の平均残高（毎日の業務終了後の残高を平均したもの）を，各銀行等の預金残高に**準備率**を掛けて算出された数字以上にしなければならない，という制度です．日本銀行本支店に複数の当座預金口座を持つ銀行等の場合には，その合計値が対象となります．この準備率は日本銀行のホームページにも掲載されていますが，累進的な構造になっているほか，多少複雑な計算が必要です．まず，各種の預金の毎月の平均残高を求め，その残高に累進的な準備率を掛け，次いで各預金の合計を算出します．このため，① 月末を過ぎるまでは各預金の平均残高が確定しないため，月末までの積みは準備預金の推計値に基づいたものとなること，② 累進的な準備率のためメガバンクは1日平均数千億円の積みが必要な一方，小規模な銀行等は少額の積みでよいこと，などに気をつける必要があります．

各民間銀行等が積まなければならない1日あたりの当座預金残高を，所要準備額といいます．上記①の事情から，所要準備額が確定するのは，積み期間の後半になってから（すなわち月明け後）です．各銀行等では，毎日の営業日が終わったところで，その日の積みの額が計算できます．その結果，積み期間最終日までに，今後1日平均いくらの当座預金を積まなければならないかがわかります．この数字のことを「残り所要準備額」と呼ぶことがあります．

この準備率を操作することも，実は金融政策の1つとなっています．ただ，日本銀行では，1991年に準備率を変更して以来，一度も変更していません．

各銀行等の持つ日本銀行当座預金残高は，**本章2(2)**でお話しした各種の要因で動きますが，日本銀行当座預金残高の合計値に影響を与える要因は限られてきます．なぜなら，銀行間の決済の場合には，移動した当座預金額の持ち主が交代するだけで，当座預金残高の合計値には全く影響を与えないからです．そこで，残高全体に影響を与える要因は，① 銀行券要因，② 国庫金の要因（財政要因ともいいます），③ 金融調節要因の3つに限られます．この点は，**2章2(2)ⅱ**）でもお話ししたとおりです．

このうち，①の銀行券要因は，正月前やゴールデンウィーク前，さらには給料日前などには，日本銀行当座預金からの現金引き出しが増えます．銀行等がATMや店頭で準備する現金通貨を増やすためです．逆に，正月明けやゴールデンウィーク明け，さらには給料日後などには，日本銀行当座預金への現金の預け入れが増えます．観光地や小売店などで使った現金が大量に戻ってくるからです．

②の国庫金の要因は，税金の支払日，政府支出の支払日，新規国債の払込日，国債の利払い・償還日，などによって大きく影響されます．ただ，いずれも事前にある程度分かっているものが多いのが特徴です．

上記①，②の要因によって，日本銀行当座預金の残高合計値は大きく変動します．大きく変動すると，準備預金制度の対象金融機関は準備預金（2005年12月時点では法定準備額は合計4.6兆円程度です）を円滑に積むことができません．そこで，日本銀行が③の金融調節を行って，日銀当座預金の残高合計値の変化を緩やかなものに変えるのです．

コール市場の金利がある程度高い場合には，日本銀行が，各営業日の残り所要額よりも多い資金を供給するかどうかで，コール市場の金利が動きます．その日の日本銀行当座預金残高の合計値が残り所要額よりもかなり多額になるように資金供給したときには，コール市場の参加者は，「日本銀行がコール市場の金利を低下させようとしている」と考えます．所要準備額よりも多額の資金があるわけですから，資金の足りない銀行等は無理をして高い金利でコール市場からお金を借りなくてもよいと考えるからです．こうした金融調節を「緩め調節」と呼ぶことがあります．

逆に，日本銀行が残り所要額よりもかなり少ない金額しか供給しないときには，コール市場の金利が上昇します．コール市場の参加者は「日本銀行がコール市場の金利を上昇させようとしている」と考えるからです．うかうかしていると，法定準備額を積めない銀行が出てきて，過怠金を払わねばならない恐れがありますので，資金が不足している銀行等は，金利が高くてもコール市場で資金を調達しようとします．こうした金融調節を「きつめ調節」と呼ぶことがあります．

きつめでも緩めでもない調節のことを「中立調節」と呼ぶことがあります．このときは，日本銀行はコール市場の金利を変更しようとしていない，と解釈されます．

積み期間初日からの典型的なきつめ調節と，緩め調節，中立調節を，積みの累積額を用いて図示すると，**図表7−5**のとおりです．

なお，コール市場の金利がある程度プラスのときには，日本銀行は積み最終日までの積み累積額を，「所要準備額×積み日数」を若干上回る程度にしていました．もし，日本銀行がこれを大幅に上回る当座預金残高合計を供給したときには，多くの金融機関が所要準備額をらくらくと満たしてしまい，積み期間

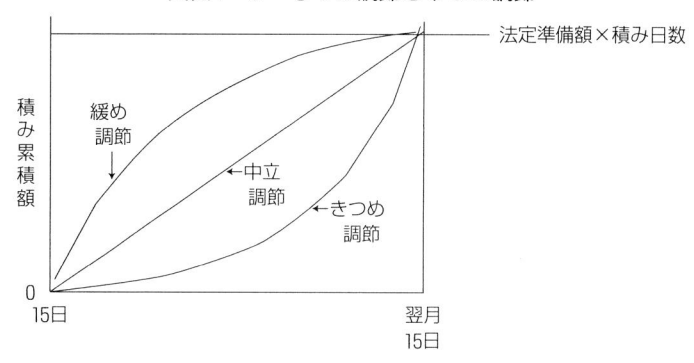

図表7-5 きつめ調節とゆるめ調節

積み累積額／緩め調節／中立調節／きつめ調節／法定準備額×積み日数
15日 〜 翌月15日

の終わりの方では，金利がつかなくなる恐れがあるからです．言い換えますと，コール市場の金利をゼロよりある程度高い水準とすることを目標としているときには，「所要準備額×積み日数」を大幅に上回る準備預金を日本銀行が供給することはできないのです．

逆に，金利をゼロ近辺にすることを目標にしているとき，典型的には，ゼロ金利政策のとき（1999年2月～2000年8月）とか，量的緩和政策のとき（2001年3月～2006年3月）には，コール市場の金利がゼロになることを心配する必要はありません．このため，日本銀行は「所要準備額×積み日数」を大幅に上回る資金を供給できたのです．

ここで，やや詳しく準備預金制度のメカニズムをお話ししたのは，日本銀行の資金供給の状況をみれば，短期金利が上昇するか低下するかを，ある程度予想できるようになるからです．コール市場の金利が高くなれば，皆さんの持っている金融資産，負債の金利に影響を与える可能性があります．今回お話ししたことを，皆さんの金融商品の選択の際に活用してもらえれば，大変嬉しいところです．

(4) 補完貸付制度

日本銀行当座預金の関係では，2001年2月に導入された補完貸付制度も大変重要な制度変更です．

この制度が導入される前には，日本銀行の貸出にあたって，貸すか否かや，貸すときにどの銀行等に貸すかを日本銀行が決めることになっていました．この点は，普通の銀行貸出と同じでした．因みに，日本銀行が貸出を行うときの

最も低い適用金利が公定歩合です．この公定歩合は，1995年初まではコール市場の金利を下回っていましたので，特定の銀行等に低金利で貸出を行うことへの批判もありました．

　補完貸付制度とは，事前に国債などを担保に入れた範囲内で，日本銀行から自由に貸出を受けられるようにしたものです．もちろん，適用される金利は公定歩合です．もし，コール市場の金利が公定歩合よりも高くなれば，資金を調達する金融機関は，補完貸付制度を使って，日本銀行から公定歩合で貸出を受けることになります．これは，国債を潤沢に保有している金融機関にとって，公定歩合が資金調達の際の上限金利となることを意味しています．準備預金制度とともに，日本銀行が金利をコントロールする際の重要な手法が増えたことになります．

　なお，中央銀行が民間銀行の求めに応じて貸出を受動的に行う手法は，欧州の国々でよくみられました．これらの貸付制度がロンバート貸出と呼ばれることが多かったため，日本でも「ロンバート貸出」と呼ぶこともあります．

　準備預金制度に関しては，日本銀行当座預金残高がマイナスになることは，2000年まで原則として認められていませんでした．普通の銀行取引の際には，当座貸越という契約などを結べば，一定の範囲内で当座預金残高がマイナスとなることを認めることがあります．手形貸付を行うときには，印紙を貼らねばならずコストがかかるために，当座貸越のかたちで信用供与を行う銀行も増えています．日本銀行の場合は，こうした当座貸越を認めていなかったのです．かつては，日本銀行当座預金残高がマイナスになることは，銀行の資金繰りが下手で，大変恥ずかしいこととされていました．

　2001年1月から，RTGS（即時グロス決済）という制度が導入されたとき，日中の赤字については認められることになりました．それまでの時点決済中心の方式では，いくつかの時点までの資金の流出入を溜めておいて，流出入の差額だけ決済しようとしていました．この場合，ある金融機関が破綻して支払えなくなったとき，他の金融機関全体に迷惑をかける恐れがあります．その金融機関からお金を受け取る予定だった金融機関は，受け取れなくなるために，流出入の差額を再計算しなければならなくなるからです．そこで，特定の時点まで溜めず，金融取引を個別に決済するRTGS方式に変えたのです．新方式の場合，資金不足の金融機関は，借りたお金をいったん返した後，また借りるまでの間に，一時的に日本銀行当座預金残高が赤字になるケースが避けられなくな

りました．そこで，日中の一時的な当座預金残高の赤字は，その金融機関が差し入れた担保の範囲内で認められるようになりました．

補完貸付制度の導入によって，営業日の終わりでも，当座預金残高が事実上赤字となることが許されることになりました．日本銀行と取引している金融機関にとっては，非常に大きな変化です．もっとも，担保をいくら差し入れるか，など銀行等にとって新たに検討しなければならない課題も多くなっています．

(5) **日本銀行のバランスシート**

金融政策について議論する前提として，日本銀行のバランスシートについてもお話ししておきます．

まず，負債サイドでは，**本章2**(1)でお話ししたとおり，日本銀行券は日本銀行の負債になります．2005年末の段階で，日本銀行券は79兆円ありました．また，日本銀行当座預金（2005年末で33兆円）も負債になります．所要準備額の4.6兆円よりも遥かに多いのは，当時，量的緩和政策を実施していて，日本銀行当座預金残高の合計値を30～35兆円に維持しようとしていたからです．このほか，売り現先（同28兆円）や政府預金（同5兆円）も日本銀行の負債になります．負債の合計額は，2005年末時点で153兆円となっていました．

次に，資産サイドでは，国債（同99兆円），買入手形（同44兆円），外国為替（同5兆円），買い現先（同4兆円）などがあります．資産の合計額は，2005年末時点で159兆円となっています．

日本銀行は，日本で唯一の発券銀行です．日本銀行の資産内容が悪化した場合には，日本銀行券の信用がどうなるでしょうか？　日本銀行券を人々が喜んで受け取ってくれるのは，法貨だという性質もありますが，日本銀行の資産内容がしっかりしていることが大切だといわれています．不良債権を大量に抱えた中央銀行の発行する銀行券を持とうとする人は少ないと思われるからです．

6章1(3)で1998年4月から外国為替及び外国貿易法が改正されたことをお話ししました．その時に，外貨によって国内で支払いを行うことが自由化されたことも，日本銀行券にとっては大きな環境変化です．それまでは，外貨によって代金を支払うようなことは，面倒な手続きを経て大蔵大臣の許可を得る（手続きを行っても，許可される保証はありませんでした）か，外国為替公認銀行に頼むしかなかったため，国内の取引で外貨建ての支払いを行うことはほとんどありませんでした．しかし，現行法の下では，そうした規制はなくなりました．日

本銀行券に対する信頼感を人々が失えば，国内にあっても，外貨で支払いを行う事例が増えてくる可能性があります．世界に目を向けると，経済が混乱した国々では，自国通貨よりもドルの方が信頼されて，ドル建てでの取引が一般化している事例がたくさんあるのです．すでに日本銀行券が，他国の銀行券と競合する可能性もないとはいえない時代になっていることを忘れてはいけません．日本銀行券が人々の信頼を失わないように，努力することが望まれます．

3　金融政策

(1)　金融政策の目標

　金融政策は，中央銀行が金利や通貨量を操作することで，経済に影響を与えようとする経済政策です．伝統的なケインズ経済学では，財政政策と並ぶ重要な経済政策として位置づけられています．

　金融政策の目標としては，色々な意見があります．物価の安定，安定的な経済成長（景気悪化の抑制），対外的通貨価値の安定，などです．国によっても，この辺の目標は分かれています．日本では，1998年4月から施行された日本銀行法2条に「日本銀行は，通貨及び金融の調節を行うに当たっては，**物価の安定を図ることを通じて国民経済の健全な発展に資すること**をもって，その理念とする」と明記されています．物価の安定と，安定的な経済成長に主眼がおかれているといえましょう．また，「国民経済の健全な発展に資する」限りにおいては，対外的通貨価値にも関心を持つことになりそうです．

　中央銀行が金融政策を行うにあたっては，独立性を持たせることが先進国では一般的に行われています．6章1(6)でもお話ししたとおり，国民の代表である国会議員や，その議員などによって構成される内閣から独立した金融政策が認められるということは，一見，民主主義の原則に反しているように見えます．これは，かつて激しいインフレを起こした国々では，政府の言いなりになって中央銀行が赤字国債を購入して自国通貨を過剰に供給したなどの苦い経験があるからです．たとえば，第一次世界大戦後に，ドイツでは物価が約1兆倍になったことがあります．逆にいえば，貨幣の価値が1兆分の1になったことになります．こんなにインフレになってしまえば，貨幣の価値保蔵手段としての意味は全くなくなってしまいます．ここまで酷くなくても，景気への配慮等から金融引き締めのタイミングが遅れることで，しつこいインフレが起きた事例も少

なくありません.

日本では,改正前の日本銀行法に,独立性を強く制約する"政府の業務命令権"や"解任権"などが含まれていました.これに対し,新法では第3条で「日本銀行の通貨及び金融の調節における自主性は,尊重されなければならない」とされています.日本でも中央銀行の独立性が格段に高まったと考えられます.

その分だけ,日本銀行は説明責任を求められることになりました.新法の第3条2項では,「日本銀行は,通貨及び金融の調節に関する意思決定の内容及び過程を国民に明らかにするよう努めなければならない」と明記されています.積極的な情報開示により,市場での信頼感を得ることが望まれます.

(2) バブル期までの日本銀行の金融政策

金融政策の推移をみていきましょう.高度成長期には,日本銀行の主たる金融政策は公定歩合を動かすことでした.景気が過熱したときには,日本銀行は金融引締策として,公定歩合を引き上げました.公定歩合を引き上げれば,4章1(4)でもお話ししましたとおり,臨時金利調整法に基づいて,民間銀行の預金金利が引き上げられました.当時の預金は,上限金利が規制された預金だったので,横並びの金利引き上げが行われたのです.このとき,貸出金利やコー

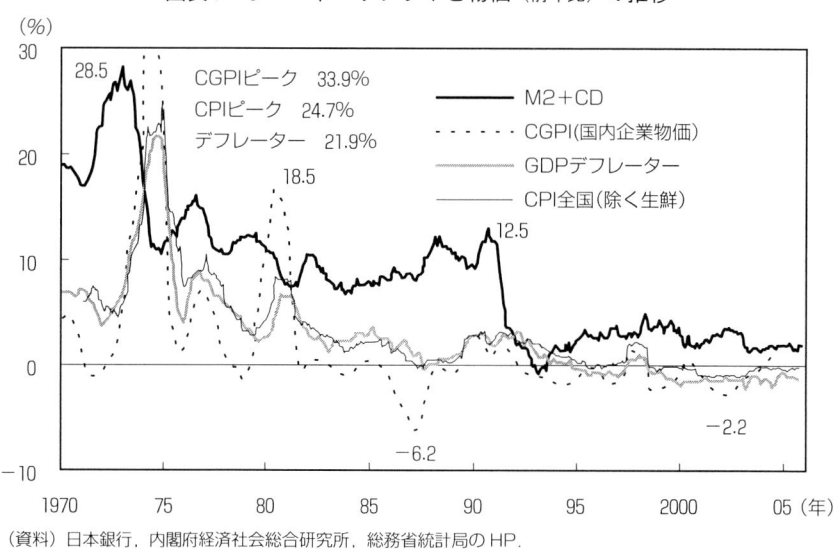

図表7-6 マネーサプライと物価(前年比)の推移

(資料)日本銀行,内閣府経済社会総合研究所,総務省統計局のHP.

ル市場の金利も公定歩合に連動して上昇しました．当時は公定歩合を中心とした金利体系ができ上がっていました．逆に，景気が後退したときには，日本銀行は金融緩和策として公定歩合を引き下げました．預金金利も貸出金利も，公定歩合に連動して下がりました．この時期には，4章1(5)でお話しした窓口指導（主要行の貸出増加額等に影響を与える量的な規制）や，**本章2(3)**でお話しした準備率操作も併用されていました．

高度成長期の終わりに，ニクソン・ショック(1971年)，オイルショック(1973年)が発生した頃，マネーサプライが急増したにも関わらず，円高に伴う景気後退懸念への配慮などもあって，日本銀行の金融引き締めが遅れたことがありました．このとき，4章1(7)でお話ししたとおり，国内の物価が急騰しました．**図表7-6**は，マネーサプライM2+CDと主要な物価指標3つの関係を示したものです．ここでは，物価の指標として，国内企業物価指数(CGPI)，GDPデフレーター，消費者物価指数(CPI＜除く生鮮食品＞)の前年比を示しています．このグラフをみる限り，**本章1(4)**でお話した貨幣数量説も，1970年代前半については，かなり強い説得力があることがわかります．この反省もあって，1970年代後半から，日本銀行はマネーサプライの動きについても注目しながら，金融政策を行うようになりました．

この経験は，1979年頃に第二次石油危機が起きたときに活かされました．輸入価格上昇などの影響を受けやすい国内企業物価は一時18.5％上昇したにも関わらず，消費者物価指数やGDPデフレーターは一桁の上昇率にとどめることができたのです．

2つのコクサイ化の影響を受けて，1980年代後半から自由金利預金のウェイトが高まってくると，自由金利の指標となったコール市場の金利が重視されるようになりました．金融調節を通じて，日本銀行はコール市場の金利に影響を与え，それが次第に中期，長期の金利に市場参加者の期待を通じて影響を与えるという金利メカニズムが重視されるようになったのです．当時も，公定歩合は引き続き重要な政策金利と位置づけられていましたが，自由金利預金が拡大していく中で，預金金利との連動性が薄れていきました．1993年には定期預金の金利が，また1994年には流動性預金の金利が完全自由化されました（例外として当座預金の金利は今日でもゼロです）ので，預金金利と公定歩合との直接的な連動性が切れてしまいました．ただ，当時は"公定歩合を日本銀行が示すことにより市場参加者に影響を与える"という「アナウンスメント効果」が重視さ

れていました．なお，窓口指導も引き続き行われていましたが，規制が困難な時代となったこともあって段階的に緩和され，次第に有効性が弱まっていったように思います．なお，この窓口指導は，1991年に完全に廃止されています．

(3) バブル期前後の金融政策

バブル期の金融政策は，4章3(1)～(2)でもお話ししたとおり，1989年前半まで金融緩和の状態が続いていました．その背後には，国際政策協調や内需拡大策への配慮，円高不況へのトラウマなど，色々な要因がありました．

とくに1987年2月～1989年5月まで，当時としては史上最低の2.5％という公定歩合が続いていました．図表7-6のとおり，この時期にはマネーサプライM2＋CDの高水準が続いていて，貨幣数量説からすると物価上昇を警戒すべき水準にありました．しかしながら，現実の物価水準は，当時の円高に伴う輸入原材料や輸入製品の価格下落もあってかなり安定していました．マネーサプライの増加については，物価が安定している一方で，"株や土地など資産価格の高騰を背景に株や土地の取引が拡大したことから，取引動機に基づくマネーサプライが増えているのだ"と説明されていました．

当時は，"金融政策の目標は物価の安定であって，資産価格の動向については二次的なもの"という見方もありました．また，当時の資産価格高騰は，今から思えば4章3(4)でお話した合理的バブルの状態（ファンダメンタルズからの継続的な乖離）だった訳ですが，「バブルの経済学」に関する日本社会での理解が乏しく，当時は"日本経済の成長力などを反映した正当な資産価格の上昇である"などという強気の見方が少なくなかったのです．さらに，国内の金利を引き上げることについては，"円高が進むのではないか"とか，"経常収支の黒字を減少させるための内需拡大策に逆行すると批判されるのではないか"という心配もされていました．こうした要因が重なって，今から思えば長すぎる金融緩和が続けられたものと考えられます．

バブルの終盤の時期には，4章4(2)でもお話ししたとおり，公定歩合が相次いで引き上げられ，1990年8月にはバブル期ピークの6.0％になりました．この間の公定歩合の引き上げ回数は5回，引き上げ幅の累計は3.5％ポイントになります．1990年3月に大蔵省の総量規制が導入されたこともあって，不動産向けを中心に貸出が減少し（95頁の図表4-2参照），それが預金の伸びを急速に鈍化させたため，マネーサプライM2＋CDの伸びも急速に低下しました（図

表7-6参照).

(4) バブル崩壊後から金融危機の頃までの金融政策

バブル崩壊後には,1995年頃に一時80円前後にまで円高が進んだこと(105頁の図表4-5を参照)や,不良債権問題の深刻化などに伴う経済成長率の鈍化などから,金融緩和が続きます.公定歩合は,1991年7月から相次いで引き下げられ,1995年9月には0.5％という水準になりました.この4年余の間,公定歩合は合計9回,累計5.5％ポイント引き下げられています.この0.5％という公定歩合は,1995年9月以降2001年2月まで維持されました.

この間,1995年には,コール市場の金利が公定歩合を初めて下回るようになりました.これは,日本銀行の政策金利として,公定歩合よりもコール市場の金利の方が大切な時代に変わったことを意味しています.

コール市場の金利は,1995年秋から公定歩合を本格的に下回ります.無担保コール金利(オーバーナイト物)は,1995年10月から平均0.4％台で推移した後,1998年9月には平均0.3％台に,同年10月～1999年1月には平均0.2％台に低下しました.当時の金融危機に対応した日本銀行の金融緩和政策と考えられます.

なお,マネーサプライM2＋CDは,バブル崩壊後の貸出の伸び急減等から1992～93年に,一時的に前年比マイナスになったこともありました.この時期には,「日本銀行の金融緩和のタイミングが遅れた」という批判もありました.もっとも,その後は金融緩和政策が影響し,1993年半ば以降今日まで,前年比＋1～5％の範囲内で比較的安定的に推移しています.

(5) ゼロ金利政策

金融危機の頃にコール市場の金利を順次引き下げてきた日本銀行は,1999年2月,ついに「ゼロ金利政策」と呼ばれる金融政策を実施しました.

その時の対外公表文には,「より潤沢な資金供給を行い,無担保コールレート(オーバーナイト物)を,できるだけ低めに推移するよう促す.…(中略)…当初0.15％前後を目指し,その後市場の状況を踏まえながら,徐々に一層の低下を促す」と書かれています.景気の悪化,長期金利の上昇,為替の円高化,などを反映したものです.

この結果,無担保コール金利(オーバーナイト物)は同年2月に月平均0.18％,3月同0.04％,4～9月同0.03％,10月0.02％と,殆ど0％の水準にまで金利

が下がりました．この金融政策の継続のめどとしては，同年4月の日本銀行総裁記者会見の席で「デフレ懸念の払拭が展望できるような情勢になるまで続ける」という条件が表明されました．

　この政策は約1年半継続された後，米国の景気拡大の恩恵等から一時的に景気に楽観的なムードが出てきた2000年8月に解除されました．日本銀行の金融政策決定会合の対外公表文には，「無担保コールレート（オーバーナイト物）を，平均的にみて0.25％前後で推移するよう促す」と書かれています．実際に，2000年9月～2001年2月までの無担保コール金利（オーバーナイト物）は0.25％で推移しました．

　このゼロ金利政策解除については，当時大きな論議を呼びました．今から思えば，「デフレ懸念の払拭が展望できるような情勢」という曖昧な解除の基準しかなかったことが日本銀行批判の大きな原因だったと思います．よくよく考えてみると，「デフレ懸念」とは何か，「払拭」とは何か，「展望できる」とは何か，「情勢」とは何か，などについて，万人が納得するような答えはありません．日本銀行政策委員会のメンバーに，"日本銀行の独立性が認められて間がない時期で独立性を示したい"という考え方があって解除を焦ったのでは，という指摘もあります．そこまでの思いはなくても，"ゼロ金利政策という，人類史上例のない政策を早くやめたい"という気持ちがあったのかも知れません．

　しかしながら，私は，引き続き大量の不良債権を抱えていた日本経済の疲弊状況（133頁図表5－1にあるとおり，当時は不良債権が増え続けていた時期です）や，当時の米国景気のピークアウトを考えると，2000年時点でのゼロ金利政策の解除には無理があると考えていました．また，前掲図表7－6でもみられるとおり，物価が下落するという意味でのデフレは，その後も日本経済に悪影響を与え続けました．2000年当時，政府はゼロ金利の解除に大反対で，マスコミも日本銀行のゼロ金利解除を後に批判しました．一時は，"中央銀行の独立性を制約する方向に日本銀行法を改変しよう"という歴史的にみて危険な声まで聞かれたほどです．このゼロ金利解除は，日本経済についての幅広い知識を持ち，正しい判断を行うことがいかに難しいかを示した貴重な経験だと思います．

📖 **参考文献**

　まず，貨幣需要と貨幣供給の経済理論について詳しく知りたい人は，以下①の教科書がわ

かりやすく説明しています．
① 福田慎一・照山博司『マクロ経済学入門』第3版，有斐閣（有斐閣アルマ），2005年．

　次に，準備預金制度について詳しく知りたい人は，すでに2章でご紹介した以下の②の本が役に立つと思います．また，日本銀行のホームページ（http://www.boj.or.jp/）にも詳しいデータが掲載されています．
② 黒田晁生『入門金融』（第4版），東洋経済新報社，2006年．

　次に，日本銀行の重要な使命である「金融政策」および「信用秩序の維持」と，具体的な政策手段について詳しく知りたい人は，以下の③の本が役にたつと思います．また，日本銀行のホームページ（http://www.boj.or.jp/）にも，詳しい説明や資料が多数掲載されています．
③ 日本銀行金融研究所『新しい日本銀行増補版――その機能と業務』有斐閣，2004年．

8章

量的緩和政策と金融政策論議

2001年に入ると,景気の悪化などを背景に一部の経済学者グループなどから,ゼロ金利政策への復帰や量的金融緩和を求める声が高まりました.2001年2月末に7章2(4)でお話しした補完貸付制度の導入と公定歩合の引下げ (0.5%→0.25%) を決定しましたが,日本銀行に対する批判が続きました.

日本銀行はついに2001年3月,**量的緩和政策**(「量的金融緩和政策」とも呼ばれます)という他に例をみない実験的な金融政策をとることを決定しました.この章では,量的緩和政策の概要と,その効果を巡る議論について,やや詳しくみていきます.人類史上例をみなかった大実験の目撃者として,後世の人々に語り継ぐ義務があると考えるからです.

1 量的緩和政策

(1) 量的緩和政策の概要

量的緩和政策の導入を決定した時点の対外公表文は,「金融市場調節方式の変更と一段の金融緩和措置について」という標題です.この政策は,以下①〜④の施策のパッケージとなっています.

① **金融市場調節の操作目標**を「無担保コールレート(オーバーナイト物)から日本銀行当座預金残高に**変更**」したこと,
② **実施期間の目処**として,「消費者物価指数(全国,除く生鮮食品)の前年比上昇率が**安定的にゼロ%以上となるまで,継続する**」ということを明記していること,

が大きな特徴です.②については,ゼロ金利政策の解除条件が「デフレ懸念の払拭が展望できるような情勢」という曖昧なものであったため解除時に批判を

受けたことから学習したものと考えられます．量的緩和政策では，デフレかどうかの判断基準を，消費者物価指数という他機関（総務省統計局）が作成している分かりやすい指標に変更していますので，大きな進歩だと考えられます．仮に，その基準として日本銀行が作成している国内企業物価指数を選んでいれば，「日本銀行が金融政策を行うために恣意的に物価指数を操作するのでは」との疑念を持たれる危険もあったでしょう．消費者物価指数は，年金などの物価スライドでも用いられている一般的な指標でもありますので，良い選択であったと考えられます．日本銀行では，②の項目について，「強力な時間軸効果」があるとしていました．デフレ期待が続く限り，金利は上昇しないことを日本銀行が約束した訳ですので，それまでは金利が上昇しないという効果を指しています．

また，①の新たな操作目標との関連では，

③「日本銀行当座預金残高の増額と市場金利の一段の低下」

を目指しました．目標とする日本銀行当座預金残高については，図表8-1のとおり，段階的に引き上げられていきました．いずれも所要準備額（約4兆円）を大幅に上回る水準ですので，7章2(3)でお話しした「緩め調節」と同様のメカニズムが働き，コール市場での金利は大幅に低下しました．

上記③の結果，無担保コール金利（オーバーナイト物）は大幅に低下しました．月中平均でみると，2001年3月0.11％→同年4～6月0.02％→同年7～8月0.01％→同年9月0.005％→同年10月0.003％と低下した後，2006年2月まで0.000～0.002％の間で推移しました（ただし例外的に2002年9月は0.005％）．この期間中には，極く僅かながらマイナスになる日も一時的にみられました．コール市場などでの運用金利は，現金で持つという選択肢もあって，原則としてマイナスにならないことを勘案すれば，人類史上ほぼ最低の金利の時期だったと考えられます．

このほか，

④「長期国債の買い入れ増額」

も行いました．当初は月々4000億円からスタートし，月々1兆円を越える水準にまで買い入れを増額しました．

なお，2001年9月に米国で同時多発テロが発生し，一時世界の金融・資本市

図表8-1　量的緩和政策の当座預金の目標値と残高

期間	目標値
2001年3～7月	5兆円程度
2001年8～9月	6兆円程度
2001年9～10月	6兆円を上回る
2001年10月～2002年10月	10～15兆円程度
2002年10月～2003年3月	15～20兆円程度
2003年3～4月	17～22兆円程度
2003年4～5月	22～27兆円程度
2003年5～10月	27～30兆円程度
2003年10月～2004年2月	27～32兆円程度
2004年2月～2006年3月	30～35兆円程度

日本銀行当座預金の残高

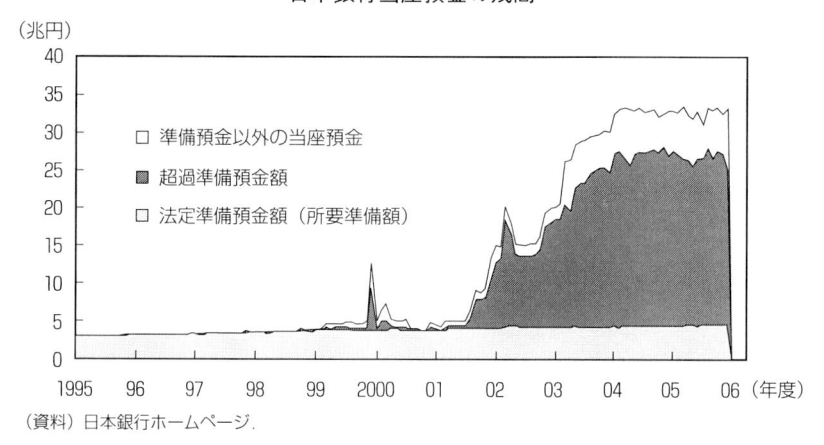

(資料) 日本銀行ホームページ.

場が動揺したことを受けて，同月，公定歩合を一段と引き下げました (0.25%→0.1%). 同年3月に導入された補完貸付制度の仕組みを勘案すると，日本銀行はコール市場の金利を最高でも0.1%以内に抑制することを考えていたことがわかります．

(2) 量的緩和政策の有効性を巡る議論

それでは，約4年間実施された量的緩和政策は，大きな成果をあげたのでしょうか．物価の下落という意味でのデフレが続いたことからみて，はかばかしい成果があったようにはみえません．量的緩和政策は2006年3月に解除されましたが，中国や米国の景気拡大に伴う輸出の拡大や不良債権処理の進捗などから日本の景気が緩やかながらも回復してきたことや，石油価格の上昇によって物

価下落が一服したことが解除の主因のようです．日本銀行も，時間軸効果を指摘してはいますが，具体的なデフレ克服の見通しを持っていなかったようです．

これに対し，一部の経済学者は，量的緩和政策がマネーサプライを増加させ，貨幣数量説によって物価上昇につながる，という見通しを描いていました．日本銀行との間で，量的緩和政策の効果について活発な議論が行われました．以下では，その議論の概要と，実際の動きについてみていきます．

ⅰ）マネーサプライの増加を期待する考え方

標準的なマクロ経済学の教科書には，ハイパワード・マネーという議論があります．そこには，"ハイパワード・マネーが増えればマネーサプライが増加する" という主張が書いてあります．

ここで，ハイパワード・マネー（H）は，準備預金（R）と現金通貨（C）の合計だと定義されます．すなわち，「$H=R+C$」という関係です．また，マネーサプライ（M）は，7章1(3)でお話ししたとおり，現金通貨（C）と預金（D：マネーサプライに入れる預金は，その定義によりいくつかの考え方があります）の合計と定義されます．すなわち，「$M=C+D$」という関係です．

ここで，マネーサプライ（M）をハイパワード・マネー（H）で割った比率をみると，「$M/H=(C+D)/(C+R)$」という関係が成り立ちます．この右辺の分子と分母をそれぞれDで割ると，「$M/H=(C/D+1)/(C/D+R/D)$」という関係が成り立ちます．この式の左辺は，**貨幣乗数**（「信用乗数」ともいいます）と呼ばれます．

ここで，右辺のC/DやR/D（通常は準備率によって下限が規定されます）が安定的であれば，貨幣乗数は安定的だということになります．準備預金（R）の増加は定義上ハイパワード・マネー（H）の増加をもたらし，貨幣乗数が安定的であれば，そうしたHの増加はマネーサプライ（M）の増加をもたらすことになります．こうした立場の研究者は，「中央銀行がハイパワード・マネーをコントロールすることが可能で，それに基づいてマネーサプライをコントロールできる」と考えています．7章1(5)でお話ししたとおり，伝統的なケインズ経済学では，IS–LM曲線の議論の中で，中央銀行は貨幣供給をコントロールできるという仮定を入れています．

こうした考え方に，日本銀行関係者は懐疑的です．ハイパワード・マネーの一部である準備預金は，金利がゼロ近くでない限り所要準備に制約されますし，現金の保有についても個人や企業が決めることであって，中央銀行が決めるこ

とではない，と考えています．「そもそもハイパワード・マネーをコントロールすることなどできない」と考えているのです．また，ハイパワード・マネーとマネーサプライとの関係が安定的だという議論にも懐疑的です．

どちらの議論が正しいかについては，データで確認する必要があります．そこで，ハイパワード・マネー（日本銀行の統計では「マネタリー・ベース」と呼んでいます）と各マネー指標の1970年以降の推移をみたのが，**図表8-2**です．**7章1(3)**でお話ししたとおり，マネーサプライの指標としては，Ｍ１（＝現金＋要求払預金），Ｍ２＋CD（＝Ｍ１＋定期預金＋CD）と広義流動性（Ｍ２＋CD＋郵便貯金＋信用組合や農協等の預貯金＋金銭信託＋投資信託＋金融債＋国債＋外債等）が注目されています．そこで，この**図表8-2**では，ハイパワード・マネーのほか，マネー指標として，Ｍ１，Ｍ２＋CD，広義流動性の推移を前年比のかたちで示しています．

この**図表8-2**からは，長期的にみても，ハイパワード・マネーの振幅が非常に大きいことがみて取れます．物価上昇の激しかったオイルショックの前後には，各種のマネーとも大きく伸びていました．1975年から1990年にかけては，

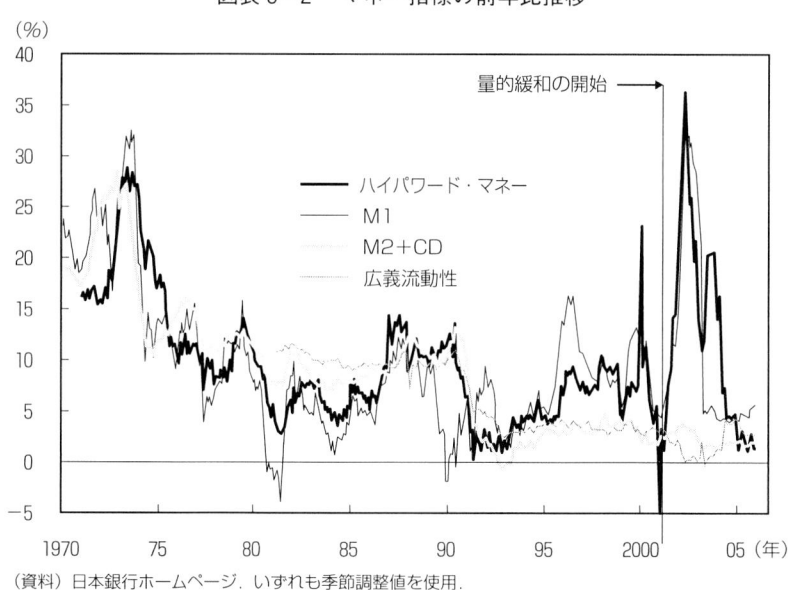

図表8-2　マネー指標の前年比推移

（資料）日本銀行ホームページ．いずれも季節調整値を使用．

年率＋10％前後で推移したあと，Ｍ２＋CDや広義流動性は５％を下回るところまで伸びが低下しています．これに対し，ハイパワード・マネーやＭ１は，バブル崩壊後，いったん低下しましたが，1995年以降，金融政策の変更や低金利に伴う現金需要の増大などから，年率＋10％程度の高い伸びを示しています．とくに，2001年３月の量的緩和政策導入によって日本銀行の金融調節の操作目標が金利から当座預金残高に変わってからは，ハイパワード・マネーの伸びが急速に高まり，一時は前年比＋35％を越える高い伸びを示しました．たまたまＭ１についても，2002年４月からの定期預金に対するペイオフ解禁の実施を控えて，Ｍ１外の定期預金からＭ１内の普通預金への急速な預金シフトが生じたことから，一時は前年比＋30％を越える高い伸びを示しました．しかしながら，Ｍ２＋CDや広義流動性の伸びには大きな変化がみられません．貨幣乗数は，決して安定的ではなさそうです．

　そこで，各マネー指標とハイパワード・マネーとの比率を示したものが図表８-３です．貨幣乗数は，長期的にみて決して安定していません．また，2001年の量的緩和政策導入後，Ｍ２＋CDや広義流動性でみた貨幣乗数が非常に大きく低下しています．広義流動性でみたものは導入当初の約20倍から2005年末の約13倍に，Ｍ２＋CDでみたものは同じ時期に約10倍から6.4倍に低下しているのです．さらに，Ｍ１でみたものも，当初の3.7倍が一時3.3倍に低下し，2005年末には3.5倍となっています．いずれも，安定しているとはいえません．

　それでは，なぜマネーサプライ(M)は，ハイパワードマネー(H)ほど増加しなかったのでしょうか．これを理解するうえでは，民間銀行等のバランスシートをきちんと理解する必要があります．そもそも，Ｍ２＋CDは，民間銀行等（銀行，信用金庫等）の負債の大部分を占めるものです．現金は日本銀行の負債であって，民間銀行等の負債ではありませんが，その他の部分（要求払預金，定期預金等）は，民間銀行等の重要な負債項目なのです．民間銀行等のバランスシートが資産・負債の両建てで大きく拡大しない限り，Ｍ２＋CDは拡大するはずがないのです．

　そこで，民間銀行等の資産サイドをみると，貸出や有価証券が有力な運用手段となっています．通常の経済では，ハイパワード・マネーが拡大すれば，貸出の伸びを通じて預金が増えるという「信用創造」の機能が働きますが，現在の日本経済では，貸出は2005年の後半くらいまで減少していました．これでは，預金が大幅に増える筈がありません．信用創造が後述の理由で機能不全に陥っ

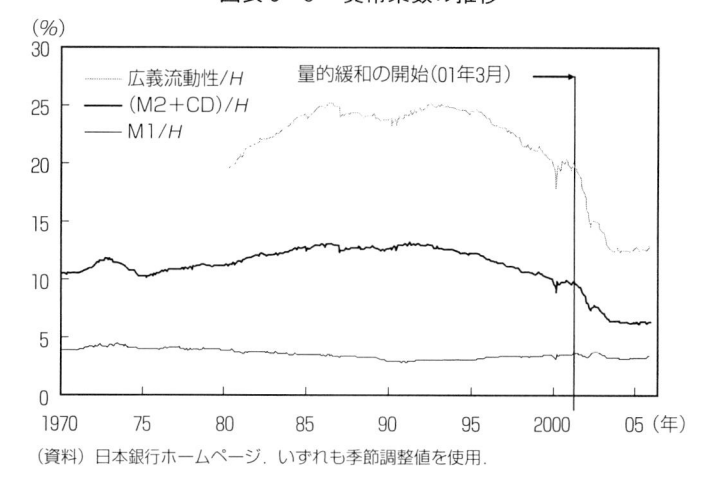

図表8-3　貨幣乗数の推移

（資料）日本銀行ホームページ．いずれも季節調整値を使用．

ていたのです．量的緩和によるマネーサプライ拡大効果を期待した経済学者等は，この点を十分理解していなかったように思います．

ⅱ）信用創造とその機能不全

そこで，**信用創造のメカニズム**について説明します．これは，中央銀行の資金供給などで，民間銀行の持つ本源的預金が L だけ増加した場合の波及効果をみるものです．

通常，民間銀行は，その本源的預金を現金（C）や準備預金（R）で持つよりも，貸出に回した方が儲かりますので，民間銀行は貸出を行います．もっとも，民間銀行は全額を貸出すのではなく，預金者からの支払い要求に応じられる程度は手元に現金を残します．手元に現金を残す比率を β とすると，第1回目の貸出で，民間銀行は $(1-\beta)L$ だけ貸出を行います．貸出を受けた企業は，自社の銀行口座の預金が増えることになります．銀行の貸出とは，借り手が持っている自行の預金口座に振り込むことによって行われるからです．銀行のバランスシートをみると，資産である貸出と負債である預金が，同時に同額だけ増加するのです．

借り手の企業は，借り入れた資金で別の企業へ支払いを行う場合，現金で支払うこともありますが，銀行の口座間の振り込みで決済することが少なくありません．個別の銀行からみると，他の銀行の口座に送金されると自行の預金残高が減少してしまいます．しかしながら，日本の銀行システム全体で見れば，

企業間で口座振替を行った場合，預金の持ち主は変わっても，預金の総額は変わりません．したがって，預金は$(1-\beta)L$だけ拡大することになります．

銀行システム全体でみると，ここで増えた預金$(1-\beta)L$に基づいて，通常は第2回目の貸出を行うことになります．民間銀行は，やはり手元にβだけ残しますので，第2回目の貸出額は$(1-\beta)^2L$となります．同様に，第3回の貸出額は$(1-\beta)^3L$，第4回の貸出額は$(1-\beta)^4L$となります．こうしたことがずっと続いていくと，

$$\text{合計の預金増}=L+(1-\beta)L+(1-\beta)^2L+(1-\beta)^3L+\cdots\cdots$$

となります．ここで，左辺の「合計の預金増」を簡単化のために，Zと書くことにしましょう．このとき，

$$Z=L+(1-\beta)L+(1-\beta)^2L+(1-\beta)^3L+\cdots\cdots$$

となります．この式をA式と呼ぶことにしましょう．

この式の両辺に$(1-\beta)$を掛けると，次のB式が得られます．

$$(1-\beta)Z=(1-\beta)L+(1-\beta)^2L+(1-\beta)^3L+(1-\beta)^4L+\cdots\cdots$$

ここで，A式からB式を引くことにしましょう．左辺同士の引き算からは，βZが得られます．他方，右辺同士の引き算からは，Lが得られます（第2項以下は全て同じものを引くため，全てゼロとなります）．左辺同士の引き算と，右辺同士の引き算の結果は同じになりますので，「$\beta Z=L$」を得ることができます．この式の両辺をβで割ると，「$Z=L/\beta$」が得られます．合計の預金増(Z)は，βが10％の場合には$10L$に，βが5％の場合には$20L$になります．本源的預金の増加(L)が，10倍とか20倍の増加になるということなのです．こうした金融メカニズムは，"新たな信用を創る"という意味で「信用創造」と呼ばれます．預金と貸出の機能を同時に営む民間銀行に特有の機能です．

ところで，この議論が成立するためには，いくつかの前提条件があることに注意する必要があります．第一に，"金利を生まない現金あるいは準備預金を保有するよりも，貸出を行う方が有利"という前提です．しかしながら，景気が悪くて信用リスクを補って余りある借り手が十分いないときや，自己資本比率が低くてリスクアセットを増やす貸出を行えないときには，こうしたメカニ

ズムは働きません．民間銀行は貸出を行うよりも，国債などの債権を増やすことを選ぶでしょう．民間銀行が貸出を行わないということは，預金が増えないことを意味しますので，預金が大きく膨らむことはありません．

　第2に，預金の全額払い戻しを要求される恐れはない（すなわち$\beta<1$）という前提です．銀行が信用不安に襲われていて，$\beta=1$になれば，銀行は貸出を増やすことを避けることでしょう．これでは預金が増えません．

　第3に，銀行システムから現金などのかたちで引き出されるお金はない，という前提です．貸出を行っても，それが現金として引き出され，預金の増加が限られている場合には，信用創造のメカニズムは十分働きません．

　量的緩和政策が行われた時期の日本の民間銀行の環境をみると，銀行は貸倒リスクを勘案すれば，十分な金利が取れていないといわれていました．制度的にみても，5章3でお話しした1998年度の早期是正措置の導入とその後の検査の段階的な強化により，要注意先以下の借り手に対しては，貸し手の銀行は十分な貸倒引当金を積まなければならなくなりましたので，貸倒引当金のコストまで勘案すれば，採算が取れない新規貸出案件が増えました．あるいは，不良債権処理の結果，自己資本比率が低くなり，公的資金の注入を受けた銀行もたくさんあり，新規貸出の余裕がなくなった銀行もありました．これらは，上記の第1の前提に反するものです．

　また，自己資本比率の低い銀行等は，市場での信用を失ったときに備えて，手元の流動性を厚くせざるを得ない状況にありました．これは，上記の第2の前提に反するものです．

　さらに，預金で運用しても金利が低くなったことから現金を保有する機会コストが低くなり，現金の保有が増えています．また，ペイオフ解禁（2002年4月に定期預金を解禁，2005年4月に普通預金等を解禁）に伴って預金よりも現金を好む資産家も増えています．これらのことは，第3の前提に反するものです．

　こうした環境では，信用創造が十分働くはずがないのです．この結果，ハイパワー・マネーの大幅な増加は，マネーサプライの十分な増加にはつながらなかったのだと考えられます．もっとも，2005年後半から2006年初にかけて，日本でも貸出が増加するようになって来ましたし，不良債権問題も山を越えています．日本でも，ようやく信用創造のメカニズムが働きやすい局面に入ってきたのかも知れません．

ⅲ）通貨数量説の成立状況

ただ，マネーサプライは，量的緩和政策がとられた時期にも前年比プラスの状態を続けていました．こうしたマネーサプライの増加が，物価上昇につながらなかった理由について考えていきましょう．

7章1(4)でお話しした貨幣数量説によれば，貨幣の流通速度 (V) またはマーシャルの k が安定しているときには，貨幣の増加が名目 GDP と比例関係になると考えます．そこで，貨幣の流通速度（名目 GDP/マネーサプライ）の推移を示したものが図表8-4です．日本では，貨幣の流通速度も長期的にみて，決して安定していません．1993年頃からは，貨幣の流通速度が趨勢的に低下しています．M1でみると，過去10年あまりで1/3に低下しています．M2+CDでみても同じ期間に3割近く低下していますし，過去30年では半減しています．量的緩和政策導入後に限定してみても，M2+CD が導入時（2001年第1四半期）の0.79倍から2005年第4四半期の0.72倍に，M1が同じ期間に2.14倍から1.32倍に低下しています．マネーサプライが増加しても，名目 GDP がなかなか増加しない経済になっているのです．こうした趨勢的な低下の背景には，長短金利の低下に伴って，貨幣を保有するコストが低下していることが影響していると考えられます．さすがに，今後これ以上の金利低下は考えにくいところですので，貨幣の流通速度もそろそろ下げ止まる可能性があります．今後の流通速

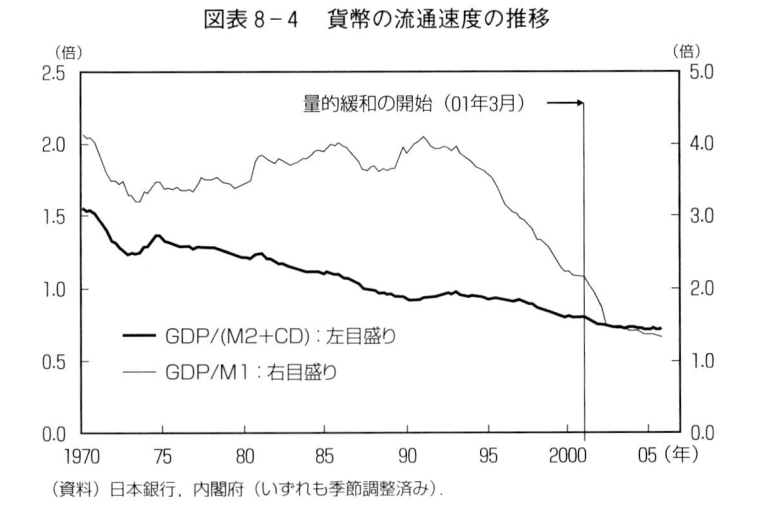

図表8-4　貨幣の流通速度の推移

（資料）日本銀行，内閣府（いずれも季節調整済み）．

度の動向が注目されます．

このようにみてくると，バブル崩壊後に貨幣数量説が成立しているか，怪しい状態だと思われます．1970年代のインフレについては説得力のあった貨幣数量説も，最近の動きをみる限りでは，あまり当てはまらないようです．教科書や本を無批判に頭から信じ込むのではなく，現実との対応関係をデータなどに基づいて，きちんと調べて自分の頭で考えていく姿勢が望まれます．

(3) 流動性の罠の議論

日本経済が7章1(6)でお話しした「流動性の罠」の状態にあるかどうか，についても興味深いところです．2006年3月に量的金融緩和が解除されたとはいえ，日本の金利は非常に低い状態が続いています．金融政策に有効性はあるのでしょうか．

金利が歴史的な低水準にあり，これ以上は下がりにくいという意味では，かなり流動性の罠に近い状態にあるように思われます．私の学生時代には，"流動性の罠は，大不況期の米国はいざ知らず，戦後の世界経済では現実的にほとんどない極限状態だ"といわれていました．それに近い状態が出現したことについて，個人的には感慨深いものがあります．

流動性の罠の状態にある限り，ケインズ経済学の枠組みでは，金融政策で LM 曲線を動かすことが困難となり，金融政策には有効性がなくなります．このため，景気を回復させるためには，財政政策などで IS 曲線を動かすしかないことになります．しかしながら，"日本の財政赤字が巨額な中で，財政支出の拡大や減税を行う余地は低い"という有力な反論があります．また，「国債は一見資産のように思われるが，よく考えてみると，将来の増税で返済することが多いため，将来の負債とセットであり，差し引きすると資産ではない」という批判もあります．こうした事情で財政が出動できない状況にある以上，"残る金融政策が出動すべきだ"，という議論になりがちです．

しかしながら，経済政策が本当に金融政策と財政政策だけなのか，についてはよく考える必要があります．たとえば，規制緩和を行うことによって，新たな需要を喚起することも考えられます．1990年代に携帯電話が爆発的に普及したのは，通信に関する規制緩和の成果です．現在でも，教育，医療，農業分野についてはかなり規制が強いといわれていますので，戦略的に規制緩和を行うことで，第3の経済政策とすることが考えられます．意味のある構造改革（か

たちだけの改革は除きます）については，需要喚起策としての経済政策だと考えることもできるでしょう．

また，財政政策についても，検討の余地がありそうです．たとえば，財政支出の中身について，省庁別の配分が硬直的だという指摘があります．重要性が薄れた省庁にも大きな予算を配分していて，無駄が生じている可能性があります．あるいは，単年度主義のために細切れになったり，使い残しを避けたりするなどの無駄が多いともいわれています．官庁や業界団体が主導して談合を行うこともあるようです．予算の中身を上手に見直すことで，大きな経済効果を得られるかも知れません．

それでは金融政策はどうでしょうか．従来の $IS-LM$ 曲線の枠組みを壊して，もっと大きな目で見れば，金融政策にも新たな役割がある，という議論があります．以下では，その代表例として，インフレターゲット論と更なる緩和論について検討していきます．

(4) インフレターゲット論

インフレターゲット論（インフレ・ターゲティングとも呼ばれます）とは，中央銀行が**目標とするインフレ率の範囲を設定**し，実際のインフレ率をその範囲内に収めようとする手法のことです．英国など，インフレ率を抑制する過程でこの手法を使った事例が多く，成果をあげたとされています．しかしながら，デフレを抑制する過程で使った事例はほとんどありません．第二次世界大戦前にスウェーデンが使ったともいわれていますが，効果のほどはよく分かりません．

インフレターゲット論には幅があり，色々な論者がいますが，最大公約数は，中央銀行が何らかの目標とするインフレ率の上限と下限を明示することを求めています．日本銀行が実施した量的緩和政策は，下限の目標としてインフレ率ゼロを目指していましたが，上限については何もいっていないので，インフレターゲット論とはいえないようです．

ⅰ）金融政策のインフレとデフレに対する非対称性

金融政策は，物価が上昇している局面では，金利の引き上げを通じて強すぎる需要を抑制することができます．このため，物価上昇を抑えることはやりやすいという特徴をもっています．このため，インフレ抑制のためにインフレターゲティングを用いた英国などで有効だったと評価されることは，よく分かります．

これに対し，物価が下落し，短期金利がほとんどゼロとなっている局面では，話が大きく変わります．なぜなら，現金との競合を考えれば，金融資産の金利をマイナスにまで引き下げることはできなくなるからです．確かに，マイナスの金利を実現する手法として，①金融資産に保有税をかける，②口座維持手数料をとる（一部の預金では実施されています），③借入金にその金利を上回る補助金を与える，等の方法も考えられます．しかしながら，①・②には，預金者が現金に逃避するなどの抜け道があること，①〜③ともに政治的・制度的に受け入れが難しそうなこと，等から現実的な手法だとは思えません．現金も課税対象に含めて，スタンプや証書をつけるという方法も提唱されていますが，大量に普及している自動販売機にどのように認識させるのか，など技術的な問題は大きく，実現は難しそうです．こうした事情からマイナスの金利を実現できないのであれば，金利メカニズムを重視した金融政策によってデフレ抑制を行うことは困難だと考えられます．

「金利メカニズムを使わなくても，貨幣数量説からみて，貨幣を増発すれば自動的にデフレが抑制されるはずだ」という考え方もありますが，これも現実的だとは思えません．高度成長期のように満たされていない需要が大量にあった時代はともかく，今日のようにある程度豊かになった日本社会では，何らかの負債を対価にお金を渡したとしても，少子高齢化が進む先々のことを考えて，そのお金を使い切ってしまう人は限られているでしょう．余った資金は，現金などの形で積みあがるだけで，経済活動を活発化させる方向に回るとは考えにくいのです．

あるいは，経済学の教科書でみられる「ヘリコプターマネー」を実現したらどうでしょうか．教科書的にいえば，空から紙幣をばら撒けば，拾ったお金を使って民間の需要が増える，という議論になります．しかし，よく考える必要があります．紙幣とは日本銀行にとっては負債だということです．負債である紙幣を，対価となる資産もなくばらまくことが本当にできるのでしょうか？その場合には，日本銀行が財政当局の１つになって，財政政策の一環として銀行券をばらまく，ということになってしまいます．日本銀行券の信頼性を維持するという観点からは，通常の金融取引とは異なる危険な取引を日本銀行が行うことは，とても健全とはいえません．

このように考えると，金融政策を用いてインフレを抑制することと，デフレを抑制することの間には，大きな非対称性があることが分かります．このこと

は，凧と糸の関係にも例えられます．凧が上昇しようとするときに糸を引っ張ることで凧の上昇を止めることができますが，風がないときには，どんなに糸を緩めても凧が上昇することはないのです．

ⅱ）期待を操作する効果

金融市場などの資産市場では，政策も含めた将来の姿に対する期待が大きな影響を与えます．「インフレ・ターゲティングを行って，上限と下限のインフレ目標値を示せば，人々の期待を安定する効果がある」という経済学者の議論もあります．人々が緩やかなインフレが起きるという期待を持てば，行動パターンが変わるはずだという考え方です．一面の真実を突いていると思います．

確かに，中央銀行が設定した上限については，人々から信用されるでしょう．先ほどの凧のたとえでいえば，糸を引くことによってインフレを抑制することができるからです．これに対し，中央銀行が設定した下限については，果たして人々から信用されるのでしょうか．

現在の日本の物価下落圧力には，色々な要因が指摘されています．①外国との経常収支が黒字のため，円が割高になっているという説があります．海外旅行に行けば，海外の物価が割安なので驚いた人が多いでしょう．これは，日本の円が高いから起きている現象で，大きな内外価格差があることが指摘されています．あるいは，②近年発展の著しいアジア諸国から安い製品が流入しているためだという説があります．100円ショップなどに行けば，アジアの国々の製品が驚くほど安い値段で売られていることに気づいている人も多いでしょう．③国内でも日本型の雇用慣行が崩れつつある中で，人件費も含めた価格破壊が起こっているという説があります．賃金引下げということも，現在では珍しくはなくなっています．④国内の価格を高止まりさせてきた系列や談合などといった慣行や大規模店舗規制法などの公的規制が変わりつつあるためだという説があります．恐らく，これらの要因が複合的に日本の物価を引き下げる方向に働いているのだろうと思います．

金融政策を変更することで，こうした要因を劇的に変えることができるのでしょうか．たとえば，①や②の脅威に晒されている企業は，中央銀行がインフレターゲットを設定したからといって，値上げをするでしょうか．もし，為替レートが大幅な円安になれば，内外価格差が縮小して，物価下落圧力は弱まり，価格引き上げを図る企業も出てきて物価が上昇に転ずるかも知れません．しかしながら，円安になれば，日本の経常収支の黒字はますます拡大することにな

るでしょう．これは，いわゆる「近隣窮乏化政策」といわれる政策で，周りの国の犠牲で自分だけよくなろうとする政策だと批判されるでしょう．日本が経済的に見て貧しい小国だった時代は，まだ受け入れてもらえたかも知れません（戦前の高橋財政期にはこれと似たことが起きました）が，現在のように世界経済のなかで大きな地位を占めるような国では，政治経済学的に許されないと考えられます．

　そうだとすると，為替レートはさほど変わらないと予想する人がほとんどだと思われます．このとき，中央銀行の目標どおり国内でインフレが実現すれば，内外価格差はますます拡大することになります．内外価格差を利用することのメリットがますます高まる訳で，価格引き下げの戦略が有効性を増します．

　このような将来展望を抱いた企業は，果たして中央銀行の目標どおりに価格を引き上げるでしょうか．引き上げた企業は，"自分が損をして，ライバル企業に収益機会を与えるだけだ"と考えることでしょう．そうすると価格引き上げは，有効な戦略とはなりえないのです．個々の企業が価格を上げないのに，物価が上がるはずがありません．「合理的な企業であれば価格上昇期待を持たない」ということになります．

　もちろん，長い目で見れば，上記の推論の前提が変わることも考えられます．日本国内の製造業が大量に海外に移転するか輸出意欲を失ってしまった場合には，少々の円安になっても日本からの輸出が増えなくなるかも知れません．そうすれば，インフレ期待が発生することもあり得ます．また，円があまりにも大量に発行されると，「円資産を持っていることは危ない」という認識が内外で広がるかも知れません．その結果，円を売ってドルなどの外国通貨や金を買おうとするかも知れません．あるいは，再び土地を買おうとする人がたくさん出てくるかも知れません．こうした場合には，円という通貨はババ抜きのジョーカーのような存在になるでしょう．みんながジョーカーを手放そうとする時には，通貨の価値が暴落することも考えられます．通貨の価値が暴落するということは，インフレが発生するということです．現在のように大量に通貨が発行されているとき（すなわちインフレの燃料となる通貨が大量にあるとき），みんなが円を売り始めると，燃え上がったインフレの炎を果たして制御できるのでしょうか．

　ⅲ）期待を操作できたときの副作用

　また，インフレターゲットが人々から信頼されたとき，長期金利が上がるリ

スクもあります．緩やかなインフレが起きると人々が考えた場合，目減りを恐れて，現在のように低い金利で金融資産を持とうとしなくなることが懸念されるからです．

このとき，長期国債の金利が上昇する可能性があります．国債金利が上昇すれば，2章3(3)でお話ししたメカニズムにより国債価格が下落します．国債を大量に保有している金融機関にとっては，巨額の損害が出る可能性があります．全国銀行は合計で100兆円くらいの国債を持っていますから，値下がりに伴う損失は銀行に大きな打撃を与える恐れがあります．また，日本銀行も7章2(5)でお話ししたとおり，100兆円に近い国債を持っていますので，国債価格が下落すれば大きな損失を被ることでしょう．もし損失が大きければ，日本銀行券の信用を損なったり，日本銀行から国庫への納付金（重要な税外収入です）がマイナスとなったりする恐れがあります．

また，国債の金利が上昇すれば，財政面でも大きな負担になります．図表8-5は，公債残高と一般政府（中央政府のほかに地方政府と社会保障基金を含む）の利払い費の推移を示したものです．国債の残高が急激に増加しているにも関わらず，新しく発行する国債金利が低下していることから，一般政府の利払い費は，1998年度をピークに2004年度（執筆時点で統計が発表されていた最新時点）まで6年連続で減少しています．金利が高かった頃に発行した国債等が満期になって償還され，低い金利の国債等に借り替えられたことによるものです．金融緩和の効果が長期金利にも波及した賜物ともいえましょう．日本では幸い，これまで

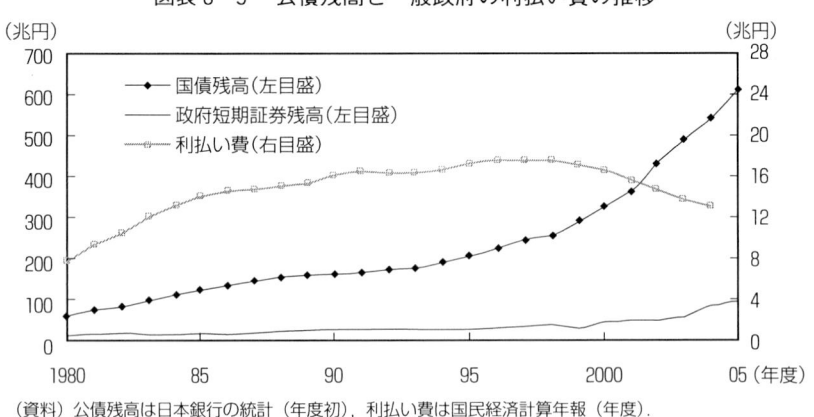

図表8-5　公債残高と一般政府の利払い費の推移

（資料）公債残高は日本銀行の統計（年度初），利払い費は国民経済計算年報（年度）．

のところ国債残高の急増にも関わらず，利払い費が急激に増加する現象（「財政の硬直化」と呼ばれることもあります）は起きていないのです．ただ，高い金利の国債の残高が満期償還によって減少するにつれて，こうした利払い費減少のメカニズムは働かなくなります．加えて，人々が緩やかなインフレを予想し，求める金利を引き上げるようになれば，一般政府の利払い費が上昇に転じる恐れがあるのです．国債と政府短期証券だけで700兆円を超える債務がある中，金利が1％上昇するだけで単純計算すれば7兆円の金利負担増となります（実際には，近年発行された低い金利の長期国債が満期になるまでは負担増は緩和されます）．

インフレ・ターゲティングによって期待インフレ率を上昇させることができたときには，こうした大きな副作用が発生するリスクについて考慮する必要があります．リスク管理をないがしろにして，バブル後に大量の不良債権を抱えた銀行の轍を中央銀行が踏んではなりません．「改革」の名の下にがむしゃらに制度や仕組みを変えるのではなく，どういうリスクがあるのかを慎重に判断する英知が必要です．

ⅳ）期待を操作できなかったときの副作用

中央銀行がインフレ率の上昇を目標に掲げても，人々の期待が変わらなければ，どうなるでしょうか．長期金利などは変わらないでしょうし，物価を引き下げようとする圧力は変わらないことでしょう．これでは効果がありません．

「効果がなくても，逆に実害もないからインフレ・ターゲティングを実施すべきだ」と考える人がいるかも知れません．しかし，インフレ率が目標圏を外れ続ける過程で，人々の意識の中に，「中央銀行のいうことは信用できない」というメッセージが刷り込まれる危険があります．中央銀行がいったん人々の信用を失えば，通貨価値の安定を図ることが難しくなります．

7章2(5)でもお話ししたとおり，国内でも外貨による決済が増えてくる可能性があります．円と外貨の競争が国内でも発生する可能性があるのです．資産の運用の面でも，外貨預金が急増するなど，円離れが進むかも知れません．実際，1997年のアジア通貨危機の時には，タイ，韓国，インドネシアで自国通貨が売り浴びせられ，大暴落したことがありましたが，このうちインドネシアでは，外国資本のみならず，国内の富裕層が大量に自国通貨を売り浴びせ，資本逃避を図ったといわれています．今日の日本と当時のインドネシアとでは，国際収支の動向も含めて大きな違いがありますが，いったん弾みがつくとなかなか元に戻らないことには注意が必要です．

そこまで極端でなくても，公定歩合などのアナウンスメント効果が効かなくなる恐れもあるでしょう．そうなると，金融政策で重視されるようになった「市場と中央銀行との対話」が成り立たなくなる恐れがあるのです．

世間一般でも，信用を積み上げるのには非常に時間がかかる一方で，いったん獲得した信用を失うことは簡単です．ここには，非常に大きな非対称性があります．中央銀行の信認についても全く同じことがいえます．信認の価値の大きさを事前にしっかりと見極めて，それを失う際のリスクについても十分に検討する必要があります．

(5) 一段の金融緩和を求める議論

インフレターゲット論のほかにも，日本銀行が一段と踏み込んで金融緩和を行うべきだ，という議論がみられました．中央銀行自身が国債，外貨建て資産，国内の他の証券等（不動産投資信託や株式を含む），さらには物や不動産などをどんどん購入すべきだ，という意見です．「日本銀行⇒民間金融機関⇒企業や家計など」という現在の金融政策の波及経路が長すぎるので，民間金融機関を中抜きにして，「日本銀行⇒企業や家計など」という経路を作ろう，という発想です．

ⅰ）日本銀行による国債引受の是非

今日では，日本銀行が国債を発行市場で引き受けることは財政法第5条により禁止されています．日本銀行が保有している国債は，流通市場で購入したものだけなのです．こうした中央銀行による国債引受の禁止は，インフレに関する世界的な苦い経験から決められたものです．ハイパー・インフレーションと呼ばれる激しいインフレを経験した国々では，中央銀行が赤字国債を引き受けていました．日本でも，戦前の1930年代前半に高橋是清大蔵大臣（当時）が国債の日本銀行引受を実施したことがあります．中央銀行が国債を引き受けた場合，世界的にみて財政の節度が失われることが多く，財政赤字に伴って大量にばらまかれた紙幣がインフレを引き起こしたのです．戦前の日本でも，軍備の過大な拡張が行われ，インフレが起きてしまいました．中・長期的にみると，7章1(4)でお話した貨幣数量説に近いことが発生した事例が世界中で数多くみられます．こうした反省から，発行市場での中央銀行による引受が禁止されたのです．

ただ，日本銀行も流通市場からの国債購入は認められていますので，7章2

(5)でもお話ししたとおり，今日では日本銀行が100兆円近い国債の保有者となっています．財政節度という観点からいえば，国債引受と流通市場からの購入にはさほど大きな差はありません．日本銀行が保有する大量の国債に支払われた金利は，日本銀行の経費を差し引いた額が日本銀行の利益となり，ほとんどが国庫に納付されます．政府は中央銀行保有分の国債金利を意識することなく，国債を発行できるのです．また，いずれは中央銀行に転売できるとわかっている国債については，低金利であっても民間銀行などが購入することも考えられます．これでは，市場メカニズムによる財政赤字へのチェックが効かなくなります．

このように考えると，日本銀行が国債を野放図に購入することには問題があります．節度のある購入が期待されるところです．

また，日本では，国債を保有している主体をみると，1章2(2)ⅱ）でもお話ししましたとおり，家計や企業は非常に小さな割合（2004年度末時点で家計と企業を合わせて3％余）に過ぎません．こうした環境下では，日本銀行が国債の購入を増やしたところで，そもそも企業や家計に資金を注入することは困難なのです．

ⅱ）日本銀行による外貨建て資産の購入提案

日本銀行が外貨建て資産を持てば，為替介入のドル買いと同じ効果があり，円安が進んで日本経済のデフレ克服に役立つ，という意見もあります．

この場合には，為替変動に伴うリスクを中央銀行が負うことになります．7章2(5)でもお話ししたように，日本銀行はすでに5兆円近い外国為替を資産として保有しています．この外貨建て資産は，財務省が主管する外国為替資金特別会計で保有する外貨等とともに，日本の外貨準備の一部を構成しています．このことは，日本銀行が円相場の変動に伴う大きなリスクを抱えていることを意味しています．たとえば，円相場が10円上がれば4000億円近い損失が出る計算になります．日本銀行が外貨建て資産を購入して，これ以上の大きなリスクを抱えることが望ましいことか，よく考える必要があります．

ちなみに，現在では為替介入は，2章5(1)でお話ししたとおり，財務省が中心になって決定し，実際の売買は財務省の委託を受けて日本銀行が実施しています．具体的には，為替介入にあたっては，もっぱら外国為替資金特別会計が保有する外貨等を増減させていて，日本銀行が保有する外貨建て資産は動かしていません．外貨建て資産を購入するときには，政府短期証券（FB）を発行し

て円資金を調達しています．日本銀行が無理をして外貨建て資産を購入しなくても，必要に応じて外国為替資金特別会計を通じて政府が外貨準備を増減させる仕組みが出来上がっているのです．日本銀行がリスクを取らなくても良い制度となっていることをよく理解する必要があるでしょう．

ⅲ）日本銀行による国内その他証券の購入提案

国債・地方債などではない証券を日本銀行が購入することを提案する意見もあります．リスクが大きく実現していないケースもあれば，リスクが限定的などの理由で実現しているものもあります．

このうち，不動産投資信託（REIT）を持つ場合には，不動産価格の変動に伴うリスクを中央銀行が負うことになります．3 章 2(2)でお話しした日本の不動産投資信託市場の規模が十分大きくない中で，日本銀行がこうした商品を購入することは，市場メカニズムを歪める恐れがあります．

株式については，すでに 2002 年 9 月から 2004 年 9 月までの 2 年間にわたって金融機関保有株式を約 2 兆円分購入した事例があります．これは，当時の株価下落と時価会計の導入に伴って，銀行が大きな市場リスクを抱えたことから，金融システムの安定を目指した一時的かつ例外的な措置として，日本銀行が民間銀行保有株の一部を購入したものです．日本銀行には，7 章 3(1)でお話しした金融政策を行うほか，信用秩序の維持（プルーデンス政策とも呼ばれます）という第 2 の大きな使命があります．この措置は，金融政策として発動されたものではなく，信用秩序の維持のために実施されたものです．この措置の導入時には，"日本経済の危機的な状況を反映した仕方のないもの"という消極的な賛成論がある一方で，"日本銀行の資産の健全性を損なうもの"という根強い反対論もありました．その後，日本の株価は上昇局面に転じましたので，日本銀行は幸い大きな損失を被らなかったようですが，価格変動リスクを抱えていることには注意が必要です．

資産担保証券（ABS）と資産担保コマーシャル・ペーパー（ABCP）については，信用度が高いものを選べば，株や外貨建て資産ほどの大きなリスクはないため，日本銀行の資産価値を損なうリスクは限られます．こうした特性を考慮して，2003 年 6 月の金融政策決定会合で，円建ての高格付けのものに限って購入することが決定されました．2005 年末時点で日本銀行は 1200 億円ほどの資産担保証券等を保有しています．ABS や ABCP を発行した経済主体に対して，日本銀行が資金を供給する効果があります．また，ABS や ABCP の市場規模

が拡大する中で，日本銀行の金融調節の手段としてABS等が使われるようになったことは，こうした資産の使い勝手を向上させるものです．これら市場のさらなる発展を促す効果も期待されます．

むやみに制度を変えるのではなく，潜在的なリスクとリターンをじっくり考えて，意味のある改革を行うことが大切です．上記のような日本銀行のやり方が生ぬるいという見方もありますが，**4章**でもお話ししたバブル期の日本の銀行の失敗をみてもわかるとおり，情勢を見極めて着実に変更していくだけの英知が必要だと考えられます．

2　今後の金融政策

2006年3月に量的緩和政策が解除された後，日本銀行は，同年7月までゼロ金利政策（コール市場での金利をほぼゼロにする政策）を続けました．その後は，金利を2回引き上げた後，世界金融危機を受けて2010年までに3回引き下げています．超過準備に付利をする補完当座預金制度（2008年10月導入決定）や包括的金融緩和（2010年10月実施）を行うなどの新機軸も打ち出しています．なお，中長期的にみると，金融政策にはいくつかの考慮すべき点があります．

(1)　物価上昇の局面が到来した場合

日本の景気が上振れしたり，国際商品市況が一段と上昇したりすれば，物価上昇の圧力がかかる可能性があります．そうなれば，日本銀行がゼロ金利を解除して，コール市場での誘導金利を引き上げることになります．

そのとき，果たして民間金融機関がきつめ調節に適切に反応できるかどうか，不安があります．量的緩和政策の導入からみても5年，ゼロ金利政策の時代を含めると7年以上経過する中，各銀行の資金繰り担当者のうち，本格的なきつめ調節を肌で知っている人材が少なくなっていました．かつてバブル期に民間銀行が審査セクションを軽視して審査技術の組織的伝承に失敗した経験から類推すると，こうした問題が資金繰り部署で起きている可能性があります．いざ金利が上昇したときは，コール市場が混乱する恐れがあるのです．もっとも，いざというときには，**7章2(4)**でお話した補完貸付制度があるため，国債などの担保を差し入れている限り，公定歩合で自動的に借り入れることができます．このため，コール市場で成立する金利の上限は公定歩合に限定されるはずです

（もっとも，問題を起こした銀行の担保が不十分な場合には，高い金利を払ってコール市場から調達しなければならない事態があり得ます）．こうした制度がきちんと機能してコール市場は安定を保つことができました．

　また，今後，中長期金利がどのように推移するかについても注目されます．2章3(3)でお話ししたように，中長期の金利には，市場参加者の将来の短期金利推移に関する予想が大きな役割を果たしています．市場参加者は，こうした予想を形成するにあたって，将来の物価上昇率の動向のほか，日本銀行の将来の金融政策も重要な要因として考慮します．このため，中長期金利は，市場参加者がどのような金融政策を予想するかによっても大きく影響されるのです．量的緩和政策の時期には，物価上昇率が安定的にプラスになるまでは，ゼロ金利が続くというコミットメントがありました．物価上昇率が若干プラスになったとき，どのような金利が形成されるかという予想を安定化させる仕組みが求められるかも知れません．日本銀行が今後どのような対応をとっていくか，注目されます．

(2) 経済政策としての位置づけ

　また，財政政策の活用には，巨額な累積赤字からみて限界がある中，今後も金融政策に対するプレッシャーが続く可能性があります．みなさんも，量的緩和政策を始めとする過去の貴重な経験を踏まえて，金融政策にできることとできないことをしっかり考えてください．その上で，金融政策と他の経済政策との役割分担をしっかり見極めていくことが大切だと思います．その過程では，バブル期の反省を踏まえて，政策の永続可能性について真剣に考慮する必要があるでしょう．経済理論と現実の制度を良く知り，よく考えていくことが望まれます．

　経済政策を論じる際によく行われる金融政策と財政政策という二分法が正しいかどうかについても，よく考える必要があります．財政政策のほかにも，規制緩和，為替平衡操作，国債管理政策なども重要な経済政策になり得ます．あるいは，教育の質の向上や産学連携の推進など，教育界に関する改革も必要になってくるでしょう．こうした大きな枠組みの中で，金融政策を位置づけることが望まれます．

(3) 日本経済の大きな流れ

　中長期の経済政策のあり方を考えるときには，その前提となる日本経済の大きな流れについても，よく考える必要があります．

　現在，日本経済全体をたとえていえば，民間部門で食べきれない料理（本当は生産物）を公的部門が食べることで残飯のない生活をしている状態に近いでしょう．ただ，公的部門は食べる量に上限を設けます，といっています．基礎的財政収支の均衡（国債関係の収入・支出を除いた財政収支のこと＜プライマリー・バランスと呼ぶこともあります＞）を求める議論などは，まさにこうした発想です．執筆時点では，循環的にみて景気回復局面にありましたが，こうした景気の局面がいつまでも続くとは限りません．

　将来，"食べ残しを減らすために日本全体でみた料理のボリュームを減らそう"という動きが強まれば，景気が悪くなり，失業者が増加に転じる恐れがあります．せっかくの「構造改革」の試みが改革される側の抵抗等によって単なる財政赤字縮小策に矮小化され，料理の量が減る世界に陥ってしまうと，大変なことになるのです．家計部門が食べ残したものが不良債権として腐ってしまったり，将来の生産抑制につながったりすることが心配されます．生産を抑制するような世界になれば，新規の設備投資を行うことは控えられます．そのときには，家計の所得を減らすことを通じて料理の量自体を減少させ，食べ残しを少なくする方向に経済メカニズムが働く心配があります．

　産業界をみると，日本経済の中で最も生産性が高いといわれる電機や自動車産業で，生産コストや経済摩擦を考慮して海外現地生産の割合を高めようとしています．このままでは，日本の労働と資本の伸びが低下するうえ，平均的な生産性も下がる可能性が高く，「経済成長会計」の3つの要素（資本，労働，生産性）のいずれからみても，日本経済は非常に成長しにくい時期に差し掛かっています．さらに，2005年から人口が減少し始めたこの国では，将来の市場規模の縮小を想定して，ますます設備投資に対して消極的となることも懸念されます．

　こうした暗い将来予想を吹き飛ばすためにも，今日では無用となった各種規制を排すること等によって，新しい日本型の産業や市場を生み出していくことが，今後の大きな政策課題となるでしょう．そうした試みに失敗すれば，2002年頃に経験したような失業拡大の悪循環が，再度始まる心配もあります．

　若い皆さんは，経済改革の行方について，ひとごとだと思わず，しっかりと

監視していかれることを，心より期待しています．

📖 **参考文献**

量的緩和政策についてより詳しく知りたい人は，以下の①〜③の本が有益だと思います（③については，2章でも紹介しています）．
① 小宮隆太郎・日本経済研究センター編『金融政策論議の争点——日銀批判とその反論』日本経済新聞社，2002年．
② ブルンバーグ・ニュース/日高正裕編著『論争・デフレを超える——31人の提言』中央公論新社（中公新書ラクレ），2003年．
③ 加藤出『日銀は死んだのか？——超金融緩和政策の功罪』日本経済新聞社，2001年．

また，日本のデフレ経済の背景について詳しく知りたい人は，以下の④の本が分かりやすく，かつ丁寧に説明しています．
④ 内田真人『デフレとインフレ』日本経済新聞社（日経文庫），2003年．

Box 4　経済政策についてもよく考えよう

　経済学を学ぶ人の中には，「市場に任せていれば全てうまくいくから，政府は何もしなくて良い」と考える人達がいます．"市場原理主義"とも呼ばれる考え方で，"政府は小さくするべきだ"という議論につながります．こうした人達は，"政府がしゃしゃり出てきて規制などを行うから，素晴らしい市場原理が損なわれるのだ"と考えます．確かに市場メカニズムは素晴らしい面がありますが，いつでも成立するとは限りません．

　経済学の発展で，市場メカニズムが十分働かない場合があることも知られるようになりました．たとえば，公害のように負の外部性のあるものや，道路のように正の外部性のあるものを取引する市場はありません．したがって，市場が正しい価格をつけることの難しい分野です．金融，労働，企業経営などの面でも，情報の非対称性に伴って市場機能が十分働かないことが知られています．こうした分野では，市場機能を有効に働かせるためなどに，各種の規制や制度が必要とされるのです．市場が決して万能ではないところに，規制を含めた経済政策の意義があるのです．

　こうした経済政策を論じる際には，常に問題となることがあります．市場に任せてよいところと，任せられないところの境界が曖昧な場合が多いということです．規制や財政支出によって利益を得る人達がいる場合には，過剰な規制・支出が行われたり，必要性のなくなった規制や制度が温存されたりすることも少なくありません．各種関係団体の人々（場合によっては規制を行う公務員自体）は霞を食べて生きている訳ではないからです．「国民全体のため」という大義名分を掲げながら，実際に

は自らの団体あるいは官庁の利益のために行動していることが少なくありません．規制対象の問題点を過大に指摘したり，新規施策の需要を過大に見積もったりすることが良く行われています．また，良い目的でスタートしたはずの政策が，色々な事情で当初期待された政策効果を得られないこともたくさんあります．

　このように考えてくると，経済政策もきちんとチェックすることが必要です．なぜその規制や政府支出が必要なのか，目的どおりの効果を挙げたのか，国民全体のためにより良い別の方法がないのか，などをよく考える必要があります．必要に応じて，新しい政策に変えることも大切です．考えを整理する際には，経済学の力が大変役に立ちます．

　皆さんが規制を含めた経済政策について考えることを止めたとき，あるいは経済学を学ぶことを止めたとき，専門家と称する人達が自分たちに都合の良いことを押し付ける危険があります．皆さんの身を守るためにも，「面倒だ」とは思わずに，考え続けましょう．

おまけ：政策評価の際，リスク管理のサイクルが役に立ちます

　5章4(5)でお話ししたとおり，リスク管理にあたっては，「Plan⇒Do⇒See⇒Plan」とか「Plan⇒Do⇒Check⇒Action⇒Plan」というサイクルが大変重要な役割を果たします．同じことが政策や企画・立案の評価にも当てはまります．Planを立てっぱなしにするのではなく，「See」あるいは「Check⇒Action」という過程を経て，より良いものとしていく努力が大切です．

9章

21世紀を生きる皆さんへ

　本書では，日本の金融システムの要点についてお話ししてきました．皆さんが金融を正しく理解するためには，金融制度と経済理論の両方の要点を，まずしっかり理解する必要があります．次いで，一見複雑化している相対型の金融取引の現状を理解するためには，バブル崩壊前後の失敗の歴史から謙虚に学ぶ必要があります．

　以下では，この本で皆さんにお伝えしたかったことを，改めて説明していきます．

1　経済学を学ぶ重要性

　経済学は，ものごとを考えるときの基準として，大変役にたちますので，決して馬鹿にしてはいけません．日本では，残念ながら，経済学をはじめとする学問を「机上の空論」として軽視する見方が根強くありますが，人類の英知を軽視することは大変もったいないことです．経済学には，始祖といわれるアダム・スミス以来，200年以上もの長い歴史があります．その中では，多くの有名な経済学者たちが現実の経済を理解し説明しようと，知的な格闘を続けてきました．その偉大な成果が現在の経済学（日本では近代経済学と呼ばれることもあります）なのです．その意味では，経済学は人類の知的遺産の1つであるといっても過言ではありません．近代経済学には，様々な経済現象を分析する際の有力な道具立てが，かなり揃っています．

　もっとも，皆さんが初めに学ぶミクロ経済学などは，一見，現実の経済現象とは異なるものを分析しているようにみえるかも知れません．これらは，色々な条件が整備された理想的な「市場」などでどういう経済現象が起きるかを考えるときの枠組みを提供してくれています．物理学に喩えれば，"空気抵抗や

摩擦のない世界で何が起きるか"，を考えるようなものです．そうした世界では，羽毛も鉄の玉も同じスピードで落下します．明らかに空気抵抗のある現実とは異なった議論になります．

　物理学を現実に当てはめる場合には，空気抵抗や摩擦を勘案した上で，物体がどのように動くのか考える必要があります．経済現象をみる際にも，物理学の真空にあたる世界での動きを踏まえたうえで，空気抵抗や摩擦にあたる経済制度や慣行について加味する必要があります．その一例ですが，「情報の経済学」の発展は，情報を持つ人と持たない人の違いが経済現象にどのような影響を与えるかについて，多くのことを教えてくれます．本書で説明してきた金融論の世界でも，「情報の経済学」は，様々な経済現象を解明してくれます．現実の世界で多くみられる「情報の非対称性」が，物理学における摩擦や空気抵抗のような役割を，経済現象の上で果たしているのです．このように，経済学の発展は経済現象の理解を一段と深めてくれます．

　読者の皆さんが真剣に近代経済学を学べば，世の中がきっと違ってみえてくることでしょう．また，近代経済学は，世の中を良くする方策を考える際のヒントをいろいろと与えてくれるでしょう．皆さんが就職を希望される企業などの方は，頼りない"指示待ち族"ではなく，自分の頭で骨太に考えることのできる大人を採用したいと考えています．大学時代の4年間を漫然と過ごした人と，大学時代に考える力を培った人では，社会に入ってからの働きぶりが大きく違ってくるからです．

　ものごとを学ぶ気になった人には，中国の高名な思想家である孔子の有名な言葉が大いに参考になります．学ぶときの心構えを言い当てた言葉です．

　　「学びて思わざれば則ち罔し，思いて学ばざれば則ち殆し」（論語）

先人に学ぶだけで自分の頭で考えなければはっきりと理解できないし，せっかく何かを考えても先人の智恵に学ばなければ危なっかしい，という意味です．経済現象について，何か強い思いがあっても，独りよがりの解釈にならないよう，きちんと近代経済学を学ぶことを強くお勧めします．

2　成功体験への安住の危険：バブルの教訓1

　バブル期以降の金融面での経験から得られた大きな教訓の1つは，"成功体

験に安住してはいけない"ということです．人は，成功体験の甘い記憶を忘れることが難しいものです．特に大きく成功した人ほど，過去の体験に束縛されがちで，環境変化に伴って方向転換が必要になっても，そのタイミングを見誤ることが多いものです．

今から思えば，**土地神話**は，そうした危険な成功体験の典型的な事例です．戦後の復興期からバブル期にかけて，多くの日本人が土地神話により多額の利益を得てきました．しかし，バブル期には，それが日本経済における戦後の一時的な現象なのか，永続性があるものか，についての判断を誤った人が少なくありません．今から思えば，日本の地価は，バブルの崩壊後に本格的な国際的な競争に晒されたことで右肩上がりの状態を続けられなくなり，大幅に下落しました．この結果，バブル期に土地神話に踊って土地担保付き融資を拡大した金融機関は，4～5章でお話ししたとおり，多額の不良債権を抱えることになったのです．地価下落のリスクについて，十分認識していなかったのです．

シェア拡大やボリューム拡大を目指した企業経営も，高度成長期のような右上がりの時代には，とても有効な経営戦略でした．早い段階でシェアやボリュームを確保しておけば，後から利益がついてきました．しかしながら，金融自由化が進んで規制金利預金がなくなるなど，経済環境が大きく変化すると，こうしたビジネスモデルは有効性を失ってしまいました．ただ，客観的にみると有効性を失っていても，人々の意識は，なかなか変わらないものです．客観情勢の変化への対応が遅れた企業や銀行は，無理な借入や貸出を増やし，不良債権問題を深刻化させたのです．

コンプライアンス（守るべき法令・規則や行動原理）を軽視したことも，過去の日本企業や銀行の特徴です．伝統的に「臭いものには蓋をしておけば良い」と考える企業文化が根付いていました．たとえば，不良債権はなかなか財務諸表に反映されず，有価証券報告書に虚偽の記載を行うこともありました．禁止されていたインサイダー取引，損失補填や談合もよく行われていました．"失敗から積極的に学んでリスク管理を厳格化する"という本道を見失い，不都合なことを隠してきたことから，同じような失敗を繰り返したのです．こうしたコンプライアンス軽視に対する世間の目が次第に厳しくなってきたことに気付かず，過去からの慣習に流された企業や金融機関は，問題が発覚した後で大きな批判を受けました．経営破綻に追い込まれたり，企業活動面で大きな打撃を受けたりした事例は枚挙にいとまがありません．守るべきルールを正しく理解し，

それを守らなかったときのリスクを認識し，対応策を事前に構築しなければならなくなったのです．「昔からやってきたことを続けて何が悪い」という安易な意識では，世の中で通用しなくなったのです．

成功体験へのこだわりを捨て，世の中の変化を正しく認識する必要があります．また，過去の失敗から謙虚に学んで，リスクをきちんと管理する心がけが大切です．

3　自己責任原則の重要性：バブルの教訓2

バブルの教訓として，自己責任原則の大切さが明らかになったことも，是非覚えておきましょう．

そもそも，リスクを管理するにあたっては，最悪の事態を自らの力で想定する想像力が不可欠です．みんなが祭りで浮かれているような時期に，1人冷静になるのは嫌がられることかも知れませんが，自らがどういうリスクに晒されているかを想像する力，その対応策を考える力が大切です．リスクに備えて，事前に頭のトレーニングをしておくだけで，結果は大きく変わってきます．できれば，「治にいて乱を忘れず」ということわざを守り，事前にコンティンジェンシー・プランを用意するくらいの慎重さが求められます．リスク管理とは，他人の問題ではなく，皆さん自身の問題だからです．

たとえば，同業者を含む他人がリスク管理などを行っていないから，ということで安心してはいけません．あるいは流行でみんなと同じことをしているからといって，安心できるものではありません．たとえば，バブル期には審査部門を融資部門の下に置くなどの危険な組織改革が流行しましたが，リスク管理の観点からみれば言語道断の対応です．流行に流されず，健全な批判精神が必要です．「赤信号，みんなで渡れば怖くない」ということでは決してありません．自分の身は自分の力で守るという気概が必要です．

また，知らないうちに，自らが耐えられない程のリスクを負うことは避けなければなりません．自らが耐えられるリスクの範囲についても，正しく認識しておく必要があるのです．銀行業等における自己資本比率規制も，リスクに対応できる力を広義の自己資本という尺度で測ろうとしたものと考えられます．

さらに，自分が抱えているリスクについて，自らの責任で自己認識するという発想も大切です．今から思えば，早期是正措置によって自己査定制度が定着

するまでは，日本の銀行は，自らの抱えているリスクがどの程度か，定期的・網羅的にチェックする仕組みを持っていなかったのです．自らが不良債権をどの程度持っているのか，十分認識しないまま銀行経営を続けていた経営者も少なくなかったともいえます．これでは，まともな銀行経営ができるはずがありません．

現代の企業経営者や政治家にも人気のある「孫子の兵法」という古典があります．紀元前の中国で活躍した戦略家の「孫子」（孫武という人物の尊称といわれます）が書いた書物です．単なる兵法書ではなく，組織運営や人間関係にも通じる深い人間洞察があるために，人気があります．その書物に，次のような有名な言葉があります．

「彼を知り己れを知れば，百戦殆（あやう）からず．彼を知らず己れを知れば，一勝一負す．彼を知らず己れを知らざれば，戦うごとに必ず殆し」（謀攻編）

"相手のことを十分理解し，自分のことも分かっていれば，危なくないだろう．相手のことを知らなくても，自分のことが分かっていれば勝てるチャンスはある．相手も自分自身も分かっていなければ大変危険だ"という意味です．これはリスク管理のポイントを突いたものだと考えることができます．自らのリスク許容力や，自らが抱えているリスクを正しく知るとともに，リスク管理の対象となるリスクの源泉についても，正しく認識する必要があるのです．

また，ある時期には問題にならなかったリスクが，別の時期には問題となる可能性も小さくありません．したがって，リスク管理を行うときは，ある時期のリスク評価を絶対とみるのではなく，常に新しい目で定期的に見直す必要があります．それも，他人のためではなく，自分のために行う必要があるのです．こうしたリスク管理を日頃から行っていると，人生の色々な局面で応用できることが多いと思います．読者の皆さんも，学生時代や社会人生活において，こうしたリスク管理に力を入れることをお奨めします．

なお，このような自己責任原則が適用されるのは，実は銀行などに限りません．銀行等から資金を借りる会社や個人も，自己責任が求められる時代になっています．「金融は難しいから専門家任せで良い」などといっていられない時代になっているのです．自らリスクの性格を正しく認識し，積極的に管理されることをお奨めします．金融検査マニュアルを読むことや，早期是正措置の仕組みを知ることは，取引先の出方などを想定する上でも，有効な手段だと思い

ます.

4　信頼を確立することの重要性：バブルの教訓3

　バブルの教訓として，人々の信頼を確立することがかなり大変であることも痛感させられたことです.

　たとえば，不良債権問題について，日本の民間銀行等や金融当局は，何回も「峠を越えた」といっていました．しかしながら，その後に行き詰まった銀行等が現れ，経営破綻などをした後で中身を詳しく調べてみると，それまでの財務諸表には出ていない非常に大きな損失が判明した事例が相次ぎました．ある程度落ち着くと，民間銀行等や金融当局は，不安を鎮めるためでしょうか，「今度こそ峠を越えた」といい続けました．こうしたことを繰り返したため，2002年頃には不良債権問題の鎮静化を狙った発言は，世間からの信頼をすっかり失っていました．民間銀行等の格付は低下し，株価も低迷しました．金融当局も含めて，狼少年のような印象を持たれていたのです.

　いったん失ってしまった信頼を取り戻すことは，並大抵の努力では難しいものです．バブル後には，まず，金融庁が主要行などを対象に厳しい検査を続け，償却・引当を厳格に行うことによって，財務内容の健全化を進めて行きました．この過程で，会計監査人の責任も重視されるようになりました．ほぼ同じ時期に，会計基準も相次いで変更され，財務情報の透明性が向上しました．かつてはオフバランスの資産・負債が余りにも多く，中身のよくわからなかった銀行等の財務情報が，信頼性の高いものに変わってきたのです．こうした事実が世間の認知を受けるにはかなり時間がかかり，日本の景気の立ち直りを遅らせてきた面も否めないところです.

　今から思えば，事実を知っている人が隠そうとしたことが信頼感を失う大きな原因であったように思います．江戸時代の民政は「寄らしむべし，知らしむべからず」だったといわれています．事実は公表せず，権威を笠に着たお上や経営トップが，人々や関係者から頼りにされるようにしたものです．こうした意識が，実は潜在的に近年まで続いていました．市場や民主主義が未成熟な時代には，こうした手法も有効性があったのでしょうが，現代のように成熟してきた社会では，こうした手法は通用しなくなっています．情報の開示を渋っていると，何か隠しているのではないか，という誤解を生みかねない時代になっ

ているのです．「信なくば立たず」の時代になったのです．こうした時代に適合した仕組みを構築することが大切になっています．

　金融政策についても，同じようなことがいえます．1998年に改正日本銀行法が施行されるまでは，イングランド銀行（英国の中央銀行）流の「行動すれども弁明せず」という意識が強かったといわれています．しかしながら，説明責任が求められる今日では，市場と日本銀行との対話が重視される時代になっています．市場参加者の期待を通じて，短期金利と中長期金利の間に連動関係が強まっている時代ですから，対話に失敗すれば，政策意図を実現できない恐れがあります．中央銀行としては，できるだけ事実を公表していくことが大切だと思います．今日の日本銀行のホームページが非常に充実していることは，こうした事情によるものなのです．今後も，引き続きこうした説明責任をきちんと果たしていって欲しいと思います．

　皆さんが銀行などと取引する場合にも，企業業績などを隠したり修飾したりすれば，不必要な疑いを持たれる恐れがあります．そのリスクについても，きちんと把握しておく必要があります．できれば，隠したり修飾したりしなくても良いように，人前で恥ずかしくない活動を続けることが望まれます．また，自らの長所と短所を知り，長所を伸ばす一方，短所を小さくすることに努めることが大切です．そして，よそ様に理解してもらえるように，自分のことを説明する能力を高めることも望まれます．こうした行動によって，皆さんに対する信頼感が高まっていくのです．

　皆さんには，本書をきっかけに，より深く学び，より深く考えていただければ幸いです．読者の皆さんのご活躍を，心より祈念しています．

Box 5　論文を書くことは社会人への訓練

　皆さんは論文を書いたことがありますか．人が書いた文章を丸写ししたものはもちろん論文ではありませんし，制度や統計などを説明しただけではレポートに過ぎず，論文ではありません．論文には，自分の論があることが大切です．読み手に納得してもらうように色々な説得材料を用いながら，自分の論を展開していきます．肝心の論が独善であっては困りますので，先人の知恵を借りることも一般的です．先人の知恵に，自らの新しい視点を加えることで，論の説得力は増します．**9章**で紹介した孔子の言葉「学びて思わざれば則（すなわ）ち罔（くら）し，思いて学ばざ

れば則ち殆（あやう）し」が論文を書くときにも，ぴったり当てはまるのです（意味は，**9章1**でお話ししたとおりです）．

　文科系の皆さんが社会に入ったとき，同僚・上司・お客さんなどに，企画や提案を口頭または文書で行うことが多くなります．そうしたとき，現状とその問題点，新たな提案や企画，そのメリット・デメリットなどを手際よく説明すると，納得してくれることが多いでしょう．こうした企画・提案の手順は，実は論文の手順と全く同じです．社会人としての重要な活動の手順を学ぶ上で，論文を書くことには非常に重要な意味があります．「大学時代には資格を取ることに専念したいので，論文を書く暇がない」，「大学生の自由な時間を趣味にあてたい」などという学生もいますが，論文を書くほうがずっと大事です．企業で必要な資格であれば，企業に入ってからでも取れますし，考える力のない断片的な知識では，社会で使い物になりません．あるいは，論文を書く時間を作れないほど自らの時間管理のできない人は，社会人になってから仕事を任せてもらえる可能性は非常に低く，いつまでも使われる人になるでしょう．それでは，自分の時間はなかなか作れません．

　論文を書く過程で，自らの考える力を向上させることが大切です．たとえば，論文を書くときには，読み手の反論を想定しながら書く必要があります．また，経済理論，データ，歴史的資料などを駆使して，読み手を説得する必要があります．どういう説得材料を，どのように用意するのかも重要な下準備になります．あるいは，既存のやり方で何も問題がなければ，提案や企画の意味がありませんので，従来のやり方のどこに問題があり，どのように改善すれば良いかについても，よく考える必要があります．

　論文を書くことを通じて，説得の仕方，材料の集め方・提示方法など多くの力が身につきます．世間で大学生を募集するのは，こうした力を身につけた人を新入社員として迎え入れたいからです．皆さんも大学時代に論文を書き，考える力を身につけましょう．

おまけ：**大学のゼミの重要性**

　大学の講義は，高校までと違って，大教室で大人数を対象に行われることが少なくありません．大教室では，一方通行の授業になりがちです．一方通行で良いのならば，Eラーニングやインターネット・放送・郵便を利用した大学で学んでも良いはずです．しかしながら，こうした大学でも，学生を定期的に集めてスクーリングを行い，質疑応答の場を設けています．大学時代に双方向の授業を受ける上で，ゼミほど有効な場はありません．積極的にゼミに参加し，力をつけましょう．

《著者紹介》

安孫子勇一（あびこ　ゆういち）

- 1959年　愛媛県生まれ，香川県育ち
- 1982年　東京大学経済学部卒業
- 1982年　日本銀行に入る（～2002年まで勤務）
  - この間1986～88年　米国 Yale 大学大学院留学（M.A.）
  - 1996～98年　郵政省郵政研究所に出向
- 2002年　大阪大学大学院経済学研究科講師
- 2004年　近畿大学経済学部教授

知っておきたい金融論
――バブル後日本の金融の大きな変化――

| 2006年7月20日　初版第1刷発行 | ＊定価はカバーに |
| 2011年4月25日　初版第2刷発行 | 表示してあります |

著者の了解により検印省略

著　者　安孫子　勇　一　ⓒ
発行者　上　田　芳　樹
印刷者　河　野　俊　昭

発行所　株式会社　晃　洋　書　房

〒615-0026　京都市右京区西院北矢掛町7番地
電話　075（312）0788番（代）
振替口座　01040-6-32280

印刷・製本　西濃印刷㈱

ISBN978-4-7710-1763-4